古代歷史文化研究輯刊

二三編

王明蓀 主編

第16冊

康有爲書畫理論的現代轉型

江雅慧 著

國家圖書館出版品預行編目資料

康有為書畫理論的現代轉型／江雅慧 著 — 初版 — 新北市：
花木蘭文化事業有限公司，2020〔民 109〕
目 6+212 面：19×26 公分
（古代歷史文化研究輯刊 二三編；第 16 冊）
ISBN 978-986-518-041-6（精裝）
1. 康有為 2. 學術思想 3. 書畫 4. 清代
618   109000488

ISBN-978-986-518-041-6

古代歷史文化研究輯刊
二三編　第十六冊　　　　　　　ISBN：978-986-518-041-6

康有爲書畫理論的現代轉型

作　　者　江雅慧
主　　編　王明蓀
總 編 輯　杜潔祥
副總編輯　楊嘉樂
編　　輯　許郁翎、張雅淋　美術編輯　陳逸婷
出　　版　花木蘭文化事業有限公司
發 行 人　高小娟
聯絡地址　235 新北市中和區中安街七二號十三樓
　　　　　電話：02-2923-1455 ／傳眞：02-2923-1452
網　　址　http://www.huamulan.tw 信箱 hml 810518@gmail.com
印　　刷　普羅文化出版廣告事業
初　　版　2020 年 3 月
全書字數　160092 字
定　　價　二三編 21 冊（精裝）台幣 55,000 元　　版權所有·請勿翻印

康有爲書畫理論的現代轉型

江雅慧　著

作者簡介

　　江雅慧，民國 57 年 6 月 28 日，出生於彰化縣，民國 100 年畢業於明道大學國學所，獲碩士學位。民國 106 年取得國立成功大學中國文學博士學位。目前服務於彰化縣立員林國民中學，擔任國文科專任教師。

　　天生有著不安份的藝術細胞，公暇之餘，喜愛舞文弄墨，烹飪、樂器、舞蹈、瑜珈、書法……，那些閃耀著美的輝光的事物，無不牽動我的神經，於是忙忙碌碌，只在追尋著剎那的、永恆的璀璨。而用力最深的便是廣漠無邊、浩如煙海的中國書法，碩士論文論題為：書家晚期風格探析；博士論文題為：康有為書畫理論的現代轉型。還有幾篇小論發表於學報與學刊。除了理論的探索，琵琶演奏、書法比賽，曾得過縣賽及全國賽獎項。總之，我是熱愛藝術的人。

提　　要

　　中國幾千年來的鎖國政策，在十九世紀下半葉被西方列強強行敲開了大門，變革的氛圍迫使晚清知識分子開始審視中國文化的現實處境及未來發展。

　　整體而言，晚清之文化藝術領域逐漸走上中西融合的道路，而中國文化核心的核心——書法，是一門中國特有的藝術，西方藝術門類中是無可借鑒的，書法藝術如何轉型與世界接軌，走向現代化，是個難題。於是，康有為《廣藝舟雙楫》從形而上的層次將書法從傳統「心學」的概念轉為「形學」，並提出「碑學」作為具體改革的方向。而從康有為僅存的畫作看來，雖仍屬傳統的描繪，然而，在其《萬木草堂藏畫目》中，卻系統論述了繪畫哲學、繪畫史觀、習畫方法。貶抑傳統中國畫崇尚「寫意」的方式，轉向崇尚「寫實」，並提出具體改革方案，兼取西方畫學寫實技巧，以及中國傳統的院體畫。

　　晚清書畫的變革舉目皆是，但康有為卻能將之系統化、理論化，書法方面更落實其理念，做出變革與創新，理論與實踐都完成了傳統的改革，走向現代化，實為中國書畫現代轉型的濫觴。儘管當代許多學者對於康有為的書畫理論與創作多所批評，然而，肯定或者抨擊，研究中國書畫，尤其是中國近現代書法與繪畫，康有為是無法繞道而行的高峰！

誌　謝

　　蘇格拉底創造了希臘文「愛智者」（phi-losophia）這個詞，這個詞後來就成了「哲學家」。聽說，哲學家總愛走小路，這是因為哲學家最忌諱人云亦云，隨波逐流。他們總在僻靜的角落沉思，在寧靜與閒適中獨自散步。康德刻板而嚴謹，每天過著規律的生活，晚上七點準時循同樣一條路回家，人們常根據他散步的時間來校鐘。他每天走過的路被命名為「哲學家之路」。

　　安徒生童話故事〈野天鵝〉，故事中，惡毒的王后把公主愛麗絲的十一個哥哥變成了天鵝，解除魔法的方式是愛麗絲必須把蕁麻搓成線，織出十一件長袖的披甲來，然後把它們披到那十一隻野天鵝的身上，他們身上的魔力就可以解除。不過從開始工作的那個時刻起，一直到完成的時候止，即使這全部工作需要一年的光陰，愛麗絲也不可以說一句話。只要說出一個字，就會像一把鋒利的短劍刺進哥哥們的心臟。他們的生命是懸在愛麗絲的舌尖上的。於是她不敢開口說一句話，手上不停地編織著蕁麻，詭異的行徑像個巫婆，眾人審判愛麗絲，大家認為應該用通紅的火燒死她。終於，愛麗絲將十一件衣服拋向天鵝，不過，最年幼的那位王子還留著一只天鵝的翅膀作為手臂，因為他的那件披甲還缺少一隻袖子。愛麗絲將十一件衣服拋向天鵝後便失掉了知覺，因為激動、焦慮、痛楚都一起湧到她心上來了。但當她蘇醒過來，心中有一種和平與幸福的感覺。這則童話故事深深觸動我心，我領悟到當努力而專注於一件事卻不被理解時，需要長久的忍耐與堅持，而結局卻總是不完美。

　　父親生前從一個做糖果的學徒，到修理鐘錶的工匠，到普考及格成為公務員，到中醫師特考及格成為中醫師，成為中醫院院長。一路走來，剛毅寫在父親的臉上！蘇州大學的李勇教授，曾是我在廈門大學攻讀研究所的學

長，單純而寧靜，使我了解眞實力量的質樸無華！

我的博士之路走了六年，六年來，感謝周遭的人們對我的忍耐與包容，使我在工作之餘仍能堅持手邊的工作，只是半工半讀，我盡了自己的洪荒之力！但那麼的遺憾，它不完美！然而它終將竣工了！最最感謝的是指導教授林朝成教授，指引我走上研究康有爲的方向，有了領航者的指引，我才能行駛在正確的方向。其次，要感謝的是口考委員黃宗義教授、陳維德教授、蘇子敬教授、王偉勇教授。對於我破碎、雜亂無章的論文給予細心的指導。尤其是黃宗義教授在我不成形的初稿狀況下，給我「十六點」建議，讓我獲益良多，我只能說感激涕零，無以言表！

博士論文未能獲李郁周教授的指導，是很大的遺憾，郁周老師在我研讀碩士班時，細膩而嚴謹的研究態度對學生的影響是永恆的，畢業之後，希望有幸再請老師給予指教。

感謝學弟俊賢在論文方面的討論與協助；學妹吉純幫忙許多雜務處理，更要感謝外子宇豪犧牲許多週末假期陪我到圖書館查資料；感謝同事可愛甜美的育如老師，在論文格式方面的協助；感謝帶著仙女氣質的琬靖老師強大的包容力；感謝員林國中的老師們陪我打桌球、聊天，讓我分泌了許多腦內啡，幫助我對抗壓力！

員林國中一零六學年度一年十四班，三十位小朋友說，一定要記上他們一筆，他們陪我度過一年艱苦的歲月，不曾懈怠，不曾吵鬧，不曾頂撞師長，跌破老師厚厚的眼鏡，衷心感謝！

論文結束地匆匆，自己不甚滿意，博士之路走到了盡頭，但是，熱愛探索的心不會改變，想循著康德的「哲學家之路」再走下去，這條路看不到盡頭，也就不會有結束的惆悵，走！循著前人的腳步！向前走！

目

次

圖目次

第一章　緒　論

第一節　研究動機與目的

　　書法是中國文化核心的核心。正如康有爲所說，追求美是人類的天性，是天理自然。書寫，幾乎是每個知識分子的日常，因此，講究書法之美，是那樣自然而順理成章。二王書風，或曰「帖學」，是那麼優美、和諧，幾乎是每個莘莘學子嚮往達到的書寫境界。達到了，或者接近了，然後呢？有一種書風與二王一路幾乎背道而馳，一般稱作「魏碑」，現在我們知道，它是「碑學」的主流，至於喜不喜歡，入不入眼，就因人而異了。有些學者將之歸爲「醜書」一派。

　　學習「帖學」容易親近，也容易上手，但要喜歡「碑學」，學習「碑學」是要養成訓練的。在書法的學習進程中，如何介紹「碑學」；欣賞「碑學」；解釋「碑學」，則須對書法史有一定的了解，而康有爲《廣藝舟雙楫》是第一部系統介紹碑學理論的專書，但在臺灣碩博士論文中除了余美玲博士學位論文《康有爲書學研究》、陳翠碩士學位論文《康有爲書論與書藝研究》，便無其他《廣藝舟雙楫》的相關研究。至於康有爲《萬木草堂藏畫目》，除了臺灣吳佳靜碩士學位論文《民初「畫學衰落」論述的產生與變遷——以康有爲《萬木草堂藏畫目》》爲核心，在國內外未見專論。

　　近代由於分科趨於精細化，研究書法創作者不精於理論；研究書論者不善於創作，學習書法者，不諳繪畫；專攻繪畫者，拙於書法。研究康有爲者，多半從書法理論或繪畫理論擇一進行研究，甚至是理論與創作分別進行考察。對於康有爲藝術理論（書論及創作，以及畫論）同時進行研究者，在中

國大陸以及臺灣都未曾出現，筆者在研究所階段主要研究書學理論，到了攻讀博士階段，曾至藝術所修習藝術相關課程，有了美術方面的薄弱基礎，因此，決定將康有爲的書畫理論合併分析研究。

而指引我研究康有爲的是指導教授，林朝成主任，感謝老師提供我明確的研究方向，我的研究或許疏陋粗淺，但研究過程中，我收獲良多，了解目前流行書風之所由，也了解了中國繪畫的轉折。這樣的認知，使我在書法創作中不至於隨波逐流，一味強調雄強，一味寫「醜」。有了更深的理論基礎，往後在創作中，我將更深入思考書與人、書與社會、書與自然……，同時，在繪畫部分，更能理解其中西繪畫融合的過程。康有爲廣闊的胸襟，讓我明瞭不畫地自限的重要，唯有開闊的心胸，方能吞吐古今，涵納四方！

第二節　研究架構方法與限制

本論文分爲七個章節，除第一章緒論與第七章結論之外，其中五章爲本研究之主要內容。

第二章　介紹晚清的社會與書、畫壇的概況以及《廣藝舟雙楫》、《萬木草堂藏畫目》的成書經過與內容概述。

第三章　探討《廣藝舟雙楫》「形學」論的本體意義與價值。《廣藝舟雙楫》中有兩組相對的概念，即「形學」、「心學」；「碑學」、「帖學」。其中「形學」論是《廣藝舟雙楫》中理論的核心，中國書法長期以來受到「書如其人」說的影響，使得書法評論從語言表述到觀念意識，都呈現一種模糊、感性的方式。「形學」論的重要性在於使中國書法成爲一門具體而可分析的藝術範疇。也是中國書法從倫理與哲學範疇落實到藝術形式的理論依據。

「形學」論解決了書法評鑑中技法論的矛盾。古代書學評鑑中，技法論往往被忽略不提。書學論著中，技法論僅能依附在書法教育的功能之下，書爲「形學」便成功解決了這部分的問題。

其次，康有爲所謂「變者，天也」、「今學」、「古學」的審美觀念，也在書爲「形學」論的觀念下得以開展。

第四章　旨在論述「碑學」理論的建立與實踐。內容分別探討「碑學」史觀的學理依據、「十家」的經典重塑、嶄新的審美標準、逸格地位的變化等議題。整體性地探討「碑學」理論的現代意義。其次從「康體」新理異態的呈現出發，首先研究康有爲的書學歷程、及「康體」藝術特徵。「康體」書法

是康有爲碑學理論的具體實踐，關於康有爲書法的評論很多，研究視角多半聚焦在其風格層面，本論文結合《廣藝舟雙楫》述及的創作「新理異態」之法，分別從風格學、文字學、以及技巧論等三種角度分析「康體」的特色，並得出其未在形式上創造新穎的面貌，未眞正進入現代書法的創作模式的結論，但作爲現代書法之先驅者則功不可泯。

第五章　以《萬木草堂藏畫目》爲主體研究。研究康有爲的學者專家，在中國境內對於《廣藝舟雙楫》的研究極爲豐富。單獨研究其畫論者則爲少數，臺灣學者白佳靜《民初「畫學衰落」論述的產生與變遷──以康有爲《萬木草堂藏畫目》爲核心》碩士論文，有頗爲深入精闢的研究。但是結合康有爲書法與繪畫理論進行研究者則尙未出現。目前所見者，僅美國學者 Aida Yuen Wong（阮圓）：*The Other Kang Youwei*，將康有爲的藝術觀點分別由書法、繪畫兩方面結合研究。由於書法藝術是西方所沒有的藝術形式，康有爲的改革僅憑理論、歷史文獻、古碑刻等文獻資料著手。相對的，繪畫是中西方所共有的，歷史發展到晚清，中、西繪畫的發展呈現極大的差異。第五章針對民初「畫壇衰落」現象陳述分析。分別論述畫學的定義，「中國畫學衰落」論的兩種意見，以及其內涵的介紹。

第六章　爲康有爲繪畫理論研究的主體，深入分析康有爲的中國畫變革論，內容述及康有爲「融合中西」的繪畫主張，及其繪畫史觀、所提倡的繪畫理論與技巧。康有爲選擇西方文藝復興時期的寫實主義，兼採中國唐、宋院畫做爲改良的藥方，引起畫壇極大的論爭、迴響。此外，介紹結合中西繪畫技巧有成的郎世寧，以及民國畫壇三傑，證實康有爲「融合中西」的繪畫主張的確是中國畫變革的主要方向之一。

第七章　綜合比較康有爲書、畫理論，並客觀評析其對於中國書畫現代化的價值與影響。

在研究方法部分，鑑於目前對康有爲書論研究已經比較充分，本文將以這些研究成果爲基礎，主要運用文獻學、風格學和社會學等研究方法，加以圖文並列的方式，以大量第一手文獻資料爲基礎進行分析、比較。並結合當時的社會、學術狀況，在晚清的大背景下，分析康有爲書法理論與創作的現代化意義。在畫論部分，除上述方法之外，加入更多的圖片以增進理解康有爲的論述。

研究康有爲書畫理論其實存在許多限制，《廣藝舟雙楫》中羅列的碑誌極

其豐富，然而，有部分碑誌收集不易和查無史載的情況，加以康有爲行文常隨性之所至，任意爲之，同一碑誌，往往用不同名稱，因此論證必須非常謹慎。康有爲論述更時有誇大其詞之處，往往與史實不符，論證又時有謬誤，如所列「十家」之中，只有崔浩符合史實，引論必須仔細分辨，否則容易陷入迷思。《萬木草堂藏畫目》所羅列之畫作散佚者多，且多爲贋品。其中所舉例證同樣謬誤頗多，如誤言吉多利膩爲拉飛爾本師；油畫出自吾中國……等等謬誤言論，增加研究上的困難。再者，康有爲的書作非常豐富，雖有專門論著，但在考據上仍略顯不足，許多相關研究尚未成熟，呈現各種不同說法。以上都是研究康有爲書畫理論及其書法創作上的困難，然而，正因康有爲的相關研究仍有許多發揮的空間，方值得學者投注心力，完善康有爲的相關研究。

第三節　文獻回顧

康有爲認爲，「制度、文章、學術皆有時焉」，指出「變」是發展的必然規律。藝術領域也要推陳出新，提出了「天地江河，無日不變」的觀點。書法方面，他認爲當時南北碑興起，已到了變革的時候，鼓勵人們革新，開闢書法藝術發展的新道路，於是在 1889 年寫成《廣藝舟雙楫》一書，全面改革書法。由於《廣藝舟雙楫》探討的是中國書法，乃西方國家所沒有的藝術形式，改革只有復古一種單獨方式；而畫論《萬木草堂藏畫目》，康有爲則兼採復古與借鑑西方技巧。《萬木草堂藏畫目》和《廣藝舟雙楫》，是康有爲論述中國繪畫和書法藝術的雙璧，對於中國繪畫史和書法史都提出了一些眞知灼見，並提出了一些改革書畫、振興書畫藝術的明確主張，在中國的藝術史的長河裡自有一席歷史地位。

洪權〈大陸近三十年來康有爲書法研究之研究〉〔註1〕（他以「CKNI 中國知網」以及《中國人民大學複印報刊索引》）爲主，時間上從 1981～2008 年將近 30 年間康有爲書法研究作一深入的分析與探討，我以洪權之文爲基礎，再加上近十年（2008～2018）研究作一歸納整理，並且加入康有爲畫論的部分，以更爲宏觀的視角，較全面地探索康有爲的藝術思想。近十年來關

〔註1〕 洪權：〈大陸近三十年來康有爲書法研究之研究〉（《書法賞評》，2010 年第 4 期），頁 8～19。

於康有爲藝術理論的研究，已更爲廣闊，尤其在畫論的部分，已經取得頗爲豐富的成果，由於本文集中論述康有爲書論、書作、畫論三個層面，我在文獻回顧的部分也集中在此三方面。由於近十年來，對於康有爲的研究加深加廣，單篇論文很多，無法一一羅列，本文僅就已出版之書籍、碩博士論文，以及少數重要單篇論文加以整理、介紹，至如《廣藝舟雙楫》注釋、康有爲年譜、康有爲書法與宗教、康有爲書法市場……等研究則略而不談。參考的資料除了「CKNI 中國知網」，還增加了華藝線上圖書館，以及台灣國家圖書館等資料。

一、康有爲書學思想與書作研究

有關康有爲書學思想研究，有可歸納爲（一）康有爲書學思想的來源；（二）康有爲書學的綜合研究；（三）《廣藝舟雙楫》微觀研究。

（一）康有爲書學思想的來源

最早的一篇關於康有爲書學思想的來源的研究應爲 1995 年王田葵〈康氏書學的思想探源和「康體」〉、〈康氏書學的形成和內容新解〉，前文介紹康有爲書學中貫穿了變異的思想，以及蕭嫻對「康體」的形容等等。後文介紹康有爲書學形成的文化背景，分析康氏書學。關於探討康有爲書學思想的來源，還有 1996 年陳永正〈康有爲書法淵源初探〉，2005 年呂金光〈康有爲碑學理論的思想之源〉等。

（二）康有爲書學的綜合研究

博士學位論文部分，2013 年張學峰博士學位論文「由《藝舟雙楫》、《廣藝舟雙楫》論 19 世紀書學思想嬗變，從康有爲的書法史觀、書法批評、書法美學、以及和包世臣的書學理論相互比較，從整體視角論述康有爲的書法理論的嬗變。2011 年伍永忠博士學位論文《康有爲美學思想研究》多角度論述康有爲的美學思想，涵蓋其人格美學、宗教美學、社會美學、教育美學、文藝美學。2010 年劉兆彬博士學位論文《康有爲書法美學思想》分別論述康有爲審美本體、審美型態、審美表現、審美理想、審美鑑賞，最後總結出康有爲書法美學思想的歷史地位和意義。2007 年，馬新宇：《清代碑學批評——以《廣藝舟雙楫》爲中心》從清代碑學的興起、碑學理論的形成、以拓本爲考察依據的問題、康有爲的書法史觀、北朝名家楷模所造成的疑義、碑學審美批評……頗爲全面的探討康有爲的書學思想，提出許多值得深思的議題。研

究性質相近的還有 2012 年張建華《碑學的發揚》。

　　碩士論文方面：2010 年馮水卿《康有爲書學思想批評研究》從康有爲的生活、文化背景，思想源流，書學理論的建構，書學批評思想的價值與影響，研究康有爲視角多元。2006 年單昆軍《民國時期對康有爲《廣藝舟雙楫》的批評》列舉民國時期許多學者對於《廣藝舟雙楫》的質疑與批評，將學界對康有爲書學思想的接受置於民國時期的藝術背景中論述，並釐清整個接受觀點之間的歷程，凸顯出康有爲理論的矛盾之處。2005 年張建華《康有爲與古典書法美學終結》，是康有爲書法研究趨向專著的開端。點出康有爲在現代書學的開創之功。

　　1988 年，胡湛發表〈康有爲書體風格學略論〉一文，在研究康有爲《廣藝舟雙楫》的基礎上，提出康有爲的書法觀是書體風格學，並梳理出康有爲的書體風格理論體系，以及康有爲書體風格學在近現代書法轉型歷史時期的意義。2000 年，甘中流在發表〈從「心學」到「形學」康有爲的書學與古典書法理論重心的轉變〉一文，提出書法史上對書法「心學」的本質認識開始，到康有爲提出書法爲「形學」的歷程，凸顯出康有爲「形學」觀的學術價值。康有爲的「形學」觀可以說是書法史上對書法本質的認識進入近代之後在社會思想文化發生深刻變化的過程中的一個轉捩點。

（三）《廣藝舟雙楫》微觀研究

　　1996 年，日本何內利治〈康有爲的書品論——關於評論用語「骨」的探討〉，將研究視角聚焦於評論用語「骨」，屬於微觀的研究。1996 年叢文俊〈從《廣藝舟雙楫・碑評》看康有爲倡碑及審美之寄興所在〉。2006 年，魯明軍〈裂變與建構——試論康有爲書學思想的演化理路〉，梳理了康有爲書學思想在整個文化體系中的進程。2000 年鄭爲人〈康有爲帖學觀發微〉，試著從碑學的反面帖學多面向觀察康有爲書學。2015 年吳高歌〈「今學」與「古學」：康有爲書學的觀察視角〉，從《廣藝舟雙楫》中的「今學」與「古學」探討康有爲對於流行書風的看法。……近十年來，對於《廣藝舟雙楫》微觀研究成國頗豐，康有爲及其《廣藝舟雙楫》內涵非常豐富，任意拾起一《廣藝舟雙楫》中的小問題都可能發展成爲成果豐碩的學術成就。

（四）康有為書作研究

　　1985 年，李雲光編《南海康先生法書》，收錄了康有爲許多晚年之作，以及少見的楷書珍品。1992 年，余美玲博士學位論文《康有爲書學研究》，對康

有爲從家世背景到書論、書作，均有豐富的介紹。1996 年，朱興華、魏清河編：《二十世紀書法經典・康有爲卷》，除了圖版，也收錄了對於康有爲書作的評論。2001 年趙一新《康有爲書法藝術解析》一書，分別介紹康有爲書法思想與藝術的貢獻，另外有從細部筆法、結構、章法、意境等方面分析康有爲書作。2005 年陳翠碩士學位論文《康有爲書論與書藝研究》綜合研究了康有爲的生平，思想與著述，書學淵源與書藝特色。2013 年，梁新穎出版《康有爲書法研究》，對康有爲書學思想形成背景、書學內容、書學實踐等有深入的論述。2014 年，范國強：《尊碑——康有爲書法研究》，更對康有爲其人、書學思想、書作等，作了深刻的評析，所收錄的作品豐富、詳實，是研究康有爲的重要參考著作。另外，值得一提的是，美國學者 Aida Yuen Wong（阮圓）*The Other Kang Youwei*，結合《廣藝舟雙楫》與《萬木草堂藏畫目》，對康有爲書、畫思想做分析研究，使的康有爲的藝術理念更爲清晰地呈現出來。

二、康有爲畫論研究

1991 年平野和彥的著作〈康有爲の繪畫論〉，整理與分析了《萬木草堂藏畫目》的性質與繪畫觀點。他並且於 2008 年研究比較《萬木草堂藏畫目》與徐悲鴻（1895～1953）〈中國畫改良之方法〉，更清晰地梳理了康有爲「畫學」概念。

與《廣藝舟雙楫》相較，《萬木草堂藏畫目》的研究相對而言少了許多。其論述多散見於針對康有爲的全面性研究。或者是探析民初整體美術論述的專著與論文中。2016 年臺灣吳佳靜碩士學位論文《民初「畫學衰落」論述的產生與變遷——以康有爲《萬木草堂藏畫目》爲核心》一文，對於《萬木草堂藏畫目》成書的基本問題、《萬木草堂藏畫目》的現存狀況與重要出版品、《萬木草堂藏畫目》中的「畫學衰落」論述的橙劑與開展有系統的論述。吳佳靜的論文是海內外第一本針對《萬木草堂藏畫目》研究的專著。

1984 年李國俊〈《萬木草堂藏畫目》評介〉一文，提出幾個值得探討的問題，如宋代繪畫藝術在世界上的地位，油畫出自吾中國的問題，文人畫衰落的問題等等。2010 年張夢潔〈論康有爲的求眞藝術精神〉一文，針對康有爲「中國畫學衰落」論所提出的改革方法進行分析，並說明康氏對中國畫的影響。2014 年王非〈康有爲《萬木草堂所藏中國畫目》的追蹤與研究〉，說明康

氏藏畫大多流落異域，或有少量落入國內私人藏家之手，網路上拍賣圖片亦偶爾見到康氏藏畫。2016 年萬書元〈康有爲與中國美術的現代化——康有爲《萬木草堂所藏中國畫目》序言之新解讀〉一文，點出康有爲提出的中國畫改良之道，對中國美術起了重要的推進作用。

美國學者 Aida Yuen Wong（阮圓）*The Other Kang Youwei* 將康有爲《廣藝舟雙楫》與《萬木草堂藏畫目》二者放在一起比較研究介紹康有爲的藝術觀，阮圓結合《廣藝舟雙楫》與《萬木草堂藏畫目》，以作品爲主軸介紹理論，是本書的特色。鑒於研究者極少將二者並列研究，因此本論文嘗試將康有爲書論與畫論結合做比較研究，期待能夠更全面地看出康有爲書畫改革的方向。

第二章　康有爲及其藝術思想的形成

第一節　「西學東漸」與晚清書、畫壇概況

鴉片戰爭開啓了中國近代歷史，中國由東亞的中心變成列強環伺的國家，隨著西方列強的武力入侵，近代資本主義、科學文明與文化也開始傳入中國，讓清朝發起一連串的改革與革命。在歐美文明長期滲透與影響下，中國開始了緩慢的近代化進程。

晚清時期，乾嘉學派的考證工具及主要內容，文字學和金石學隨之興盛。同時帶動了書法思想中碑學理論的創建和書體實踐。然而，樸學逐漸脫離實用的弊病日益嚴重，道光、咸豐年間一些進步的思想家，深感乾嘉漢學脫離國計民生、時事政治的學風之弊，力倡經世之學，重新建立對現實的批判精神。包世臣、龔自珍等力主改革時政，挽救危機的思想家。社會的變遷是促進學術、文藝思想發展的，展現於書法藝術上，書法家們有意識地表現個性，對書法理論的闡釋也往往能突破傳統思維，對於書家、書法作品的評鑑品評，具有強烈的風格意識。

在繪畫部分，康熙至乾隆年間，已經有許多外國傳教士畫家在內廷供職，其中，最爲人所熟知的爲郎世寧。﹝註1﹞歐洲畫家在宮廷裡主要工作是爲

﹝註 1﹞　朱塞佩‧伽斯底里奧內（Giuseppe Castiglione，1688～1766）出生於意大利米蘭。青年時期的他受到過系統良好的繪畫訓練，具有紮實的基礎，後來加入了歐洲基督教下屬的宗教組織耶穌會，並於西元 1714 年（康熙五十三年），以傳教士的身分來到東方，按照當時的習慣以郎世寧作爲漢名，後經廣州北上京師，於康熙末期進入內廷供職，開始了他長達數十年的中國宮廷藝術家的生涯。

皇帝、后妃及文武官員們繪製肖像。而眞正在晚清畫壇上形成影響的當爲
「四王」、「四僧」所代表的文人畫風尚。隨著晚清政府的逐漸崩壞，各種傳
統的價值觀也隨之斷裂和轉換。中西文化大量的接觸、交流、滲透下的大環
境，傳統的審美標準與品評方式與時代背景和需求格格不入，各種變革的呼
聲日益高漲。康有爲，則是在晚清國勢日趨衰落的情況下，主張維新變法的
主要發起者，政治改革家是康有爲廣爲人知的主要身分，然而對於書、畫的
改革，他也是卓有貢獻的，康有爲的書法理論主要爲《廣藝舟雙楫》；《萬木
草堂藏畫目》雖名爲藏畫的目錄，但其中序言及評論，可視爲康有爲的繪畫
理論。康有爲的書畫理論可以定位在古典的終結，現代的開端，以下，我們
將逐一分析康有爲對中國書畫的破與立！

第二節　康有爲及其書畫理論

一、康有爲生平傳略

　　康有爲（1858～1927），原名祖詒，字廣廈，號長素，戊戌變法（1898）
後，號爲更生，復辟失敗（1917），爲美國公使派車武裝出北京之後，又改號
更牲，又號明夷、西樵山人、游存叟、天游化人等。出生於廣東省廣州府南
海縣（今廣東省佛山市南海縣），人稱康南海。先代爲粵地名族，十三世出
仕，高祖父康炳堂是嘉慶年間的舉人，曾任廣西布政使。曾祖父康式鵬（號
雲衢），曾任福建按察使。祖父康贊修（字以乾，號述之）是道光年間舉人。
父親康達初（字植謀，號少農）孝友而才辯，補用知縣。〔註2〕母爲勞氏。生
於咸豐八年，歷經同治、光緒、宣統，卒於民國十六年，享年七十歲。其生
存年代在鴉片戰爭後，晚清國勢江河日下，太平軍與英法等國交互進逼，形
勢極爲嚴峻的時代。光緒八年（1822），康有爲到北京參加鄉試，沒有考取。
南歸時途經上海，購買了大量西方書籍，吸取了西方傳來的演化論和政治觀
點，初步形成了維新變法的思想體系。爲近代著名政治家、思想家、社會改
革家、書學理論家，著有《春秋董氏學》、《孔子改制考》、《新學僞經考》、《大
同書》、《廣藝舟雙楫》……等著作。

　　光緒二十年（1894 年）中日甲午戰爭，中國敗於日本。光緒二十一年

〔註 2〕康有爲著，樓宇烈整理：《康南海自編年譜》（北京：中華書局，1992 年），頁
　　　1。

（1895 年）春，參加完乙未科會試的各省舉人雲集北京，等待發榜。李鴻章與伊藤博文簽訂喪權辱國的《馬關條約》，康有爲聞之，聯合一千多名舉人，上萬言書，即「公車上書」，在社會上產生了巨大影響。康有爲等以「變法圖強」爲號召，組織強學會，在北京、上海等地發行報紙，宣傳維新思想。之後，光緒帝啓用康有爲、梁啓超等，史稱戊戌變法（或曰百日維新）。同年四月康氏會試中第八名，殿試二甲第四十八名，賜進士出身，授工部主事不就。五月上第三書，提出「富國、養民、教士、練兵」變法之具體步驟。閏五月再上第四書，均未上達。此間，辦報社，組織北京強學會、上海強學會，宣傳爲新思想，時列會籍者眾，翁同龢、徐世昌、張之洞、沈曾植、梁啓超、袁世凱、梁鼎芬、黃遵憲、章炳麟……均見列名。足見聲勢規模之大。

　　光緒二十四年（1898）正月，光緒帝命大臣延見康有爲於總理衙門，詢問變法事宜，之後上第六書：「能變則存，不變則亡；全變則強，小變仍亡」，同年二月在上帝七書：「變法亟宜統籌全局。」組織成立保國會，最終促成光緒帝載湉於四月下詔，宣布變法。在頤和園勤政殿詔見康有爲，許其專折奏事，主持新政。

　　變法期間，文化方面主張廢八股，興西學；創辦京師大學堂；設譯書局，派留學生；獎勵科學研究與發明。此外，康有爲還奏請實行憲法，開設國會，實行君主立憲。1898 年 8 月，慈禧發動政變，幽禁光緒皇帝，逮捕並斬首的六名變法派人士，分別爲譚嗣同、林旭、楊銳、楊深秀、劉光第與康廣仁。宣布重新垂簾聽政。變法歷 103 日宣告失敗，史稱「百日維新」。

　　康有爲爲了躲避追捕逃出北京城，開始了長達 16 年（1898～1913）的海外流亡生涯。16 年間，他四渡太平洋，九涉大西洋，八經印度洋，泛舟北冰洋七日，先後遊歷英、法、意、日、美、加拿大、墨西哥、印度、緬甸、巴西、埃及等 42 個國家和地區，共繞地球三周。足跡遍布全球。

　　1913 年結束逃亡生涯之後，吳昌碩爲其刻一方印，印文說明他出亡十六年足跡所及之地。（圖一）逃亡期間，他開公司、辦實業、做股票、炒地產……經營生意五花八門，目的是籌措經費，「保救大清皇帝」，實現君主立憲的政治理想。

　　辛亥革命後，作爲保皇黨領袖，康氏反對共和制，謀劃溥儀復位。1917年，康有爲和張勳（1854～1923）發動復辟，擁立溥儀（1906～1967）登

圖一　吳昌碩爲康有爲所刻之印文〔註3〕

此印最早見諸〈登泰山絕頂詩軸〉（1916 年，59 歲作）。康有爲 1913 年十二月由香港返回廣州，於 1914 年定居上海，印爲吳昌碩刻。

印文：維新百日，出亡十六年，三周大地，游遍四洲，經三十一國，行六十萬里。

朱文，3.3×3.3cm

基，不久即在當時北洋政府總理段祺瑞（1865～1936）的討伐下宣告失敗。康有爲晚年始終宣稱忠於清朝，〔註4〕溥儀被馮玉祥逐出紫禁城後，他曾親往天津，到溥儀居住的靜園覲見探望。1927 年二月離滬赴青，病死於青島，享壽 70 歲。

康有爲早年尚古文經學，但是很快發現古文經學的訓詁、考據與其經世致用思想差距甚遠，於是對當時的「考據括帖之學」厭而棄之。這一轉變大致發生在光緒五年（1879）。之後，遊歷香港，扭轉其視西人爲「夷狄」的觀點，開始大量接觸西學之書。光緒八年（1882），康有爲參加鄉試之後，遊京師，購碑刻講金石之學；之後道經上海，大購西書以歸講求焉，並自認爲已經對西學有了一定的認識，想自創一學派而歸於經世致用。在此期間，所著的宣揚維新變法理論的《人類公理》、《公理書》、《實理公法全書》等書，基本上是通過從西書了解到的淺顯的公理化體系以及邏輯演繹方法推衍而成。

1888 年，康有爲兩次上書光緒皇帝，請求變法，卻遭到朝臣攻擊，促成了康有爲思想新的轉變。在遭遇挫折和苦悶中，康有爲轉向經學和金石學研究，發掘傳統儒家經典中的微言大義，托古改制，試圖爲維新變法思想謀求理論依據。《廣藝舟雙楫》、《孔子改制考》、《新學僞經考》等均是這一時期先後完成的重要著述。

〔註3〕 范國強：《尊碑——康有爲書法研究》（杭州：西泠印社出版社，2014 年 2 月），頁 295。

〔註4〕 蕭公權認爲，康有爲是一個不可救藥的改革者，他相信中國政治的終點——民主，只能於逐漸演進中達到，因此，他堅決反對以革命爲政治轉變的方法，但並不全盤反對共和。共和之不可行乃因無充分的準備。引自蕭公權：《康有爲思想研究》（北京：新星出版社，2005 年），頁 174。

二、《廣藝舟雙楫》成書經過與內容

　　光緒十四年（戊子，1888 年），康有為第二次赴京應試仍不售，上書光緒皇帝請求變法，也到保守派阻撓，為了躲避禍患，他聽從沈子培（曾植）（1850～1922）的建議：「毋言國事，宜以金石陶遣」，於是至北京汗漫舫，〔註5〕「日以讀碑為事，盡觀京師藏家之金石凡數千種，自光緒十三年以前者，略盡睹矣。」〔註6〕康有為致力於研究碑學，自述曰：

> 永惟作始於戊子之臘，寔購碑於宣武城南南海館之汗漫舫，老樹僵石，證我古墨焉。歸斂於己丑之臘，迆理舊稿於西樵山北銀塘鄉之澹如樓，長松敗柳，侍我草玄焉。凡十七日至除夕述書迄，光緒十五年也。述書者西樵山人康祖詒長素父也。〔註7〕

　　康有為稱《廣藝舟雙楫》「作始於戊子之臘」（光緒十四年），其時購碑於宣武城南南海館之汗漫舫，到「己丑之臘」（光緒十五年）「除夕」時歸，乃理舊稿於西樵山北銀塘鄉之澹如樓，選碑、購碑、內容醞釀，至返回廣東西樵山整理付梓，歷時約一年，然撰寫時間根據康有為說法「凡十七日至除夕述書迄」。《廣藝舟雙楫》的整理十七日完成！

　　《廣藝舟雙楫》全書六卷二十七章，另加敘目一篇。此書為接續包世臣《藝舟雙楫》而廣之，然《藝舟雙楫》分為兩部分，上半論文，下半論書。猶如舟之雙楫以渡學者，而《廣藝舟雙楫》只論書法，時人有譏之為「單艣」者。因此，康有為生前重刊此書時，改其名曰「書鏡」。

　　據張伯楨所編《萬木草堂叢書目錄》載：「是書在光緒十五年（1889）脫稿後，光緒辛卯（1891）刻，凡十八印。戊戌（1898）八月，庚子（1900）正月兩奉偽旨毀板。」在當時的條件下，七年中印刷十八次是很大的出版數。況且在清政府下令毀板後，《廣藝舟雙楫》依然流行。且在康有為生前，日本就以《六朝書道論》為名翻印了六版。《廣藝舟雙楫》在書學上的重要性由此可知。其內容廣博，許多學者對其內容做過分析歸納，茲以表格形式表述之：〔註8〕

〔註 5〕康有為在北京之故居南海會館中有一間像船形的屋子，管院內老樹巨石，康稱它為「汗漫舫」，光緒八年（1882 年），康有為來京參加會試至 1898 年戊戌變法失敗，都曾住在這裡。

〔註 6〕康有為著，樓宇烈整理：《康南海自編年譜》，頁 16。

〔註 7〕康有為：《廣藝舟雙楫・敘目》，《康有為全集》第一集（上海：上海古籍出版社，1987 年 10 月），頁 401。

〔註 8〕余美玲曾將《廣藝舟雙楫》各章節按其類別性質列表說明，根據康有為思路分析整理，今據其分類並略作修正。

表一　《廣藝舟雙楫》內容架構表

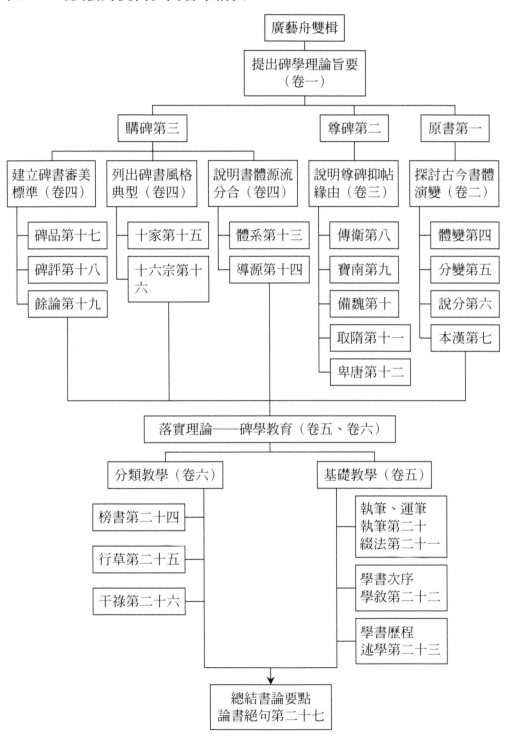

　　康有爲《廣藝舟雙楫》乃繼承包世臣《藝舟雙楫》，欲犖之衍之者。其內容包括（一）碑學理論的建構（二）碑學實踐方法。理論建構以尊碑作爲全書主旨，包括卷一〈原書第一〉、〈尊碑第二〉、〈購碑第三〉三篇。確立尊碑之旨後，對碑學作系統論述，分爲探討古今書體演變，包括卷二各篇，〈體變第四〉、〈分變第五〉、〈說分第六〉、〈本漢第七〉。說明尊碑抑帖緣由，由〈傳衛第八〉、〈寶南第九〉、〈備魏第十〉、〈取隋第十一〉、〈卑唐第十二〉組成。說明書體源流分合，考察名碑來源，爲〈體系第十三〉、〈導源第十四〉。列出碑書風格典型。有〈十家第十五〉、〈十六宗第十六〉。理論最後建立碑書審美標準，爲〈碑品第十七〉、〈碑評第十八〉、〈餘論第十九〉。

　　其次，在落實理論，碑學教育部分，又可分爲基礎教學（卷五）、分類教學（卷六）兩部分。基礎教學涵蓋〈執筆第二十〉、〈綴法第二十一〉、〈學敘第二十二〉、〈述學第二十三〉。至於分類教學，則分爲〈榜書第二十四〉、〈行草第二十五〉、〈干祿第二十六〉。〈論書絕句第二十七〉以十五首七言絕句概括全書理念。

　　《廣藝舟雙楫》體系博大，是清代較爲全面、系統的著作。全書廣徵博引，對於北碑中稍有名氣的碑誌蒐羅無遺，誠如康有爲所說，在京師時，幾乎將當時京城所有碑刻拓本、藏家珍品名迹一一過目，紀錄資料極爲博洽翔實。除了系統而嚴密的論證，更加以自身書道實踐的深刻體驗，總結了碑學理論與實踐方法，使碑學形成一個有系統理論的學派，是晚清最重要的書法理論著作之一。《廣藝舟雙楫》可謂長篇鉅制、體系完備，「是清代唯一的以碑學觀點爲指導思想，對書法藝術的各個方面進行各個全面論述的書法理論著作。」〔註9〕

　　《廣藝舟雙楫》自1891年初刻後的七年間，屢遭禁毀，但重印次數達十八次之多，其影響力之大可見一斑。而該書被禁的根本原因不僅在於康有爲是「戊戌變法」的領導者，更重要的是他的碑學理論帶有更爲強烈的反傳統色彩，此書出版後褒貶不一。〔註10〕民國時期對《廣藝舟雙楫》的批評多集

〔註9〕劉恒：《中國書法理論史・清代卷》（南京：江蘇教育出版社，1999年），頁349。

〔註10〕沙孟海與康有爲在對一些具體書家的態度上有很大的不同，沙孟海認爲經過多次翻刻的帖，固然已不是二王的眞面目，但經過石工大刀闊錐鑿過的碑，難道不失原書的分寸？劉咸炘（1896～1932），指出康有爲在唐碑不變且不古問題上的矛盾，即康氏謂唐人名家變古，實不盡守六朝法度。康氏既主

中在《廣藝舟雙楫》中體現出來的主觀偏激現象，之後的研究者對於康有爲理論上的矛盾亦頗有微詞。〔註11〕而曹建說：「學術與政治一體化的思維傳統所導致的學術政治化是康有爲《廣藝舟雙楫》風行天下的原因。」〔註12〕可見，《廣藝舟雙楫》一書的學術價值，並未獲得學者專家普遍的認可。

三、《萬木草堂藏畫目》成書經過及內容概述

　　康有爲在繪畫方面，也深有癖好，戊戌變法前已收藏了許多歷代名畫，變法失敗後儘被抄沒。之後他流亡海外 16 年，又「搜得歐美各國及突厥、波斯、印度畫數百，中國唐、宋、元、明以來畫亦教百。」《萬木草堂藏畫目》就是他 1917 年和張勳策劃清廢帝復辟失敗後，避居美國使館期間書寫的。此一文獻爲一長達 21.6 米的手卷，目前被當作康有爲現存最長的書法作品，收藏於廣東省南海博物館。當時，他匿於美使館的美森院，杜門半載，室中空空，無所事事，乃書寫畫目，聊以自娛。由於有較寬裕的時間，他在長卷宣紙上寫書的這分近一萬五千字的《畫目》：

> 丁巳五月蒙難，避地美使館，院前槐榕交蔭，名之曰美森院。杜門
> 半載，一身面壁，室中空空無一物，欲郵所藏畫來，恐被封沒，欲
> 冒險出未能也。惴惴恐憂，兼一身不自保，何況他外物？然性癖書
> 畫，戊戌抄沒，舊藏既盡，中外環游後，搜得歐美各國及突厥波斯
> 印度畫數百，中國唐宋元明以來畫亦數百，有極愛者，思之既不可
> 得見，乃郵畫目來，閉戶端居之暇，乃寫所藏目錄。外國者不詳，

「變」，卻又指責「唐人名家變古」，是邏輯上的謬誤。再者，指責康有爲批評風格誇大、主觀、牽強附會、強造統系，以偏概全等等缺失。朱大可（1898～1979）則質疑康氏「魏碑能傳蔡、衛」的論點。而北魏墓誌所志者大抵武臣漢辛，或出自諸蕃，而田夫牧隸，約略記之。其書法不參經典，草野粗俗，無足怪者。以上諸家不滿康氏對魏碑能備眾美的過分讚譽……上述批評見單昆軍：《民國時期對康有爲《廣藝舟雙楫》的批評》（南京：南京師範大學美術學碩士學位論文，2006 年 5 月），頁 9～29。

〔註11〕例如馬新宇指出，康有爲所列「十家」之中，「只有崔浩爲正史記載的書法名家，其餘均史無書名；除《呂望表》之外，其它名下所屬作品或僞託或傳說，均難以落實。」從考證上說明康有爲所列「經典」之謬誤。質疑康氏混淆名家經典作品與良莠不齊的石刻書法。見馬新宇：《清代碑學批評──以《廣藝舟雙楫》爲中心》（吉林：吉林大學歷史文獻學博士學位論文，2007 年 6 月），頁 144。

〔註12〕曹建：《晚清帖學研究》（南京：南京藝術學院美術學博士學位論文，2004 年5 月），頁 160。

先寫中國者，無書可考，詮次時代，或多謬誤，人名亦多不考，神
游目想，聊以自娛。〔註13〕

　　畫目中共列康有爲所收藏的中國畫388目。此書雖名《畫目》，實爲藏畫
著錄，但所藏作品多爲僞作，藏畫條目中有部分藏品資料與紀錄，但在編輯
上未見清代常見的嚴謹編輯原則，對於畫作來源、畫作尺寸、印文等完全付
諸闕如。〔註14〕而對畫史的建構與藝術風格等評論文字佔了大半的篇幅，可
以說是康有爲的「畫論」。因此，《萬木草堂藏畫目》被作爲畫論研究的性質，
遠比被當作藏畫清冊還多。

　　關於《萬木草堂藏畫目》中所紀錄的收藏畫作多數是僞作，眞正註明應
是眞跡的作品不到十件。王非說：

近年來網上所見拍賣圖片亦偶有康氏藏畫出現，有王晉卿的《山
水》、馮君道的《花卉》、趙孟頫的《秋林馳馬圖》、方從義的《秋山
行旅圖》，王石谷、楊晉、顧昉、虞沅合的《蕉竹芝石祝壽圖》，除
《蕉竹芝石祝壽圖》外，其餘率皆坊間僞造之物。〔註15〕

　　此外，中國書畫鑑定家啓功（1912～2005），生動地記錄了康有爲收藏畫
作的態度與方式：

又聞蒼虬老人言，昔南海寓青島，游古董肆，肆主出古畫，率爲
顧、陸、荊、關之類名頭，價值若干千若干萬。南海閱之，必嘆賞
不置，且爲評其甲乙，曰某神品、某逸品，某第一、某第二。肆
主亦喜形於色，請其留購，南海曰，貶價始可。肆主請其數，南海
鄭重答之，某三元、某五元。肆主竟允售焉。當時在旁者未嘗不以

〔註13〕康有爲：《萬木草堂所藏中國畫目》，康有爲著，蔣貴麟編：《萬木草堂遺稿外
　　　　編》（上）（臺北：成文出版社，1978年），頁223。
〔註14〕吳佳靜碩士論文提到：「此類著作（藏畫目錄）在書寫體裁上雖無明確的形式
　　　　規範，但自明代中葉以後，在編輯上開始越趨嚴謹。對於畫上的印文内容、
　　　　題跋内容、畫家款識短題、作品質地與裝裱形式等藏品訊息加以詳載的書畫
　　　　著錄越來越多。有清一代，諸多書畫藏家仿擬高士奇（1644～1703）《江村銷
　　　　夏錄》、吳榮光（1773～1843）《辛丑銷夏錄》等所建立的著錄體例，簡言之，
　　　　即採用包含有（一）作品質地、（二）畫作面積、（三）裝裱形式、（四）題跋、
　　　　（五）印章等五要素的編輯原則。」以上資料引自吳佳靜：《民初「畫學衰落」
　　　　論述的產生與變遷——以康有爲《萬木草堂藏畫目》爲核心》（臺北：臺灣師
　　　　範大學美術研究所美術理論組，2016年2月），頁69。
〔註15〕王非：〈康有爲《萬木草堂所藏中國畫目》的追蹤與研究〉，引自《西北美術》，
　　　　2014年第3期，頁70。

忍笑爲難，而南海則昂然持畫歸。其萬木草堂藏品，大率此等物也。〔註16〕

康有爲收藏繪畫的方式，似乎是不計眞贋的。然而，這並不代表康有爲缺乏鑑賞力，他曾對自己的收藏做過一些說明：

> 先生進左右而莞爾而言曰：「所藏者非全係眞跡」。蓋唐宋元明，代有名作，爲傳世者，大半贋本。善收藏之家，或有佳本，然亦眞僞難辨。鑑別名畫，非自擅六法，不能道其疑要，以余所見，有贋本勝於珍本者，未必後人之不如古人也。……至於斤斤眞贋，評定價值，此市儈所爲，非鑑賞繪畫者也。〔註17〕

在贈送《萬木草堂藏畫目》給弟子劉海粟時，很眞誠地說：「一切收藏，旨在用於研究。」〔註18〕也正因爲康有爲寫作《萬木草堂藏畫目》的目的，在於抒發對中國畫的看法，進而改良中國畫，因此，學者多將《萬木草堂藏畫目》作爲康有爲的畫論進行研究。

首先，康有爲轉變傳統視畫學爲無用之學的觀念，將畫學與工商之品，亦即與利用厚生之學聯繫起來，畫學成爲康有爲獨特的實用之學，畫學因此關係著富國強兵的層面。而清朝畫學卻是極爲衰敗的，康有爲在《畫目》前面的序言中，開宗明義地說，爲振興中國明清以來的衰敗的畫學「請正其本，探其始，明其訓」，論述了中國畫學衰敗的原因，並提出了振興畫學的主張。畫目按朝代順序排列，每朝畫目之前又各有一段文字，論述該朝繪畫之興衰、特點及影響。每目之下，註明畫的形式（卷或冊幅等）、質地（絹本和紙本），多數目下加品評。集中表達了康有爲對唐宋以來我國繪畫及其演變的看法，反映了康有爲的美學思想。

《萬木草堂藏畫目》引起廣泛討論的議題便是「中國近世之畫衰敗極矣」、「中國畫學至國朝而衰敗極矣」的論點。「衰落」一詞在民國初年出版的

〔註16〕啓功：《啓功叢稿・題跋卷・廣藝舟雙楫》（北京：中華書局，1999年），頁249。此段引言之蒼虯老人爲陳曾壽（1878～1949），字仁先，號耐寂、焦庵。因家藏有元畫家吳鎭〈蒼虯圖〉，因以名閣，詩集亦取其名，並字號蒼虯老人、蒼虯居士。以上資料參考卞孝萱、唐文權：《民國人物碑傳集》（北京：團結出版社，1995年），頁690～691。

〔註17〕蔣貴麟：《景印萬木草堂藏中國畫目序》，康有爲著，蔣貴麟編：《萬木草堂藏中國畫目》，無頁碼。

〔註18〕劉海粟：〈憶康有爲先生〉，引自夏曉虹編：《追憶康有爲》（北京：生活・讀書・新知三聯書店，2009年4月），頁306。

各類書籍報刊頻繁且大量地出現。這類悲觀的用語，起因於甲午戰後，中國在國內外知識分子眼中成爲「東亞病夫」的形象，〔註19〕因應「衰落」現象，隨之而起的便是「改良」、「革命」、「復興」、「復活」等論調。〔註20〕而持對立觀點者，則否認晚清中國畫有「衰落」現象，認爲中國畫正持續不斷地進步。兩方論點各有其支持觀點。

　　我們檢視康有爲《廣藝舟雙楫》、《萬木草堂藏畫目》，其實際影響持續至今日書、畫壇。筆者將康有爲定義爲「先驅者」的角色，探討他所帶領的書畫改革中所做出的貢獻，然而，亦不避諱其理論及創作中的缺失。

〔註19〕楊瑞松：〈想像民族恥辱：近代中國思想文化史上的「東亞病夫」〉，《國立政治大學歷史學報》第 23 期，2005 年，頁 1〜144。

〔註20〕邁克爾·蘇立文著，陳衛河、錢崗南譯：《20 世紀中國藝術與藝術家》（上海：上海人民出版社，2013 年），頁 60〜61。

第三章 《廣藝舟雙楫》「形學」論的現代意涵

中國文字起源於象形，對於書法形式層面的研究至唐朝到達顛峰，唐楷的形式美建立以後，到了現當代，書法入門與訓練幾乎都以唐楷為基礎。但是書法藝術發展至宋朝以後，特別注重書法中精神層面的因素而忽略形式層面，這是與唐朝書學形成鮮明對比之處。宋代的書學觀念一直延續到元、明、清。尤其是以「帖學」路線建立了書統之後，書學研究便成為著重精神層面的「心學」，到清朝「碑學」書風興起之後，開始有了轉變，康有為《廣藝舟雙楫》與其他民族文字比較後，得出漢字書法重形，具體提出「書為形學」的觀點，書法藝術「重意輕形」的局面始有轉變。然而，這樣的轉變代表了書學何種意義上的現代意涵呢？書法的「心學」論有何缺失，導致書法藝術無法完成現代化，下文，我們將逐一探討之。

第一節 「心學」論在書學史上的地位與缺失

清代學術的總體氛圍在於尋求對整個中國古代學術的突破。明末清初，顧炎武（1613～1682）、黃宗羲（1610～1695）等學者總結明亡的歷史教訓，對王陽明（1472～1528）「心學」的氾濫感到深惡痛絕，轉而提倡「通經致用」，從而形成清代的考據之風。書學理論在這股學術風潮之中，有著共同的趨勢。《廣藝舟雙楫》中提出「蓋書，形學也」的新觀點，不僅闡發古典書法理論從「心學」到「形學」的劃時代轉變；並且對「書者，心畫也」、「書者，如也」，「書如其人」……等，將書法作為古代文人士大夫修養與學問的

展現的手段產生質疑。康有爲從「書爲形學」作爲書法本體的視角，以碑學爲主體重建書法史，揭示書法作爲一門藝術的形象性；視覺特徵的抒情性；技法的可分析性，書法教育的實用性……，現在的藝術院校許多已經將書法歸爲「造型藝術」。康有爲「蓋書，形學也」的觀點，完成了現代書法藝術繼承與創新的轉型。

一、「書爲心學」說的歷史淵源

　　中國書法藝術的獨特之處在於同時包含形式與文字內容兩種元素，一幅成功的書法作品，不但應該在形式技巧上無懈可擊；在文字內容上也應該具備優美的意境。書法藝術在歷史發展的長河中，經歷了開端、發展、成熟、變化等過程，歷代書學者不同審美觀展現了不同時代的美學思想。清人梁巘（？～？）在《評書帖》中提出：晉尚韻，唐尚法，宋尚意，元明尚態之說法。以韻、法、意、態四個字成爲書法史上提綱挈領的關鍵詞，說明每個歷史時期的書法風貌和審美追求有所不同。**宋書尚意，包含了很豐富的涵義，一是要求表現哲理；二是重視表現學識；三是強調表現人品性情；四是注意表現意趣。**宋尚意和唐尚法是對等的一組概念，唐著重書法形式；宋則強調書法的內涵意趣。在歷史長河的演進中，書法形式與內容相競合下，宋代以來中國文人士子更重視內容而忽略形式層面，歷史上一流的書家，不但必須具備高超的技術，更要有深厚的學養，文學涵養不夠深厚的人是難以列入書家行列的。書如其人的命題於焉產生，影響中國書法數千年。叢文俊曾論述中國文化藝術精神，歸納出「書爲心學」、「風神骨氣居上」、「技道兩進」、「人品即書品」等，他曾說：

　　　　比較而言，書爲心學，是關於字如其人的理論，是總綱；風神骨氣
　　　　居上，意在取其人格標準；技道兩進，講修身和審美理想的寄託；
　　　　人品即書品，說明作字先作人的道理。它們是後期書法理論史的核
　　　　心內容，也是影響書法審美與批評質量的一個敏感話題。〔註1〕

　　叢文俊所謂後期書法史是指東漢至清朝。我們檢視書法理論史，西漢揚雄首先提出「書爲心畫」的說法：

　　　　言不能達其心，書不能達其言，難矣哉。惟聖人得言之解，得書之
　　　　體。白日以照之，江河以滌之，灝灝乎其莫之御也。面相之，辭相

〔註1〕叢文俊：《書法史鑑》（上海：上海書畫出版社，2004年6月），頁98。

適，合中心之所役，通諸人之嗢嗢者，莫如言。彌綸天下之事，記
久明遠，著古昔之昏昏，傳千里之忞忞者，莫如書。故言，心聲也。
書，心畫也。聲畫形，君子小人見矣！聲畫者，君子小人之所以動
情乎！〔註2〕

　　實際上，揚雄所指之「書」並非指書法，而是與「言」相對而論的，指
書面語言（即文字），至後世，論書者往往根據揚雄之說以為書法與人品關係
之佐證。揚雄提出的「心畫」說，成為中國書法藝術理論批評史中「書如其
人」命題的濫觴。此後書法史上將書法創作與創作主體密切聯繫，歷代書法
家、理論家對此說不斷地充實、完善，並賦予新的內涵。

　　秦漢之後，書法之形式與文字內容相互競合，唐人尚法，特別注重書
法形式、藝術的層面；宋人尚意，較為強調創作者文學、修養的面向，唐
韓愈（768～824）的〈送高閒上人序〉開始了對於書法內容與形式的探討，
他說：

　　苟可以寓其巧智，使機應於心，不挫於氣，則神完而守固，雖外物
　　至，不膠於心。堯、舜、禹、湯治天下，養叔治射，庖丁治牛，師
　　曠治音聲，扁鵲治病，僚之於丸，秋之於弈，伯倫之於酒，樂之終
　　身不厭，奚暇外慕？夫外慕徙業者，皆不造其堂，不嚌其胾者也。
　　往時張旭善草書，不治他技。喜怒窘窮，憂悲、愉佚，怨恨、思慕，
　　酣醉、無聊、不平，有動於心，必於草書焉發之。觀於物，見山水
　　崖谷，鳥獸蟲魚，草木之花實，日月列星，風雨水火，雷霆霹靂，
　　歌舞戰鬥，天地事物之變，可喜可愕，一寓於書。故旭之書，變動
　　猶鬼神，不可端倪，以此終其身而名後世。今閒之於草書，有旭之
　　心哉！不得其心而逐其迹，未見其能旭也。為旭有道，利害必明，
　　無遺錙銖，情炎於中，利欲鬥進，有得有喪，勃然不釋，然後一決
　　於書，而後旭可幾也。今閒師浮屠氏，一死生，解外膠。是其為心，
　　必泊然無所起；其於世，必淡然無所嗜。泊與淡相遭，頹墮委靡，
　　潰敗不可收拾，則其於書得無象之然乎！然吾聞浮屠人善幻，多技
　　能，閒如通其術，則吾不能知矣。〔註3〕

─────────────

〔註2〕　〔漢〕揚雄：《法言・問神》（臺北：中華書局，1983 年），卷 5，頁 3～4。
〔註3〕　〔唐〕韓愈：〈送高閒上人序〉，華東師範大學古籍整理研究室：《歷代書法論
　　　　文選》（上海：上海書畫出版社，1998 年 4 月），頁 291～292。

在這段文字中，韓愈非常精闢地說明了「藝術內容」與「形式表現」的關係，指出藝術是有其「心」（藝術內容）才有其「跡」（表現形式）的，即「誠於中而形於外」的事物。換言之，他認爲書法家的心靈是書法形式的本源。北宋歐陽脩（1007～1072）留下明確而具體的論述曰：

> 古之人皆能書，獨其人之賢者傳遂遠。然後世不推此，但務於書，不知前日工書隨與紙墨泯棄者，不可勝數也……非自古賢哲必能書也，唯賢者能存耳，其餘泯泯不復見爾。〔註4〕

歐陽脩的一番論述，引發了後世將書法作品與書家本人的關係緊密地聯繫起來，和歐陽脩亦師亦友的蘇軾（1036～1101）在〈評書〉中指出：「古之論書者兼論其平生，苟非其人，雖工不貴也。」〔註5〕說明了宋代書法作品價值的高低是和書家本人的生平密不可分的。黃庭堅（1045～1105）書論又更突出了書法作品和書家學養的關係，他在《山谷文集》中寫道：「學書須要胸中有道義，又廣之以聖哲之學，書乃可貴。若其靈府無程，政使筆墨不減元常、逸少，只是俗人耳！」〔註6〕元初郝經（1223～1275）進一步提出了「書法即心法」的觀點。他說：

> ……蓋皆以人品爲本，其書法即其心法也。故柳公權謂「心正則筆正」，雖一時諷諫，亦書法之本也，苟其人品凡下，頗僻側媚，縱其書工，其中心蘊蓄者亦不能掩，有諸內者，必形諸外也。〔註7〕

郝經的「書法即心法」，指出唯有高人勝士之書迹方能出奇入神。清代劉熙載（1813～1881）《藝概·書概》將書法和書家之間的關係做了更有力的概括，他說：「書，如也。如其學，如其才，如其志，總之曰如其人而已。」〔註8〕「書如其人」說在很大層面上反映了中國古代書法精神，崔陸峰說：

> 中國書法的魅力與成就，正在於用抽象的線條表達生命的律動，用

〔註4〕〔宋〕歐陽脩：〈筆說·世人作肥字說〉，李逸安點校：《歐陽脩全集》（第五冊）（北京：中華書局，2001年3月），頁1970。

〔註5〕〔宋〕蘇軾：〈評書〉，崔爾平選編點校：《歷代書法論文選續編》（上海：上海書畫出版社，1993年8月），頁54。

〔註6〕〔宋〕黃庭堅：〈論書〉，華東師範大學古籍整理研究室：《歷代書法論文選》，頁355。

〔註7〕〔元〕郝經：〈移諸生論書法書〉，崔爾平選編點校：《歷代書法論文選續編》，頁175。

〔註8〕〔清〕劉熙載：《藝概·書概》，華東師範大學古籍整理研究室：《歷代書法論文選》，頁715。

隱喻的布白抒發人生的思考，用曲直的筆觸呈現人生的跌宕，用淺
深的墨色傳遞情思的來去。人在點畫中寄託自我，同時也在點畫間
重新發現自我。〔註9〕

「書如其人」說在中國古代書法評論中有其重要的影響力，使中國書法
家的主觀心靈、閱歷、才情、學養……等影響藝術風格的複雜因素，都可成
爲觀者品評、玩賞的素材，形成書法藝術中重要的審美對象，爲藝術家與欣
賞者開闢一條路徑。然而，它也產生某些邏輯上的矛盾，同時使藝術成爲附
庸而無法獨立，下文，我們要探討的是「書爲心學」（「書如其人」）說所造成
的矛盾。

二、「書爲心學」說之偏頗

（一）藝術真實與生活真實之不同

藝術眞實是指創作者的美學理想對生活眞實進行藝術概括和創造，所反
映的生活本質，是對生活眞實的淨化、深化與美化，更能深刻地顯示社會生
活的本質，與社會現實是有差距的。金末元初元好問（1190～1257）有詩
曰：「心畫心聲總失眞，文章寧復見爲人。高情千古〈閑居賦〉，爭信安仁拜
路塵。」〔註10〕詩作譏諷西晉著名詩人潘岳（247～300），在〈閑居賦〉中，
自詡爲一個淡泊名利、忘卻凡俗的世外之人，然而在現實生活中，他卻是一
個趨炎附勢的諂佞之人。可見藝術家的創作和生活中的現實無法混爲一談。
書法史上也曾出現過相同的問題，明代書畫鑑賞家張丑（？～？）在《清河
書畫舫》中曰：

> 宋人書例稱蘇、黃、米、蔡，蔡者謂京也。後世惡其爲人，乃斥去
> 之，而進君謨書焉。君謨在蘇、黃前，不應列元章後，其爲京無疑
> 矣。京筆法姿媚，非君謨可比也。〔註11〕

明孫鑛（？～？）也說：「宋四大家其蔡是蔡京（1047～1126），今易以
君謨，則前後輩倒置……」〔註12〕人品重於書品之說的，尚有清朱和羹

〔註9〕 崔陸峰：《「書如其人」思想的歷史發展及意義研究》（山東大學文藝學碩士學
　　　　位論文，2014年），頁49。

〔註10〕 林從龍、侯孝瓊、田培杰：《遺山詩詞注析》（鄭州：中州古籍出版社，1991
　　　　年），頁61。

〔註11〕 〔明〕張丑：《清河書畫舫》（二）・午集・蔡襄（臺北：學海出版社，1975
　　　　年5月），無頁碼。

〔註12〕 〔明〕孫鑛：《書畫跋跋》（上海：大東書局，1971年5月），頁188。

（1795？～1850？），他說：

> 書學不過一技耳，然立品是第一關頭。……世稱宋人書，必舉蘇、
> 黃、米、蔡。蔡者，謂京也。京書姿媚，何嘗不可傳？後人惡其爲
> 人，斥去之，而進端明於東坡、山谷、元章之列。然則士君子雖有
> 絕藝，而立身一敗，爲世所羞，可不爲殷鑑哉！〔註13〕

元代鄭杓（？～？）、劉有定（？～？）、清代馮班（1602～1671）等人
也有類似說法：

> 或問蔡京、卞之書，曰：「其悍誕奸傀見於顏眉，吾知千載之下，使
> 人掩鼻過之也。……書字如其爲人（劉有定注）。〔註14〕

> 趙文敏（孟頫）爲人少骨力，故字無雄渾之氣。〔註15〕

這些評論說明了「書如其人」的觀念影響之深，歷來評論者以書家修
養、品行爲第一要件而忽視藝術成就的高低，甚至不惜倒置輩分的排序，書
法形式層面被忽略的程度可見一斑。類似的例子還有趙孟頫（1254～1322），
他歷經宋元之變，仕隱兩兼。元世祖死後，他稱病回歸故里，之後又幾經
升遷，出仕元朝，官居從一品，他一士二主，爲出仕元朝的南宋遺民代表。
傅山（1607～1684）曾於〈作字示兒孫〉中痛詆趙孟頫「學問不正」、「流於
軟美」，警戒兒孫不可學趙。〔註16〕項穆（1596年前後在世？）也說趙字「骨
氣乃弱，酷似其人」。〔註17〕此外，張瑞圖（1570～1641）的附和閹黨，被
指摘替魏閹生祠碑書丹，後世視之爲歷史罪人。後來證明書碑一事不實，
到清初《明史》修撰時，他的書史地位方得與邢侗（1551～1612）、米萬鍾
（1570～1628）、董其昌（1555～1636）並列，邢、張、米、董並稱「晚明四
家」。

〔註13〕〔清〕朱和羹：《臨池心解》，華東師範大學古籍整理研究室：《歷代書法論文
選》，頁740。

〔註14〕〔元〕鄭杓著，劉有定注：《衍極並注》，華東師範大學古籍整理研究室：《歷
代書法論文選》，頁460。鄭杓，有些版本做鄭枃，甘中流發現《四庫全書》
作鄭枃，「杓」爲梳絲具，與其「子經」之字互爲表裡。據此，鄭「杓」爲是。
引自甘中流：《中國書法批評史》（北京：人民美術出版社，2016年3月），頁
336。

〔註15〕〔清〕馮班：《鈍吟書要》，華東師範大學古籍整理研究室：《歷代書法論文選》，
頁555。

〔註16〕傅山：《霜紅龕集》（臺北：漢京文化，1971年），卷4，頁107。

〔註17〕〔明〕項穆：《書法雅言·附評》，華東師範大學古籍整理研究室：《歷代書法
論文選》，頁520。

其實，無論蔡京、蔡卞兄弟，趙孟頫或張瑞圖，其書法皆不似後人所責如人品一般惡劣，鄧文原（1258～1328）、鮮于樞（1246～1302）、趙孟頫並稱「元初三大書法家」。張瑞圖（1570～1641）與邢侗（1551～1612）、米萬鍾（1570～1631）和董其昌（1555～1636）四人並稱「邢張米董」，被列為書法史上「明晚四家」。這是後人對其書法成就的肯定。這些例子說明了「書如其人」之說往往混淆了藝術真實與生活真實。

（二）思想情性與表現形式之異同

古人試圖將書法中的線條比擬為人的筋、骨、血、肉，認為書作中是融入人的神采、意態、品格的。然而，即便是觀人，尚無法由人的外貌揣度其內在，「以貌取人」尚且有所出入，更何況是「以書取人」。人的內在學養、習慣、喜好等特質與其書法雖有某種程度的相關，卻非完全吻合，有時甚至會有相悖的情況。例如，《宋史》記載米芾（1051～1107）精於書法，甚得王獻之（344～386）筆意，米芾臨王獻之書作，能達到假以亂真的程度。流傳至今的王獻之〈中秋帖〉，有些學者懷疑為米芾所臨。米芾性情放逸，舉止顛狂，號稱「米顛」，但能得晉人之風流蘊藉，正可說明創作者個性與作品風格的相悖之處。而人的情性固然影響風格表現，但也受到外在環境的影響。孫過庭（648～703）《書譜》中也曾提及人的創作受「五乖」、「五合」影響的說法：

> 又一時而書，有乖有合，合則流媚，乖則彫疏。略言其由，各有其五：神怡務閑，一合也；感惠徇（殉）知，二合也；時和氣潤，三合也；紙墨相發，四合也；偶然欲書，五合也。略言其由，各有其五：神怡務閑，一合也；感惠徇知，二合也；時和氣潤，三合也；紙墨相發，四合也；偶然欲書，五合也。心遽體留，一乖也；意違勢屈，二乖也；風燥日炎，三乖也；紙墨不稱，四乖也；情怠手闌，五乖也。心遽體留，一乖也；意違勢屈，二乖也；風燥日炎，三乖也；紙墨不稱，四乖也；情怠手闌，五乖也。乖合之際，優劣互差。得時不如得器，得器不如得志。若五乖同萃，思遏手蒙；五合交臻，神融筆暢。暢無不適，蒙無所從。〔註18〕

這段論述說明了同一書家在創作時與本人當時的心情思緒、氣候環境、

〔註18〕〔唐〕孫過庭《書譜》，華東師範大學古籍整理研究室：《歷代書法論文選》，頁 126～127。

書寫工具、創作動機……有極大的關係，在不同的情境之下書寫，會影響到書法表現的風格、優劣……。人的學養、習慣等內在特質的形成是厚積薄發、潛移默化的，欲其直觀地呈現在書法的點畫之間，對應書家的情感、人格、學養等特質，只能取其大概而已。因此，書與人的相關程度有待後人重新思考。

第二節　「形學」論的建立及其在書學史上的意義

在學術領域中，論及「形」時，總會將之與另外一組概念相對應。哲學領域裡，與「形」相對應的對象被稱之爲「神」、「道」、「虛無」、「情性」……，在文學領域中被稱之爲「性」、「天道」、「情韻」、「意」……。同樣，在書法領域中，學者論及「形」時，與其相對應者爲「神」，或「心」。圍繞著「形學」、「心學」這組核心概念，「形」有時會被「狀」、「體」等替代，「心」有時也會被「性情」、「韻」、「意」、「氣」……等替代。書法中的這種對應首先出現在南朝齊王僧虔（426～485）的著述中：「書之妙道，神彩爲上，形質次之，兼之者方可紹於古人。」〔註19〕中國書法中的「書如其人」（心學）說，廣爲討論，但是「書爲形學」則少被述及。下文，我們將探討「書爲形學」的各種相關論述。

一、「書爲形學」的理論依據

（一）「形」與「勢」的關係與內涵

中國文字誠然始於象形，伊始便具備了造型藝術的基礎，由此延伸，康有爲提出：「蓋書，形學也。」的觀念，確立了書法藝術爲「形學」的概念，關於「形」的闡釋，《說文解字詁林》中有象形、形體、形狀、趨勢、形容、比較等含義，基本上是偏向靜止的形象而言，但已與「勢」並列而論。而「勢」在周秦文獻中皆作「執」字，是指一切事物運動的力量趨向。《說文》中的解釋是：「盛力，權也。從力，執聲。」易言之，「形」乃靜態的形體；「勢」爲動態的過程。「形」是「勢」的依附；「勢」是「形」靈魂。「形」是空間的概念；「勢」爲時間的流動。「形」、「勢」密不可分，兩者共同形成書法的內容。

〔註19〕〔南朝‧齊〕王僧虔：〈筆意贊〉，華東師範大學古籍整理研究室：《歷代書法論文選》，頁 62。

「形」、「勢」影響書家風格的形成，「形」、「勢」兼顧，方能臻至妙境。康有
為參考古代書家說法，將「形」與「勢」並舉，他說：

> 古人論書，以勢為先。中郎曰「九勢」，衛恒曰「書勢」，羲之曰「筆
> 勢」，蓋書，形學也，有形則有勢。兵家重形勢，拳法亦重撲勢，義
> 固相同。得勢便則已操勝算。右軍《筆勢論》曰：「一正腳手，二得
> 形勢，三加道潤，四兼拗拔」。張懷瓘曰：「作書必先識勢，則務遲
> 澀。遲澀分矣，求無拘繫。拘繫亡矣，求諸變態……。」〔註20〕

　　當代學者多認為形勢理論源自兵法，《孫子兵法》是春秋末年齊人孫武
（545～470 B.C.）的兵法著作，其中就有〈形〉、〈勢〉的篇章論述。漢代關
於書法的「形勢」論開始形成書論中的一個重要命題。康有為提及的衛恒
「書勢」，使得後世將「勢」用作文體名。但早在衛恒《四體書勢》之前，漢
代崔瑗撰有〈草勢〉，蔡邕（133～192）〈篆勢〉、〈九勢〉，蔡邕〈九勢〉原文
如下：

> 夫書肇於自然，自然既立，陰陽生焉；陰陽既生，形勢出矣。藏頭
> 護尾，力在字中，下筆用力，肌膚之麗。故曰：勢來不可止，勢去
> 不可遏，惟筆軟則奇怪生焉。凡落筆結字，上皆覆下，下以承上，
> 使其形勢遞相映帶，無使勢背。
>
> 轉筆，宜左右回顧，無使節目孤露。
>
> 藏鋒，點畫出入之迹，欲左先右，至回左亦爾。
>
> 藏頭，圓筆屬紙，令筆心常在點畫中行。
>
> 護尾，畫點勢盡，力收之。
>
> 疾勢，出於啄磔之中，又在豎筆緊趯之內。
>
> 掠筆，在於趯鋒峻趯用之。
>
> 澀勢，在於緊駃戰行之法。
>
> 橫鱗，豎勒之規。
>
> 此名九勢，得之雖無師授，亦能妙合古人，須翰墨功多，即造妙境
> 耳。〔註21〕

　　蔡邕所列的九勢中的第一勢「落筆結字」，強調字內點畫空間要相互映

〔註20〕康有為：《廣藝舟雙楫・綴法第二十一》，《康有為全集》（一），頁493。
〔註21〕〔漢〕蔡邕：〈九勢〉，華東師範大學古籍整理研究室：《歷代書法論文選》，
　　　　頁6。

帶、上下、左右呼應協調，「形勢遞相映帶」一語，明確了形勢相互依存的關係，餘則是對運筆的描述。其後，康有爲引王羲之《右軍筆勢論》曰：「一正腳手，二得形勢，三加遒潤，四兼抑拔」，〔註22〕可以看出，王羲之也是形勢並論的。此外，《筆勢論十二章》，被認爲是王羲之對寫字技法的書論名篇，〔註23〕用筆論及藏鋒、側筆、押筆、結筆、憩筆、息筆、蹙筆、戰筆、……翻筆、疊筆、起筆、打筆等方法和筆勢〔註24〕；論大小主張「大字促之貴小，小字寬之貴大，自然寬狹得所，不失其宜」〔註25〕；說布白，則論「分間布白，遠近宜均，上下得所，自然平穩。當須遞相掩蓋……」〔註26〕等等。至於張懷瓘論用筆所說「偃仰向背　謂兩字并爲一字，須求點畫上下偃仰離合之勢。」〔註27〕所言應爲一種動態的位置關係。

方建勛歸納出勢的四要素—運動、力、速度、趨向。〔註28〕運動指多種多樣的運筆方式，如中鋒運筆、絞轉、行留……等多樣變化。力是勢產生的基本條件，先人特別注重力的運用，強調借力使力的巧力而非蠻力；速度是書法產生韻律節奏的主要因素；趨向是運動後所留下的筆劃形態、結字、篇章布局的狀態。從動態的角度上看，趨向是由力、速度的不同運動，使點、畫、字、行、篇章結構所呈現出來的動向、趨勢。

康有爲「蓋書，形學也」的論點顛覆了宋代中期以來「尚意」的文人書法觀，或者說顛覆了關注書寫者精神素養的「心學」。〔註29〕康有爲之前，張

〔註22〕 康有爲《廣藝舟雙楫・綴法第二十三》，《康有爲全集》（一），頁493。查右軍原文當爲《筆勢論十二章・創臨章第一》：「始書之時，不可盡其形勢，一遍正腳手，二遍稍得形勢，三遍微微似本，四遍加其遒潤，五遍兼加抽撥。」原文引自華東師範大學古籍整理研究室：《歷代書法論文選》，頁30。

〔註23〕 《筆勢論十二章》是否爲王羲之所撰仍有爭議，但學界普遍認爲是王羲之一派的書論。

〔註24〕 〔晉〕王羲之：《筆勢論十二章・觀形章第八》，華東師範大學古籍整理研究室：《歷代書法論文選》，頁38。

〔註25〕 〔晉〕王羲之：《筆勢論十二章・視形章第三》，華東師範大學古籍整理研究室：《歷代書法論文選》，頁31～32。

〔註26〕 〔晉〕王羲之：《筆勢論十二章・教悟章第七》，華東師範大學古籍整理研究室：《歷代書法論文選》，頁33。

〔註27〕 〔唐〕張懷瓘：《六體書論・論用筆十法》，華東師範大學古籍整理研究室：《歷代書法論文選》，頁216。

〔註28〕 方建勛：《書勢研究》（南京：南京藝術學院美術學碩士學位論文，2005年5月），頁6。

〔註29〕 〔清〕劉熙載云：「揚子以書爲心畫，故書也者，心學也。」《藝概・書概》（上

懷瓘也曾說過:「書之為體,須入其形」。清代翁方綱(1733～1818)《復初齋詩集》亦提及:「自言書法法安在,我師我心非彼能。自本心來乃心畫,崛奇開闔豈能稱。」〔註30〕道出「書為心學」的矛盾之處。《廣藝舟雙楫》既是一部書法史和書法藝術鑑賞之作,也是一部研習書學理論、進行書法實踐、落實書法教育的指南,將書法藝術形式從「心學」落實到「形學」,對書法藝術從理論到創作以至於教育的現代化,都居功甚偉。

(二)中國文字起源於象形

康有為從整個世界文字的比較中看出了中文國字的最大特徵乃始於象形,而書法是建立於漢字基礎上的藝術,所以,書法的研究不能忽略「形」的問題,「形」是中國書法藝術的基礎:

> 文字之始,莫不生於象形。物有無形者,不能窮也,故以指事繼之。理有憑虛,無事可指者,以會意盡之。若諧聲、假借,其後起者也。轉注則劉歆創例,古者無之。倉、沮創造「科斗」、「蟲篆」,文必不多,皆出象形,見於古籀者,不勝僂數。今小篆之日、月、山、川、水、火、草、木、面、首、馬、牛、象、鳥諸文,必倉頡之遺也。匪惟中國然,外國亦莫不然。近年,埃及國掘地,得三千年古文字,郭侍郎嵩燾使經其地,購得數十搨本,文字酷類中國「科斗」,「蟲篆」,率皆象形,以此知文字之始于象形也。以此知文字之始於象形也。〔註31〕

康有為認為,漢字書寫能夠發展為書法藝術的前提之一,是因為具有「造型性」的因素。他說:

> 中國自有文字以來,皆以形為主,即假借、行草,亦形也。惟諧聲略有聲耳。故中國所重在形。外國文字皆以聲為主,即分、篆、隸、行、草,亦聲也,惟字母略有形耳。中國之字,無義不備,故極繁而條理不可及;外國之字,無聲不備,故極簡而意義亦可得。蓋中國用目,外國貴耳,然聲則地球皆同,義則風俗各異。致遠之道,以聲為便然合音為字,其音不備,牽強為多,不如中國文字之

海:上海古籍出版社,1978年),頁169。
〔註30〕 〔清〕翁方綱《復初齋詩集》十五・七佛偈,引自中國哲學書電子化計畫(諸子百家):https://ctext.org/wiki.pl?if=gb&chapter=79533#,2018/7/7。
〔註31〕 康有為:《廣藝舟雙楫・原書第一》,《康有為全集》(一),頁402。

美備矣。〔註32〕

以形爲主是漢字的特點，也是漢字書寫發展爲視覺藝術的基礎。早期的漢字都是象形文字，本身就帶有一定程度的藝術性。後來，漢字的象形性雖不斷減弱，但並未改變「圖形」的性質。正如康有爲所說，即使是「假借」，或是抽象的「行草」書，都是從「形」發展而來。

（三）追求形式之美爲天理自然

美感的形成由審美的主體與客體之交互作用，而交互作用涉及主體的判斷與客體所具有的特性。東、西方的審美判斷差異很大，中國美學思想主要以儒家與道家爲根源。儒家的美學與倫理學密不可分，基本上就是把「仁」當作美的主要內容；道家的莊子在美學的立論上與儒家有所不同，強調達到一種絕對的自由境界。簡言之，道家強調自然之美；儒家則強調人文之美。

而西方的美學體系受柏拉圖（Plato）的觀點影響很深，柏拉圖認爲美是獨立自存的實在。中世紀聖多瑪斯（St. Tomas）曾認爲美只涉及官能，而人的官能喜歡比例適當的事物。文藝復興時期大致上仍將美界定爲和諧與良好的比例。這些觀點後來發展爲反復、對稱、均衡、調和、對比、比例、漸層、變化、統一……等形式原理，而成爲美的客觀準則。

書法藝術的發展受到傳統儒家與道家的影響，逐漸發展爲倫理式、形而上的美學觀，與「心學」聯繫。康有爲則純粹立足於形式層面，將書法之美引導至「形學」層面，並認爲追求形式之美是天理自然的：

> 或曰：書自結繩以前，民用雖篆、草百變，立義皆同。由斯以談，但取成形，令人可識，何事誇鍾、衛，講王、羊，經營點畫之微，研悅筆札之麗，令祁祁學子玩時日於臨寫之中，敗心志於碑帖之内乎？應之曰：衣以掩體也，則裋褐足蔽，何事采章之觀？食以果腹也，則糗藜足飫，何取珍羞之美？垣牆以蔽風雨，何以有雕粉之璀璨？舟車以越山海，何以有幾組之陸離？詩以言志，何事律則欲諧？文以載道，胡爲辭則欲巧？蓋凡立一義，必有精粗；凡營一室，必有深淺。此天理之自然，匪人爲之好事。楊子雲曰：「斷木爲棊，梡革爲鞠，皆有法焉。」而況書乎？昔唐太宗屈帝王之尊，親定晉史，

<hr>

〔註32〕康有爲：《廣藝舟雙楫・原書第一》，《康有爲全集》（一），頁405。

御撰之文，僅《羲之傳論》，此亦藝林之美談也。〔註33〕

康有爲列舉生活當中，食、衣、住、行尚且追求文飾，詩文也要求詞句巧妙，推論凡事皆有精粗、深淺，對於形式美的追求是天理自然。書法自然也要有所講究，他講「形學」論，將「形」與「勢」並舉，書法的形式包含靜態的呈現與動態的操作過程。再將中國文字起源於「形」；追求形式是天理自然的理論，將中國書法藝術正式列爲「形學」。他所說的「點畫之微」、「筆札之麗」，甚至全書所論述的理論都落實到形式，屬於「形學」的層面。

二、「形學」論的歷史發展

中國歷代書學者不同審美觀展現了不同時代的美學思想。漢魏時期書論的美學思想主要在討論書法的形象以及體勢與自然萬物的關係問題中。如蔡邕（133～192）的「縱橫有可象者，方得謂之書矣。」〔註34〕「書肇於自然，自然既立，陰陽生焉，陰陽既生，形勢出矣。」〔註35〕成公綏（231～273）的「垂象表式，有模有楷」〔註36〕、索靖（239～303）的「科斗鳥篆，類物象形」〔註37〕……等均體現了以法「象」爲主的美學趨向，也就是探討書法與大自然形象的對應關係，著重形質的探討。漢代之後，書法之形式與文字內容相互競合，唐人尚法，特別注重書法形式、藝術的層面；宋人尚意，較爲強調創作者文學、修養的面向，甚至形成了「書以人傳」的現象，強調「神采爲上，形質次之」的目標追求，形質已成爲血肉豐滿的有機體。孫學峰說：

> 與這一傳統書法觀念相比，康氏將書法定義爲「形學」的論述實屬前人之未發……「形學」是當時書法觀念的總結。「形學」並非康氏個人觀點的表達，而是對當時書法觀念的總結。這一觀念是在多種潛在的具體因素綜合作用下，在合適的社會氛圍中醞釀而成的。〔註38〕

〔註33〕 康有爲：《廣藝舟雙楫・原書第一》，《康有爲全集》（一），頁406。
〔註34〕 蔡邕：〈筆論〉，華東師範大學古籍整理研究室：《歷代書法論文選》，頁6。
〔註35〕 蔡邕：〈九勢〉，華東師範大學古籍整理研究室：《歷代書法論文選》，頁6。
〔註36〕 成公綏：〈隸書體〉，華東師範大學古籍整理研究室：《歷代書法論文選》，頁10。
〔註37〕 索靖：〈草書勢〉，華東師範大學古籍整理研究室：《歷代書法論文選》，頁19。
〔註38〕 孫學峰：〈「形學」與晚清以來書法觀念的轉變〉，《中國社會科學報》，2012年4月12日。

這段話說明了「形學」論的觀點實際上醞釀已久，但是將書法定義爲「形學」，康有爲是第一人。我們觀察書法史的發展，元明之後，「書爲心學」的觀念已逐步有了一些轉變。惠藍的研究分析，或能說明中國書法藝術宋代以後「形學」論的發展，他說：「從『意』到『態』是形學之法的深一層的探求——更深層的回到本體中。」〔註39〕宋代格外強調人的層面。元明尚態則愈來愈落實到點、線、字、墨本身。也更接近現代書法對於書法「畫面」的要求。

三、「形學」論在書學史上的意義

（一）書法批評史中鑑賞論與技法論之依存根據

「書爲心學」或「書如其人」之說，使得中國古代書法批評從語言表述到觀念意識，都呈現一種模糊、感性的方式。古代書學批評中，以物像比喻式批評是一種較早走向成熟的批評方式，〔註40〕無論在著述體例上還是在審美心理上，它均給後世造成了極爲深遠的影響。楊疾超說：

> 人們關於書法批評的思想與觀念並非直接從書法中來，而是從中國傳統思想文化精神轉化而來。……儒、道、禪表現於書法中，顯示了各自最高精神體現，儒家的中和之道，道家的自然之道，禪宗的空靈之道，通過古代書法批評家將它們引入到書法之中，成爲書道，書法由此而昇華到哲學的，形而上的層面，她不再僅僅是一技，而是技進乎道，是道之藝。那麼，「書道」的内涵十分豐富。書法不僅是道的載體，又是傳統文化活化石。對儒家而言，書法是倫理人格的表現；對於道家來講，書法與天地宇宙同在；對於禪宗而論，書法是書者心靈的呈現。〔註41〕

簡而言之，中國古代書法批評中，「形質」爲基本要求，更重視「神采」，「神采」也就是書家形而上層面的涵養、思想……。古代對於書學批評迴避

〔註39〕 惠藍：〈傳統「書」、「畫」關係新解——論中國畫對書法的影響〉，《東南文化》（1997 年第 3 期，總第 117 期），頁 102。

〔註40〕 熊秉明分類的古代書法理論其中之一即爲「喻物派的書法理論」，它是用自然之美來描寫書法之美。見熊秉明：《中國書法理論體系》（臺北：雄獅圖書股份有限公司，2004 年 3 月），頁 10。

〔註41〕 楊疾超：《古代書法批評模式》（華中師範大學藝術史博士學位論文，2008 年 5 月），頁 323。

技法的層面，蘇東坡〈柳氏二外甥求筆迹二首〉詩中有「退筆如山未足珍，讀書萬卷始通神」，意思是工夫深不如多讀書，唯有積學才能使書法達到出神入化的境界，至於通神是何境界，則未說明。〔註42〕又說：「古之論書者，兼論其平生，苟非其人，雖工不貴也。」〔註43〕項穆則說：「筆勢所運，邪正自形」〔註44〕明顯地是將「美」與「善」混淆的論述。導致中國古代書論中在批評的層面往往是忽略技巧的。〔註45〕《宣和書譜》評李碩書法說：「大抵飽學宗儒，下筆處無一點塵俗氣而暗合書法，茲胸次使然也。」〔註46〕馬宗霍（1897～1976）《書林藻鑑》序中說：

> 甀墨傳寶，紈素流徵。藝之精也，其亦道之華乎！乃若楷則各殊，神明互契，師承有緒，宗派斯興，好尚難齊，品藻競發，亮多任情之論，未必眞賞之評。然而自異觀同，因脈尋匯，忘言得象，是固有足存焉。〔註47〕

馬宗霍說，古人品第書家或書作，「亮多任情之論，未必眞賞之評」、「因脈尋匯，忘言得象」，這種品評方式，無怪乎，「書法批評史中，很長的一段歷史裡，神彩遠遠凌駕於形質之上。」〔註48〕我們且舉柳公權爲例，評者誠如馬宗霍所云，多爲任情之論：

> ……〔海岳書評〕：公權如深山道士，修養已成。神氣清健，無一點塵俗，又云公權國清寺大小不相稱，費盡筋骨。又詩云：歐怪褚妍不自持，猶能半蹈古人規……。〔蘇軾云〕：柳少師本初於顏，而能

〔註42〕〔宋〕蘇軾撰，〔明〕茅維編、孔凡禮點校：《蘇軾詩集·柳氏二外甥求筆迹二首之一（冊2，卷11）》（北京：中華書局，1999年7月），頁543。

〔註43〕〔宋〕蘇軾：〈評書〉，崔爾平選編點校：《歷代書法論文選續編》，頁54。

〔註44〕〔明〕項穆：《書法雅言·心相》，華東師範大學古籍整理研究室：《歷代書法論文選》，頁531。

〔註45〕幾乎在書法文獻出現之始，人們便已開始著手自己的書寫經驗，並總結歸納出自己的書寫心得，對於書法技法進行極爲細膩的探索。技法論到了唐代已相當成熟，到了清代甚至到了瑣碎繁縟的程度。與技法論相反，批評論伊始便有「唯見神采，不見形質」的傾向。

〔註46〕《宣和書譜》，卷四，〈贈俔光草書歌〉（北京：中華書局，1985年），頁107。

〔註47〕〔清〕馬宗霍：《書林藻鑑·序》（上）（臺北：臺灣商務印書館，1982年5月），無頁碼。

〔註48〕技法論幾乎是與書法文獻同步出現，但通常不作爲批評的根據，只有在「傳授」這種特殊的心理支持下，人們才會毫無顧忌地論到形質層面的規則。語見周勛君：《清代書法批評中對形質的描述及其相關問題的研究》（中央美術學院美術學博士學位論文，2008年6月），頁74。

自出新意，一字百金，非虛語也。其言心正則筆正，非獨諷諫，理
固然也。世之小人，書字雖工，而其神情終有睢盱側媚之態，不知
人情隨想而見，如韓子所謂竊斧者乎，抑眞爾也。然至使人見其書
猶憎之，則其人可知矣。……〔解縉云〕：公權書如一夫當關。……
〔王世貞云〕：柳於書不得稱名，獨米元章謂其勝誠懸，今觀其行筆
飄灑雄逸，無拘迫寒儉之態，眞足塡篋，第結構小疏，不能運鐵腕
捺碟間耳。〔註49〕

　　由此觀來，中國古人評論書家、書作，總認爲技進於道，縱使技法論十
分發達，但評論時總略而不談，或點到爲止。直到清代，重神彩輕形質的觀
念始有改變，康有爲在《廣藝舟雙楫》明確提出「蓋書，形學也」的主張，
實有劃時代的意義。周勛君說：「人們在研究技法和進行作品批評時使用的彷
彿是兩顆頭腦，它們對『神采』和『形質』的取用涇渭分明。直到這部批評
史快要結束時，它才閃出一道異樣的光。」〔註50〕而中國古代對於書法形式
的研究，只有在作爲「傳授者」身分時，才得以暢所欲言：

　　只有在「傳授」這種特殊的心理支持下，人們才會毫無顧忌地論到
　　形質層面的規則，而不必懷有「深識書者，惟觀神采，不見形質」
　　的顧慮。「神采」於是在另一個領域（比如說批評）長期佔據在人們
　　的感覺、思維和語言陳述中。〔註51〕

　　「書爲形學」的主張，實際上是可以提供書學批評以「形」論書的合理
依據。只是，康有爲作爲改革的先驅者，對「書爲形學」的觀點仍處於混沌
不明的認知當中，劉兆彬便認爲康有爲書論仍存在「心學」的痕跡：

　　對於康氏提出的書法是「形學」的觀點，需要仔細辨析。有人把它
　　上升到「學科性質」的高度來認識，這有一定的道理，但是，從康
　　氏本人的論述看，他的相關表述存在著矛盾。如果說「蓋書，形學
　　也」是把書法看作「造型藝術」，那麼，他說書法出於「人之智」，
　　無疑又把書法看作「心學」了。〔註52〕

〔註49〕〔清〕馬宗霍：《書林藻鑑》（上）卷八，頁163～165。
〔註50〕周勛君：《清代書法批評中對形質的描述及其相關問題的研究》（中央美術學
　　　　院美術學博士學位論文，2008年6月），頁3～4。
〔註51〕周勛君：《清代書法批評中對形質的描述及其相關問題的研究》，頁74。
〔註52〕劉兆彬：《康有爲書法美學思想研究》（山東師範大學文藝學博士學位論文，
　　　　2010年6月），頁160。

　　康有爲運用傳統的批評方式，以佛道用語論書、人格化的批評等感悟式的方式……，顯現康有爲傳統的、唯心主義的一面，然而，這也是任何學科理論轉變過程必然出現的特徵。因此，康有爲通常被認爲是古典的終結，現代的發軔者，他扮演著古典與現代轉銜的角色、在他的書論中、書法創作裡，都呈現一種轉變中的痕跡，即既欲脫離傳統，跨足現代，卻又未完全脫化於傳統，同時兼具傳統與現代的特質。在書學批評方面，這樣的特徵尤爲明顯。傳統批評方法的特徵是以形象性的比喻爲基礎，表達自己對書法作品的靜態以及動態、外部和內部、風格或形態等諸多方面的經驗判斷與感悟聯想。鑑賞者可以根據這種形象性的語言去尋繹及感悟作品的美感，直接體認作品的傳神之處。在〈碑評第十八〉中，康有爲的評論是：

> 《爨龍顏》若軒轅古聖，端冕垂裳。《石門銘》若瑤島散仙，驂鸞跨鶴。《暉福寺》寬博若賢達之德。《爨寶子碑》端樸若古佛之容。《弔比干文》若陽朔之山，以瘦峭甲天下。《刁遵志》如西湖之水，以秀美名寰中……〔註53〕

　　這種人格化及物像化的批評，仍爲《廣藝舟雙楫》的主要模式，顯現康有爲仍未從傳統的，模糊的語彙中脫化出來，明顯可見傳統意象式、比擬式、人格式……的批評模式，然而，我們卻也可以從側面見出，某些層面他逐漸將「神采」轉向「形質」的批評。例如，〈卑唐第十二〉批評的是結構：「至於有唐，雖設書學，士大夫講之尤甚……專講結構，幾若算子，截鶴續鳧，整齊過甚」。〈體系第十三〉批評結構及運筆方式：「《始興王碑》……若結體峻密，行筆英銳，直與率更《皇甫君碑》無二……。」《李超碑》評論其體筆法「《李超碑》體骨俊美，方圓並備；然方筆較多，亦出衛宗。……《解伯達造象》，亦有奇趣妙理，兼備方圓，爲北碑上乘。」〔註54〕

　　由以上論述，我們可以看出康有爲書學批評兼有古代感性、模糊的方式；但同時具備理性、形式分析的層面。周勛君說：「技法論一直到明清之後，至少三分之一的此類文章中不必再憑藉著『授業者』身分，就可以毫無顧忌地談論自己對書法在構成上的見解，他們只管談論這些內容，不再強調這種意圖和身分。」〔註55〕這在《廣藝舟雙楫》中是明顯可見的。

〔註53〕康有爲：《廣藝舟雙楫・碑評第十八》，《康有爲全集》（一），頁481。
〔註54〕康有爲：《廣藝舟雙楫・體系第十三》，《康有爲全集》（一），頁464。
〔註55〕周勛君：《清代書法批評中對形質的描述及其相關問題的研究》，頁84。

綜上所述，康有爲「書爲形學」的觀點，將書法納入爲具體而可分析之藝術範疇。中國傳統的藝術理論中，「美」與「善」往往是緊密聯繫在一起的。孔子說《武》樂盡美而未盡善，《韶》樂盡善盡美，從「仁」的理想境界出發，孔子認爲「善」較之「美」更爲根本、更爲重要。這種文藝觀對中國書法理論產生了極爲深刻的影響。隋唐以降，書論家往往將書作與書家之道德、人品納入考量。如果說，蘇軾將書法納入「善」的範疇；康有爲「形學」論則是在傳統書論、文論中「美」與「善」混淆的概念下，將「美」獨立出來。

（二）創新的審美觀念

1、「變者，天也」——以「形」爲書法創新的關鍵

西方繪畫在 19 世紀，尤其在照相技術發明以後，逐漸走出古典審美的和諧，轉向追求表現創作主體的自由精神，法國浪漫主義畫派的德拉克羅瓦（Eugène Delacroix，1798～1863）提出「天才」和「想像」；現實主義畫家庫爾貝以「個性」和「獨創」爲新的審美標準。爾後，西方畫論發生急遽的轉向：

> 「天才」、「想像」、「個性」、「獨創」，這些概念成爲 19 世紀西方畫論的熱點，從而與古典畫論理性至上的「技藝學」、「理想美」、「典型」等概念形成對比。〔註56〕

這種藝術觀念的轉變，在康有爲的書學理論中亦透顯出來。康有爲書學以「變」爲核心，其審美標準爲「新理異態」，其實就是求新求變，批評的目的也在於變革，〈體變第四〉篇就以「人限於其俗，俗趨於變，天地江河，無日不變」，說明書法形式風格會隨俗而變的道理，人們的觀念和思維方式都無時無刻不處於變化之中。而且變是不以人的意志轉移的，「變」是一種自然的規律。以政治而論，「如今論治然，有守舊、開化二黨，然時向開新，其黨繁盛，守舊黨率爲所滅。蓋天下世變既成，人心趨變，以變爲主，則變者必勝，不變者必敗，而書亦其一端也。」〔註57〕至於「變」的內在動因，康有爲有更進一步的說明：

> 夫變之道有二，不獨出於人心之不容已也，亦由人情之競趨簡易

〔註56〕孔新苗、張萍：《中西美術比較》（濟南：山東畫報出版社，2002 年 5 月），頁199。

〔註57〕康有爲：《廣藝舟雙楫‧卑唐第十二》，《康有爲全集》（一），頁 462。

焉。繁難者，人所共畏也；簡易者，人所共喜也。去其所畏，導其
所喜，握其權便，人之趨之若決川於堰水之坡，沛然下行，莫不從
之矣。几席易爲床榻，豆登易爲盤碗，琴、瑟易以箏、琶，皆古今
之變，於人便利。隸草之變，而行之獨久者，便易故也。鐘表興，
則壺漏廢，以鐘表便人，能懸於身，知時者未有捨鐘表之輕小，而
佩壺漏之累重也，輪舟行，則帆船廢，以輪舟能速致，跨海者未有
捨輪舟之疾速，而樂帆船之遲鈍也。故謂：變者天也。〔註58〕

　　這段文字提出了「人心之不容已」和「人情之競趨簡易」是書法發展動
因的觀點。換言之，即「審美意識」和「實用要求」書史的演進。康有爲
認爲人類審美意識的發展會影響書法發展的歷史進程，這是「天理之自然」。
他說：

或曰：書自結繩以前，民用雖篆、草百變，立義皆同。由斯以談，
但取成形，令人可識，何事誇鍾、衛，講王、羊，經營點畫之微，
研悅筆札之麗，令祁祁學子玩時日於臨寫之中，敗心志於碑帖之内
乎？應之曰：衣以掩體也，則短褐足蔽，何事采章之觀？食以果腹
也，則糗藜足飫，何取珍羞之美？垣牆以蔽風雨，何以有雕粉之璀
璨？舟車以越山海，何以有幾組之陸離？詩以言志，何事律則欲諧？
文以載道，胡爲辭則欲巧？蓋凡立一義，必有精粗；凡營一室，必
有深淺。此天理之自然，匪人爲之好事。〔註59〕

　　此段引言以日常生活中的各種事例，說明在一切領域中追求美化是天理
自然。這一觀點的哲學依據，我們稱之爲「自然人性論」思想。有些學者稱
之爲「進化論」，如劉兆彬說康有爲書法思想的理論「基點」主要有二：（1）
進化論哲學思想；（2）書法是「形學」的觀念。〔註60〕其「進化論」所指，
即康有爲所謂「人心之不容已」的進化概念。

　　而不論是追求美化或簡易便利，著眼點皆在於「形」，而「形」必須隨俗
而變，「變者必勝，不變者必敗」，在形式上能夠創新、變化者，才符合新時
代嶄新的審美標準。

〔註58〕康有爲：《廣藝舟雙楫・原書第一》，《康有爲全集》（一），頁404。
〔註59〕康有爲：《廣藝舟雙楫・原書第一》，《康有爲全集》（一），頁406。
〔註60〕劉兆彬：《康有爲書法美學思想研究》（山東：山東師範大學文藝學博士學位
　　　　論文，2010年6月），頁189。

2、復古爲更新的碑學書風

《廣藝舟雙楫》是要以「復古爲更新」的。其中的「古法」理論，更清楚地說明了碑學的內涵，並且新變風格是必須雄強壯美。然而，康有爲的古法概念極不明確，書中與「古法」同義或近義的概念極爲繁多，如「蒼古」、「奇古」、「古厚」、「古質」、「古秀」、「淳古」、「古氣」、「古樸」、「古茂」、「古渾」等等，不一而足。〔註61〕以下我們將《廣藝舟雙楫》提及「古法」之處表列之，以便比較分析：

表二　康有爲「古法」定義整理表

出　處	原　　　　　文	備　　註
餘論 第十九	張長史謂：「大字促令小，小字展令大。」非古法也。	結字之法
說分第六	完白山人之得處在以隸筆爲篆，或者疑其破壞古法	指用筆之法
執筆 第二十	吾偶得此，又證以古法及愼伯之法，無不吻合	指執筆運筆之法
述學 第二十三	夫藝業惟氣息最難，愼伯僅求之點畫之中，以其點畫中滿爲有古法，尚未爲知其深也。	指書法的精神意蘊； 瘦勁、怯薄是破壞古法
說分第六	然其（李少溫）筆法出於〈嶧山〉，僅以瘦勁取勝，若〈謙卦銘〉益形怯薄，破壞古法極矣。	
導源 第十四	故學者有志於古，正宜上法六朝，乃所以善學唐也。	時代：六朝爲古
體變第四	鐘鼎及籀字，皆在方長之間，形體或正或斜，各盡物形，奇古生動，章法亦復落落，若星辰麗天，皆有奇致。……秦分裁爲整齊，形體增長，蓋始變古矣。	書體：鐘鼎、籀字 秦代始變古
體變第四	北碑當魏世，隸、楷錯變，無體不有。綜其大致，體莊茂而宕以逸氣，力沉著而出以澀筆，要以茂密爲宗。當漢末至此百年，今古相際，文質斑爛，當爲今隸之極盛矣。北齊諸碑，率皆瘦硬，千篇一律，絕少異同。北周文體好古，其書亦古，多參隸意。	時代：漢末 審美取向：茂密爲宗 書體：隸楷錯變

〔註61〕黃克：《清代碑學中的古法思想研究》（南京：南京師範大學美術學碩士學位論文，2006年），頁34。

說分第六	〈石鼓〉既爲中國第一古物，意當爲書家第一法則也。	中國第一古物：〈石鼓〉（雖被歸類爲大篆，但已呈康有爲所說「裁爲整齊」的圖案化趨勢。）
取隋第十一	中唐以後，斯派漸泯（指北碑派），後世逐無嗣音者，此則顏、柳醜惡之風敗之歟！觀此碑（〈龍藏〉）眞足當古今之變者矣。	古今之變者代表：〈龍藏〉碑。

　　由〈康有爲「古法」定義整理表〉（表二）可知，康有爲所謂「古法」，涵蓋許多面向：時代上是指唐宋以前的秦漢、六朝。此時代之前流行的書體，如鐘鼎、籀字、篆隸等當是「古法」所指的對象。內涵部分則涵蓋書法技法及書法的精神意蘊。而在審美典型的取向方面，以茂密爲宗。至若其他形容詞尚有「奇古雄渾」、「奇逸古厚」、「古樸絕俗」、「樸厚古茂」、「古氣未漓」、「體質古樸」……等語彙中，總之，康有爲崇尚雄強、渾厚、質樸、奇崛的壯美藝術風格。

　　總體看來，康有爲談「古法」旨在主張書法應該有所法、有所本，不應肆意妄作。康有爲古法思想的核心在於樹立審美理想，以六朝碑版刻石書法爲其「古法」之依歸，而康有爲重視「古法」實際是爲創新。重發展、重創造的思想是始終貫穿於其「古法」理論中。因爲重視「古法」，所以要法古，法古並不是讓書法回到秦漢六朝，而是在古代書法藝術中尋找其樸拙、雄渾的形態，從一種原始古樸的境界中創造出近代的書法藝術，就是所謂「汲古出新」。「新理異態，變出無窮」，「新理異態，古人所貴」，說明了康有爲崇尚「古法」的要旨。而其創新的理念，是傳統書法走向現代的一大步。

　　熊秉明曾說：「書法是中國文化核心的核心。這是中國靈魂特有的園地。」「西方藝術有雕刻繪畫，在中國更有一門書法，是處在哲學和造型藝術之間的一環，比起哲學來，它更具體，更帶生活氣息；比起繪畫雕刻來，它更抽象，更空靈。」〔註62〕古代書法更重視士子的人格與修養，那麼，康有爲透過「今學」的流行，「古法」的路徑提倡創新，使書法藝術從古典重視心學、人格塑造和道德培養的目的滲入更多純粹藝術，或者說造型藝術的元素，使書法藝術更具現代藝術的風貌，且保有中國獨特藝術的內涵與意義。

　　康有爲將書史發展劃分爲三大階段，提出了「周以前爲一體勢，漢爲一體勢，魏、晉至今爲一體勢」的觀點，認爲書體發展皆千數百年一變，後之

〔註62〕熊秉明：《中國書法理論體系》（臺北：雄獅出版社，1999年9月），封面語。

必有變也，可以前事驗之也。這是一種宏觀的劃分，大體符合史實。康有爲的劃分，以秦漢時期的「隸變」爲界限，「隸變」爲古今文字的分水嶺，已經爲書法史家所公認，他掌握住了漢字書體演變的關鍵。整體而言，漢字書體在周亡以前以篆籀爲主，秦漢時期以隸書爲主，漢末魏晉之際，又產生了至今通行的楷、行、草體系，這是中國書史發展的基本面貌。在此之後，康有爲接著說「今用眞楷，吾言眞楷」〔註63〕表示清代通用的字體爲眞楷，基本上，《廣藝舟雙楫》所論皆針對楷書而言，這裡已透露出康有爲落實藝術於生活的理念。

中國書史從宏觀的角度來看，是篆、隸、草、楷、行的形體變化，從微觀的視角觀察，〈體變第四〉篇云：

> 國朝書法，凡有四變：康、雍之世，專仿香光；乾隆之代，競講子昂；率更貴盛於嘉、道之間；北碑萌芽於咸、同之際。至於今日，碑學益盛，多出入於北碑、率更間，而吳興亦蹀躞伴食焉。吾今判之，書有古學，有今學。古學者，晉帖、唐碑也，所得以帖爲多，凡劉石菴、姚姬傳等皆是也。今學者，北碑、漢篆也，所得以碑爲主，凡鄧石如、張廉卿等是也。人未有不爲風氣所限者，制度、文章、學術，皆有時焉，以爲之大界，美惡工拙，祇可於本界較之。〔註64〕

〈體變第四〉篇先將書法與時代風氣聯繫起來，提出時代的治亂也會影響到書家的情緒而表現於書法。再者提到朝代間的書法變化，如唐朝書法有三次的風格變化，清代書法則有四次的轉變。以清朝而言，康熙、雍正時期，以董其昌爲主流；乾隆時期大家爭學趙孟頫；嘉慶、道光時代則盛行歐陽詢；咸豐、同治的時候北魏的碑學萌芽，到了現代（同治～光緒）年間，則兼取北碑、歐陽詢，旁及趙孟頫，因此藉著「古學」、「今學」的界定，〔註65〕對清初以來的碑學新風尚及其發展前景給予明確的歷史定位。「今學」爲唐宋以前的秦漢、六朝碑學，代表人物是鄧石如（1739～1805）、張裕

〔註63〕康有爲：《廣藝舟雙楫·原書第一》，《康有爲全集》（一），頁406。

〔註64〕康有爲：《廣藝舟雙楫·體變第四》，《康有爲全集》（一），頁429。

〔註65〕戴小京認爲「古學」、「今學」的概念，源自康有爲「古文經學」、「今文經學」概念的比附，體現了康有爲「蔑視權威，力求打破籠斷，重組傳統的平民意識」。見戴小京：《康有爲與清代碑學運動》（上海：上海人民美術出版社，2001年8月），頁42。

釗（1823～1894）；「古學」則爲唐宋元明以來的帖學，劉墉（1719～1805）、
姚鼐（1731～1815）則是清代「古學」的代表。「今學」代表時代的潮流、風
尙；相對而言，「古學」則屬舊傳統。繼而以「美惡工拙，只可於本界較之」
的結論，提出「流行書風」或「時代書風」的概念。〔註66〕

表三　古學、今學對照表

	取法範本	代表名家	形成風格流派
古學	晉帖、唐碑	劉墉、姚鼐	帖學
今學	漢篆、北碑	鄧石如、張裕釗	碑學

　　「今學」主要在說明清代書法的新風尙，以古體爲尊、以古體爲貴，以
及由此形成的好古、擬古之風盛行一時。乾、嘉以降，好古之風已經從對古
體書法的膜拜，衍化爲對新出土的南北朝碑刻遺蹟的推崇。「今學」說明時代
潮流趨向，康有爲採取包世臣等人以「不失篆分遺意爲上」，以復古爲創新的
概念，提倡「新理異態」、「新體異態」、「新意妙理」等觀念。然而，康有爲
強調的「新體」是有標準的，是要汲古而出新並且與「高情逸韻」、「質樸高
韻」相聯繫。他對李陽冰將秦小篆變而爲「僅以瘦勁取勝」，認爲是「益形怯
薄，破壞古法極矣」。〔註67〕而蔡襄、薛紹彭、黃庭堅、米芾等人雖意態更新，
但是「偏斜拖沓，宋亦遂亡」，南宋宗此四家，筆力亦偏弱：

　　　　宋稱四家，君謨安勁，紹彭和靜，黃、米復出，意態更新，而偏斜
　　　　拖沓，宋亦遂亡。南宋宗四家，則筆力則稍弱矣。〔註68〕

　　據此，以「復古爲更新」，是康有爲創造「新理異態」的途徑，取法今學，
形成碑學風格流派，則爲符合時代潮流的新書風。

四、書爲「形學」的延伸議題

　　「形學」與「心學」相對，在「形學」體系之下，會造成從書法史觀、
審美理想、鑑賞、評論……等理論皆產生顚覆性的看法，直接面臨的相關議

〔註66〕馬新宇說，「古學」、「今學」兩種趨勢的劃分貌似合理，實則不盡然。漢篆之
　　　　興本於清初的篆隸復古，不待碑學而生；晉帖、唐碑更是貫穿於清代書法發
　　　　展的始終。引自馬新宇：《清代碑學批評——以《廣藝舟雙楫》爲中心》，頁
　　　　98。
〔註67〕康有爲：《廣藝舟雙楫・說分第六》，《康有爲全集》（一），頁436。
〔註68〕康有爲：《廣藝舟雙楫・體變第四》，《康有爲全集》（一），頁428。

題則有臨摹的問題，臨摹的目和指向何在？是達到古人還是自我？臨摹是目的還是過程？其次，「形學」既已悖離「心學」、「書如其人」的觀點，那麼，創作者的人品、學識、修養……便不再居於首位了！這樣便產生創新重於師承；流行先於典型；個性展現使經典退位等議題。

（一）「形臨」先於「意臨」

中國書法的學習，自古以來「臨摹」便是不可少的歷程，透過臨摹不斷地讀帖和書寫，可以鍛練書寫者更精確的文字造型能力，並從中習得布局安排、結字虛實、運筆提按……等技巧，甚至能進一步體察典範人物的品味與書風特質。臨摹對書法技法養成以及情性培養有其無可取代的重要性。而明董其昌主張「書家妙在能合，神在能離」〔註69〕隨意臨仿，強調以臨古尋找自我本性，並認爲臨寫古帖不單可掌握古人筆法，更是追本溯源、擺脫傳統與建立個人風格的途徑。董其昌說：

> 章子厚日臨蘭亭一本，東坡聞之，謂其書必不得工。禪家云：「從門入者，非是家珍也。」惟趙子昂臨本甚多，世所傳十七跋、十三跋是已。「世人但學蘭亭面，欲換凡骨無金丹。」山谷語與東坡同意，正在離合之間。守法不變，即爲書家奴耳。〔註70〕

> 臨帖如驟遇異人，不必相其耳目、手足、頭面，而當觀其舉止、笑語、精神流露處。莊子所謂目擊而道存者也。〔註71〕

董其昌所謂「舉止、笑語、精神流露處」，就是一個人的神采。黃庭堅、蘇東坡、董其昌等大書家臨寫「在離合之間」的方式已不僅是模仿學習，更蘊含了創作的成分。

錢泳（1759～1844）對於意臨則頗不以爲然，曾批評米芾、董其昌「臨古不必形似」的觀點乃「聰明人欺世語」他說：「譬如臨《蘭亭序》，全用自己戈法，亦不用原本行款，則是抄錄其文耳。豈遂謂之臨古乎？」〔註72〕在

〔註69〕〔明〕董其昌：《畫禪室隨筆》，華東師範大學古籍整理研究室：《歷代書法論文選》，頁547。

〔註70〕〔明〕董其昌：《容臺集・論書》，崔爾平選編點校：《明清書論集》（上），頁229。

〔註71〕〔明〕董其昌：《畫禪室隨筆》，華東師範大學古籍整理研究室：《歷代書法論文選》，頁547。

〔註72〕〔清〕錢泳：《履園叢話・書學卷十一》，引自《四部集要・子部・筆記小說大觀》（北京：中華書局，1960年），頁4351。

他看來，求其形似尚且不能，當然也就不能達到臨帖的效果。翁方綱則主張不要「虛言神理」、「高談神肖」、「忘結構之規」、「忽臨摹之舉」，康有爲認爲，臨摹能否把握「形質」是書法學習的關鍵，他說：

> 學書必須摹仿，不得古人形質，無自得性情也。……欲臨碑必先摹仿，摹之數百過，使轉行立筆盡肖，而後可臨焉。〔註73〕

此段引言說明學習書法必須先摹仿，不掌握古人的間架骨力，就無法得到古人書法的神情氣韻，故必須先摹仿幾百次，掌握了古人起筆、轉筆和收筆等筆法，然後才算會臨帖。臨帖不論是鉤摹塡廓、影格描紅，都是爲了熟悉和掌握範本的筆法和結體特點以及形態、神韻。即便選帖與「我」接近，所認知的目標卻不是「我」，更非表現「我」，否則，雖爲臨帖，不過是重複自我。唯有自覺地進入他人的靈魂中，予以觀摩理解，才能獲得心智覺解的資源。因而，臨帖中覺知「他—我」之界限，乃自我啓蒙之前提。此時，在習帖者心中形成初步的形塑原則，去除一己習氣，才能習得古人菁華。康有爲引揚雄「能觀千劍而後能劍，能讀千賦而後能賦」之語，主張廣泛地臨帖：

> 能作《龍門造像》矣，然後學《李仲璇》，以活其氣，旁及《始興王碑》、《溫泉頌》以成其形，……至是也習之須極熟，寫之須極多，然後可久而不變也。……〔註74〕

這裡，康有爲統合了他的學書經驗之談。說明「入帖」功夫的重要性，若非經過此般功夫淬鍊，怎能得到古人之精髓？因此，康有爲的審美理想——「新理異態」的形成，是經過臨書的千錘百鍊的。順帶一提的是康有爲自認在臨帖方面是下過一番功夫的，曾說「吾於此事頗用力，傾囊倒篋而出之，不止金針度與也。」〔註75〕康有爲對於自己學書過程傾囊相授，毫不保留，穩扎穩打的臨帖方式，明確指引後代學子一條學書臨帖必先求「形似」的路徑。

其次，康有爲重視書法學習的順序，也做了精闢的剖析，強調學習書法要從「摹仿」開始，以把握「形質」爲首要任務，之後再要求變化。他說：

> 形質具矣，然後求性情。筆力足矣，然後求變化。〔註76〕

〔註73〕康有爲：《廣藝舟雙楫・學敘第二十二》，《康有爲全集》（一），頁497。
〔註74〕康有爲：《廣藝舟雙楫・學敘第二十二》，《康有爲全集》（一），頁497。
〔註75〕康有爲：《廣藝舟雙楫・學敘第二十二》，《康有爲全集》（一），頁496。
〔註76〕康有爲：《廣藝舟雙楫・行草第二十五》，《康有爲全集》（一），頁505。

至於作書，先從結構入，畫平豎直，先求體方；次講向背往來，伸縮之勢，字妥貼矣；次講分行布白之章。求之古碑，得各家結體章法，通其疎密、遠近之故。求之書法，得各家秘藏驗方，知提、頓、方圓之用。浸淫久之，習作熟之，骨血氣肉精神皆備，然後成體。體既成，然後可言意態也。《記》曰：體不備，君子謂之不成人。體不備，亦謂之不成書也。〔註77〕

這兩段文字，均是對書法學程的勾畫，其中特別強調了把握「形質」的重要性。他所提出的「體既成，然後可言意態」的觀點，對於「形式」創新來說，是一個很關鍵的問題。

（二）個性展現重於經典重現

唐太宗（598～649）對於王羲之（303～361；或作 321～379）成爲書史的典範實爲最大推手，他在〈王羲之傳論〉說：「詳察古今，精研篆素，盡善盡美，其惟王逸少乎」〔註78〕使王羲之成爲書法史上習稱之爲「書聖」，〔註79〕唐李嗣眞（？～696）《後書品》始以「書之聖」稱王羲之。〔註80〕叢文俊認爲王羲之所樹立的「王書大統」形成了「中和之美」的帖學典型，宋以後儘管顏眞卿形成另一股與之抗衡的力量，也只能算是「分支」，不足以動搖王羲之的正統地位，使其後一千多年的書寫、審美和批評皆以王羲之爲準則。〔註81〕

元朝眞正引領一代書法風尚者爲趙孟頫，從實踐到理論皆以復古爲宗旨，趙孟頫所說的「古」，並非遠古，而是以魏晉書爲風尚，以王羲之書法爲終極理想。元泰定年間的書法家鄭杓書學論著《衍極》，提出正統書法觀：「古

〔註77〕康有爲：《廣藝舟雙楫・學敍第二十二》，《康有爲全集》（一），頁 496。

〔註78〕《晉書・王羲之傳》（卷八十），引自楊家駱主編：《新校本晉書》（臺北：鼎文書局，1985 年），頁 2108。

〔註79〕莊千慧認爲，唐太宗「盡善盡美，其惟王逸少乎！」和「心慕手追，此人而已」之說，不過是承襲南朝書論「古今莫二」、「百代之楷式」之說，只是以帝王之尊爲一書法家寫「傳論」，並終其一生以鳩集王羲之書迹爲志業，確實使王羲之從此立於無可搖撼的典範地位。語見莊千慧：《心慕與手追——中古時期王羲之書法接受研究》（國立成功大學中文所博士學位論文，2009 年 7 月），頁 329。

〔註80〕李嗣眞稱王羲之爲「書之聖」，乃專指楷書而言。語見莊千慧：《心慕與手追——中古時期王羲之書法接受研究》，頁 18。

〔註81〕語見叢文俊：《中國書法史・先秦、秦代卷》（南京：江蘇教育出版社，1999 年），頁 9。

今一致，作者十有三人焉」，分別爲倉頡、夏禹、史籀、孔子、程邈、張芝、鍾繇、王羲之、李陽冰、張旭、顏眞卿、蔡襄。甘中流說：「……鄭杓《衍極》以道學立統的方法爲書法確立標準，……以儒家哲學爲綱領來闡釋書法，能讓書法理論獲得系統提升，在某些問題的闡釋上也得到深化，其負面效應則讓書法失去自己的獨立性。」〔註82〕明代項穆（1596？）明確爲書法歷史整理出一個「書統」，提出了書法的正統意識。他說「宰我稱仲尼賢於堯、舜，余則謂逸少兼乎鍾、張，大統斯垂，萬世不易。」〔註83〕項穆將王羲之喻爲書法領域中的孔子，王羲之以下的正宗如下文所述：

> 書法之中，宗獨以羲、獻、蕭、永，佐之虞、褚、陸、顏。他若急
> 就、飛白，亦當游心，歐、張、李、柳，或可涉目。所謂取法乎上，
> 僅得乎中；初規後賢，冀追前哲。匪是今之世不能及古之人，學成
> 一家，不必廣師群妙者也。〔註84〕

項穆認爲，書法的正宗爲王羲之、王獻之（344～386）、蕭子雲（486～548）、釋智永（？～？）等人，再輔以虞世南（558～638）、褚遂良（596～658）、陸柬之（585～638）、顏眞卿（709～785）。歐陽詢（557～641）、張旭（675～750）、李邕（674～746）、柳公權等人。此外，項穆還帶著辨析淵源、廓清門戶的意圖：

> 逸少我師也，所願學是焉。奈自祝、文絕世以後，南北王、馬亂
> 眞，邇年以來，競仿蘇、米。王、馬疏淺俗怪，易知其非；蘇、米
> 激厲矜夸，罕悟其失。斯風一倡，靡不可追，攻乎異端，害則滋
> 甚。〔註85〕

項穆以二王體系爲正宗，其審美標準明顯地以中和爲主流。康有爲則認爲「古今之中，唯南碑與魏爲可宗」，並且強調魏碑無不佳者，即便窮鄉兒女造像，都顯得骨血峻宕，拙厚中有奇異之姿態，而結構亦非常緊密，讚嘆其「何其工也！何其工也」！康有爲增廣包世臣兼取阮元之說，〈傳衛第八〉、

〔註82〕甘中流：《中國書法批評史》，頁342。
〔註83〕〔明〕項穆：《書法雅言・書統》，華東師範大學古籍整理研究室：《歷代書法論文選》，頁512。
〔註84〕項穆：《書法雅言・古今》，華東師範大學古籍整理研究室：《歷代書法論文選》，頁513～514。
〔註85〕項穆：《書法雅言・書統》，華東師範大學古籍整理研究室：《歷代書法論文選》，頁513。

〈十家第十五〉、〈十六宗第十六〉三篇，詳論北碑淵源，試圖重新樹立經典、範式。

經典歷久彌衰，但是人的審美趨向會隨時代而轉變，書法的創作應該不斷重現經典，還是隨時代而變，便各有兩派支持者，傳統二王一派堅持優美中和的審美觀，康有爲首先說明「人限於其俗，俗各趨於變，天地江河，無日不變」〔註 86〕的道理，提出「古學」、「今學」的說法，認爲每個時代有其「風氣」，美惡工拙，應考慮時代風氣之所趨：

> 吾今判之，書有古學，有今學。古學者，晉帖、唐碑也，所得以帖爲多，凡劉石菴、姚姬傳等皆是也。今學者，北碑、漢篆也，所得以碑爲主，凡鄧石如、張廉卿等是也。人未有不爲風氣所限者，制度、文章、學術，皆有時焉，以爲之大界，美惡工拙，祇可於本界較之。〔註 87〕

康有爲重視「時代」、「風氣」，即當今所謂「流行書風」的概念。中國學術傳統是貴古賤今的，而康有爲自有其獨到的見解，認爲制度、文章、學術……等，都會被時代風氣所影響，並且美惡工拙，均應放在特定的時代之下予以考量。「古學」指的是晉帖、唐碑，長久以來一直做爲士人學習的範本，是舊有傳統的代表；「今學」當是指新近出土、理想的風格範式北碑、漢篆，代表的是當時流行的風向。在康有爲看來，「今學」才符合時代審美風尚，「美惡工拙，祇可於本界較之」。因此，複製經典，不若展現新時代的，富有創意的個性書風。康有爲的「形學」觀念轉變了歷代以二王風格爲主的典範，轉向窮鄉兒女造像，掀起一股流行書風，影響至鉅。

〔註86〕康有爲：《廣藝舟雙楫・體變第四》，《康有爲全集》（一），頁 426。
〔註87〕康有爲：《廣藝舟雙楫・體變第四》，《康有爲全集》（一），頁 429。

第四章　《廣藝舟雙楫》「碑學」理論的建立與實踐

確立了「書爲形學」的理論之後，康有爲以「碑學」作爲理論的具體實踐，他在以二王一派所建立起的「書統」之外，另起爐灶，延續清初以來流行的金石學、出土文字……，樹立「碑學」體系。從「碑學」史、「碑學」審美標準、「碑學」典範、「碑學」教育，以至他所書寫的「康體」，落實了「碑學」理論。很完整地自理論至實踐，以「碑學」完成了中國書法的現代轉型。

第一節　「碑學」史觀的建立

一、「碑學」的定義

當代學者論及碑學，多定義爲「漢魏以前的金石文字」，將篆隸古體也列入碑學範疇。沙孟海（1900～1992）說：「通常談碑學，是包括秦篆漢隸在內的，不過我爲了敘述的便利起見，只以眞書爲原則，把篆書和隸書，付之別論。」〔註1〕可見他肯定「秦篆漢隸在內」的碑學定義，但爲了敘述的便利，將碑學限於「眞書」。華人德說：「從碑學者言必漢魏，以後更從漢魏碑刻延展至鐘鼎、甲骨、甎瓦、簡牘等。」〔註2〕將「碑學」推及漢魏以前的金

〔註1〕沙孟海：《沙孟海論書叢稿・近三百年的書學》（上海：上海書畫出版社 1987年），頁 343。
〔註2〕華人德：〈評碑學與帖學〉，《碑帖的鑑定與考辨》（上海：上海書畫出版社，2010年），頁 289。

石文字外、甲骨、甎瓦、簡牘等古文字全部概括在內。叢文俊則主張應該依照清人原意界定爲北朝碑版之學，他認爲泛言碑學與史實不符，也會影響對清代碑學的學術評價。他說：

> 篆隸書法貫穿清代始終，不待碑學而生，通常亦不取北碑文字形質，以其和碑派書法關係緊密，成就清代書法格局，遂有碑學及碑派書法擴大化，兼及三代秦漢篆隸古體之說，不確。康有爲著《廣藝舟雙楫》，置《體變》《分變》《說分》《本漢》四節於前，本包世臣《歷下筆譚》（《藝舟雙楫》）而增廣之，旨在明確北碑宗統源流，正其名分。如果以倡碑導源於篆隸和金石學，因而泛言碑派書法，則易模糊碑學與篆隸復古之自身的學術意義。故爾本文將循清人原意，於碑學僅取楷、行、草三體。至於某些名家兼善篆隸和碑字，亦風氣使然，書家原本就有雙重性格及多元探索的傳統。〔註3〕

叢文俊依照阮元、康有爲書學思想的原意，將「碑學」定義爲北朝碑版之學，並只取楷、行、草三體，其實符合康有爲書作中大多僅出現楷、行、草三體的現象。劉濤先生曾對《廣藝舟雙楫》中涉及「碑學」一詞的語句加以歸納和分析，他認爲：

> 康有爲「碑學」這一概念，以南北碑爲本，外延及於金石學、書風、書學，都稱之爲「碑學」，含義模糊不清。以我的理解，他所說的「碑學」是一個體系，由金石學的碑學、書風的碑學、書學的碑學三大部分。如果分途而稱，又不妨命名爲碑學的金石學、碑學的書風、碑學的書學。〔註4〕

劉濤此分析來源於康有爲對碑學一詞的具體使用，具體指出碑學的內涵包括金石學的碑學、書風的碑學、書學的碑學三大部分。並且強調康有爲推崇魏碑，以書體而論，當指楷書。劉恒認爲「碑學」是一大範疇的概念，他說：

> 「碑學」則是指重視漢、魏、南北朝碑版石刻的書法史觀、審美主張以及主要以碑刻爲取法對象的創作風氣。……它是在清代中期，經阮元的倡導及包世臣的推動才興盛起來的。〔註5〕

〔註3〕 叢文俊：《書法史鑑》（上海：上海書畫出版社，2004 年 6 月），頁 180～181。
〔註4〕 劉濤：《書法談叢》（北京：中華書局，2001 年 12 月），頁 279。
〔註5〕 劉恆：《中國書法史·清代卷》（南京：江蘇教育出版社，1999 年 10 月），頁 4。

此說突出了阮元、包世臣對碑學的推動，且把漢魏碑版也納入碑學研究與取法對象的範疇，大體屬於今天所說的「廣義的碑學」。以上所述，說明了「碑學」的定義頗爲紛雜，我們將學者們所述列如下表格：

表四　「碑學」定義表

學　者	「碑學」的定義
沙孟海	眞書（篆書和隸書，付之別論）
華人德	漢魏碑刻、鐘鼎、甲骨、磚瓦、簡牘
叢文俊	北朝碑版、楷、行、草
劉　濤 （分析康有 爲說法）	南北碑爲本，突出「魏碑」 金石學的碑學 書學的碑學 書風的碑學
劉　恒	重視漢、魏、南北朝碑版石刻的書法史觀、審美主張、創作風氣。

　　「碑學」的定義各家說法並不相同，從藝術風氣或藝術思潮的視角來看，碑學與篆、隸復興之間的確有著觀念上、審美取向等的聯繫。從書法審美取向轉變時間點來看，經過乾、嘉時期金石學在研究考證、資料整理方面的有力支持和一批勇於創新的書家的實踐，碑派書法復古，以俗代雅、以復古爲更新的審美理想，以及崇尚古厚朴拙的創作原則均已大致形成。而從學術角度專門探討六朝碑刻楷書源流、風格流派的變遷，並對北碑興盛落實到理論的著作，以阮元〈南北書派論〉、〈北碑南帖論〉爲首，康有爲在《廣藝舟雙楫》中也明確肯定了這一點。康有爲《廣藝舟雙楫》則是在阮元、包世臣的基礎之上，推而廣之，完成了碑學完整的理論。簡言之，「狹義的碑學」與「廣義的碑學」最大的區別在於是否涵蓋清初的金石學，康有爲在《廣藝舟雙楫·尊碑》中論曰：

> 晉人之書流傳曰「帖」，其眞蹟至明猶有存者，故宋、元、明人之爲帖學宜也。……物極必反，天理固然。道光之後，碑學中興，蓋事勢推遷，不能自已也。乾隆之世，已厭舊學。冬心、板橋，參用隸筆，然失則怪，此欲變而不知變者。……碑學之興，乘帖學之壞，亦因金石之大盛也。乾、嘉之後，小學最盛，談者莫不藉金石，以爲考經證史之資。專門搜輯著述之人既多，出土之碑亦盛。……故

今南北諸碑，多嘉、道以後新出土者，即吾今所見碑，亦多《金石
萃編》所未見者。出土之日，多可證矣。出碑既多，考證亦盛，於
是，碑學蔚爲大國。〔註6〕

根據上述索引，康有爲所指「碑學」，當爲「廣義的碑學」，是涵蓋金石
學在內的。而康有爲強調的「今用眞楷，吾言眞楷」又有何學術意義呢？本
傑明・艾爾曼（Benjamin Elman）說：

在 17～18 世紀，篆隸書法重新受到文人的重視並興盛，標誌著中國
書法自六朝以來以行草爲主的帖學向碑學轉變的風尚漸趨形成。這
與當時的學術風氣，特別是金石學的熱潮有密切的關聯。〔註7〕

本傑明・艾爾曼所言「中國書法自六朝以來以行草爲主的帖學向碑學轉
變的風尚」，跟康有爲所言「今用眞楷，吾言眞楷」結合而言，帖學向碑學轉
變也標誌著行草向楷書的轉換。從「碑學」定義表中，我們可以看到，沙孟
海也是特別指出「碑學」所指乃「眞書」，即專指楷書而言。只是，我們對照
康有爲流傳作品形式，卻是行草遠多於楷書，且就其楷書來看，也多半具備
行書意味，這點與康有爲「碑學」主張顯然略有出入。然而，康有爲《廣藝
舟雙楫》從書體的源流、技巧論、鑑賞論、審美觀……，建立起一套完整而
有系統的碑學理論形成完整的「碑學」理論。

二、北碑源於正史名家楷模

阮元〈南北書派論〉和〈北碑南帖論〉梳理正史文獻中關於南北朝書家
的記載，提出了南、北書法皆源自鍾繇、衛瓘，而南派自「二王」以下，形
成江左風流。此後，由於歷史因素導致「中原古法」的式微。康有爲則在
《廣藝舟雙楫》中涵納包世臣而與阮元之說，特立〈傳衛第八〉、〈十家第十
五〉、〈十六宗第十六〉三篇，從正史、金石碑版的聯繫兩個角度，詳述北碑
淵源，試圖重塑北朝名家楷模與經典傳承體系，〈傳衛第八〉篇曰：

夫典午中衰，書家北渡，盧家偓嗣，偓法元常。崔氏悅潛，繼音衛
氏。以《魏書》考之，盧玄父邈，實傳偓業，崔浩父宏，實纘潛書，
北朝書法，實分導二派。然崔潛誄兄之草，王遵業得之，寶其書跡。

〔註6〕 康有爲：《廣藝舟雙楫・尊碑第二》，《康有爲全集》（一），頁 408。
〔註7〕 參見趙剛譯，本傑明・艾爾曼（Benjamin Elman）著：《從理學到樸學・金石
學對清代書法的衝擊》（From Philosophy to Philology）（南京：江蘇人民出版
社，1995 年），頁 133～134。

宏善草隸，自非朝廷文誥，四方書檄，未嘗妄染。魏初重崔、盧之
書，而盧後無人，崔宗自浩、簡兄弟外，尚有崔衡、崔光、崔高客、
崔亮、崔挺，家業尤盛。宏既為世模楷，而郭祚、黎廣、黎景熙，皆
習浩法。於時有江式者，集《古今文字》，其六世祖瓊，實從衛覬受
古文。瓊兄順，並擅八體，蓋亦世傳精法者。由斯而談，然則鍾派
盛於南，衛派盛於北矣。後世之書，皆此二派，祇可稱為鍾、衛，慎
伯稱鍾、梁，未當也。按衛覬草體微瘦，瓘得伯英之筋，恒得其骨。
然則北宗之書，自當以筋骨為上，其風韻之遜於南，亦其祖師之法
然也。《孝文弔比干文》，是崔浩書，亦以筋骨瘦硬為長。〔註8〕

　　上述引文說明了北朝書法源於崔、盧二家，盧氏後繼無人，北朝書法由
崔氏傳承，崔氏傳衛；盧氏法鍾，因此，北朝書法僅傳衛，即鍾派盛於南，
衛派盛於北矣。

　　康有為援引《魏書》，證實南、北有共同的歷史淵源，說明「鍾派盛於
南，衛派盛於北」的觀點，鍾繇之所以負盛名，是因為二王學其風格筆法，
爾後南朝王僧虔《書錄》，梁庾肩吾《書品》，都只談論南人的字，而未及
北派。

　　康有為注意到衛氏、崔氏書法傳承自鍾、衛，然難於在魏碑作品中取
證，遂屏棄風格樣式特徵不談，僅以「北宗之書，自當以筋骨為上」立論。
只可惜，康有為對北朝正史名家楷模的追溯未能得到學者的認可，馬新宇指
出，其一、當時北朝戰亂頻仍、教育廢馳、不暇講習文字；其二、以崔、盧
二門興衰輾轉的時間和地域來看，崔、盧做為楷模的影響力很有限；其三、
崔、盧二門傳承鍾、衛古法或對古法加以改造，風格樣式都不可能接近南朝
流行的「二王」風格。〔註9〕此外，康有為在〈傳衛第八〉中試圖從正史的角
度尋繹北碑源流；〈導源第十四〉、〈十家第十五〉、〈十六宗第十六〉則從金石
碑版的角度試圖塑造北朝名家典範。

三、唐宋名家與北碑的聯繫

　　康有為建立碑學史的另一方式是將唐宋「帖學」名家與碑誌相聯繫。在
〈導源第十四〉、〈十家第十五〉、〈十六宗第十六〉等篇中，將唐、宋名家與碑

〔註8〕康有為：《廣藝舟雙楫·傳衛第八》，《康有為全集》（一），頁451～452。
〔註9〕馬新宇：《清代碑學批評——以《廣藝舟雙楫》為中心》，頁142。

誌聯繫，說明其源自某碑，是康有為樹立名碑楷模的第一步，風格、筆法是其判斷方式，他舉出唐宋名家有十餘家之多，唐、宋名家與北碑關係如下：

表五　唐代名家與北碑關係表〔註10〕

唐代名家	歐陽詢	虞世南	褚遂良	薛　稷	顏真卿	柳公權
源流	〈九成〉觀於〈李仲璇〉……	〈敬顯儁〉〈高湛〉〈劉懿〉	〈弔比干文〉〈齊武平五年造像〉	〈弔比干文〉貝義淵	〈穆子容〉〈高植碑〉	齊碑

表六　宋代名家與北碑關係表〔註11〕

宋代名家	蘇　軾	黃庭堅	文徵明	趙孟頫	張即之	米　芾
源流	〈馬鳴寺碑〉	〈少林寺碑〉	〈美人董氏〉〈開皇八年造像〉	〈刁遵志〉〈王士則〉〈李寶成碑〉	〈張黑女墓志〉	〈趙阿歡造像〉

　　為了替唐宋書法名家找到北碑中的流派源頭，康有為單從碑誌與唐宋名家「筆意」相近者連類相屬，顯然無法印證其間師承淵源的關係，這種牽強附會的方式頗難為後世書家及學者所認同。我們任舉康有為所言的唐宋名家與碑誌做一比較，便可清楚地看出這番連類的諸多問題。

　　以〈始興忠武王碑〉與歐陽詢〈皇甫君〉碑對照圖（圖二）來看，〈始興忠武王碑〉為南朝梁，貝義淵所書，氣勢雄強，結構謹嚴。歐陽詢生於南朝，就時間和地緣而言，歐陽詢有可能師法此碑。歐體八面削成，結構險峻亦頗相類。然而，歐陽詢書學淵源當不只〈始興忠武王碑〉，或康有為另外提及的〈暉福寺〉或〈惠甫造像記〉等碑也是歐陽詢師法的對象。另外，歐陽詢也師法了兩晉書家，索靖（239～303）、二王等，最終始自成一家。〔註12〕康有為之說不無可能，只是證據不足，恐失之武斷。

〔註10〕唐代名家與北碑關係表，內容引自《廣藝舟雙楫·導源第十四》，《康有為全集》（一），頁468～469。
〔註11〕宋代名家與北碑關係表，內容引自《廣藝舟雙楫·導源第十四》，《康有為全集》（一），頁468～469。
〔註12〕蔡欣郿：《歐陽詢碑刻俗字研究》（臺北：臺灣師範大學國文學系碩士學位論文，2013年6月），頁65～73。

圖二　〈始興忠武王碑〉與歐陽詢〈皇甫君〉碑對照圖〔註13〕

〈始興忠武王碑〉	歐陽詢〈皇甫君〉碑
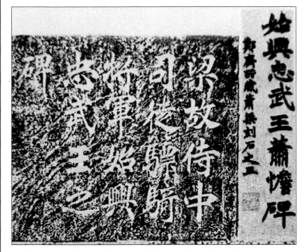	
（梁‧貝義淵〈始興忠武王碑‧碑額〉）〔註14〕	（歐陽詢〈皇甫君〉碑）〔註15〕

　　舉米芾而言，康有為未說明米芾那件作品或那種字體出自〈趙阿歡造像〉，取米芾〈蜀素帖〉對照〈趙阿歡造像〉，除了字勢敧側，筆法與結體皆不類。米芾嘗自言其學書歷程說：

　　余初學顏，七八歲也字至大一幅，寫簡不成；見柳而慕緊結，乃學柳《金剛經》。久之，知出於歐，乃學歐，久之，如印板排筭，乃慕褚，而學最久又慕段季轉摺肥美，八面皆全。久之，覺段全繹展《蘭亭》。遂并看法帖，入晉魏平淡，棄鍾方而師師宜官《劉寬碑》是也。篆便愛《詛楚》、《石鼓》文。又悟竹簡以竹聿行漆，而鼎銘妙古老焉。其書壁以沈傳師為主，小字大不取也，大不取也。〔註16〕

〔註13〕〈體系第十三〉云：「《始興王碑》意象雄強，其源亦出衛氏。若結體峻密，行筆英銳，直與率更《皇甫君碑》無二，乃知率更專學此碑。」
〔註14〕貝義淵〈始興忠武王碑‧碑額〉，引自西川寧，神田喜一郎監修：〈梁‧貝義淵　蕭憺碑〉，《書跡名品叢刊》177（東京：二玄社，1972年8月），頁3。
〔註15〕歐陽詢〈皇甫君〉碑，書法空間：https://www.9610.com/oyx/1.htm，2018/6/15。
〔註16〕米芾：《寶晉英光集》卷八（北京：中華書局，1985年），頁66。

圖三　米芾〈蜀素帖〉與〈趙阿歡造像〉對照圖

米芾〈蜀素帖〉	〈趙阿歡造像〉
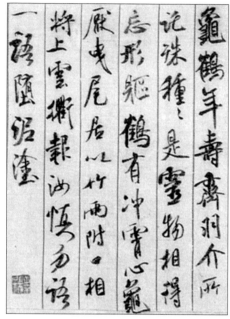	
（米芾〈蜀素帖〉）〔註17〕	（〈趙阿歡造像〉）〔註18〕，作者不詳，40×29cm）

　　根據米芾自言之學書歷程，關於碑誌僅提及〈劉寬碑〉，而篆書學〈詛楚〉、〈石鼓〉文……。米芾師法甚眾，楷、行、鼎銘、碑誌等皆有所涉獵，但他並未提及〈趙阿歡造像〉，康有爲遂將〈趙阿歡造像〉作爲米南宮所仿，或可商榷。在〈導源第十四〉篇，康有爲強分流派，旨在提升北碑地位，強爲唐、宋等名家找出源流，其所言或許有些道理，但舉證不足且過於武斷，未能獲得學界的普遍認同。

四、北朝名家楷模的樹立

　　〈導源第十四〉篇中，康有爲將唐宋名家與北碑聯繫起來，在〈十家第十五〉中，康有爲一開始便稱「三古能書，不著己名」，意指古代能書之人未必留名後世。實因風氣渾厚，末藝偏長，不以自誇之因素。說明北朝名家楷

〔註17〕　米芾〈蜀素帖〉，引自 https://www.9610.com/mifu/1.htm，2017/10/21。
〔註18〕　〈趙阿歡造像〉，引自國家圖書館金石拓片資料庫：http://www.ncl.edu.tw/，2017/10/21。

模難以建立的因素。雖然如此,他仍精選「十家」風格迥異者如下:

> 寇謙之《嵩高靈廟碑》;蕭顯慶《孫秋生造像》;朱義章《始平公造像》;崔浩《孝文皇帝弔比干墓文》;王遠《石門銘》;鄭道昭《雲峰山四十二種》;貝義淵《始興王碑》;王長儒《李仲璇修孔子廟碑》;穆子容《太公呂望碑》;釋仙《報德像》。〔註19〕

除了將十家風格、用筆詳細分析介紹,更強調十家對後世的影響力,說它們各有門戶,皋牢百代:

> 十家各成流派,崔浩之派爲褚遂良、柳公權、沈傳師,貝義淵之派爲歐陽詢,王長儒之派爲虞世南、王行滿,穆子容之派爲顏眞卿,此其顯然者也。後之學者,體經歷變,而其體意所近,罕能外此十家。十家者,譬道術之有九流,各有門戶,皋牢百代,中惟釋仙稍遜,抑可謂書之巨子矣。〔註20〕

馬新宇說,康有爲所列「十家」之中,眞正符合史實的只有崔浩一人,所屬作品卻爲附會;其餘九人書名不著,非史載或堪稱開宗立派的名家,所謂「十家」,實難以構成書法史上具有「經典」意義的名家楷模。〔註21〕然而,十家之中並非無足觀者,當代對於十家多持正面、肯定的評價,如云〈孫秋生造像〉字體方勁峻拔,沉著勁重,筆法凝練自如,〈始平公造像〉方筆斬截,筆劃折處重頓方勒,結體扁方緊密,點劃厚重飽滿,鋒芒畢露,顯得雄峻非凡,被推爲魏碑方筆剛健風格的代表。〔註22〕〈孫秋生造像〉與〈始平公造像〉二者是龍門二十品中僅有的兩塊有撰文者,至今仍爲書壇所重視。楊守敬《學書邇言》評孝文〈吊(弔)比干墓文〉口:「瘦削獨出險不可近」,爲「北碑之傑作也」,〔註23〕故爲書家所珍重。

〈石門銘〉記載重開褒斜道之利國利民大事,在崖文中可看出書丹、鑿刻在當時是有意請書法與鑿字高手完成的。書丹爲「太原郡王遠」,鑿字爲「河南郡洛陽縣武阿仁」,並且留名刻記於崖文題記中,可見王遠、武阿仁的藝術成就雖不爲歷史所記載,但其高超的藝術作品正昭示了他們在當時就爲

〔註19〕 康有爲:《廣藝舟雙楫·十家第十五》,《康有爲全集》(一),頁471。

〔註20〕 康有爲:《廣藝舟雙楫·十家第十五》,《康有爲全集》(一),頁472。

〔註21〕 馬新宇:《清代碑學批評——以《廣藝舟雙楫》爲中心》,頁144。

〔註22〕 書法空間:http://www.9610.com/weijin/shipinggong.htm,2017/10/16。

〔註23〕 楊守敬:《學書邇言·評碑》,華東師範大學古籍整理研究室:《歷代書法論文選》,頁716。

社會認同的藝術高手。〔註 24〕而今普遍認爲〈始興王碑〉是中國書法藝術從
隸書變化到楷書的標誌之作，梁啓超對此碑則更加推崇，稱「南派代表，當
推此碑」。因此，對於康有爲所列「十家」實不宜等閒視之。

第二節　建立嶄新的審美標準

一、魏碑十美的建立

在〈原書第一〉中，康有爲云：「書學與治法，勢變略同。周以前爲一體
勢，漢爲一體勢，魏、晉至今爲一體勢，皆千數百年一變，後之必有變也，
可以前事驗之也。今用眞楷，吾言眞楷。」〔註25〕在〈行草第二十五〉中說：
「碑本皆眞書，而亦有兼行書之長」〔註 26〕，由此可見眞楷是康有爲碑學理
論建立的主體。而建立新的審美標準，主要在打破清初以前書法史上以「二
王」優美風格爲主的單一審美取向。康有爲「碑學」審美基調乃雄強渾穆，
在許多章節中均有對諸碑的評論，邵敏智曾整理出康有爲從〈備魏第十〉至
〈體系第十三〉、〈十六宗第十六〉（〈十六宗第十六〉中又分爲十美、十六宗）
審美體系的建立過程。〔註 27〕〈備魏第十〉篇中已列有十六種風格以及代表
的碑誌，茲列表如下：

表七　〈備魏〉篇魏碑楷書風格分類表〔註28〕

	審美風格	碑　　　　名
1	奇逸	〈石門銘〉
2	古樸	〈靈廟〉、〈鞠彥雲〉
3	古茂	〈暉福寺〉
4	瘦硬	〈弔比干文〉
5	高美	〈靈廟碑陰〉、〈鄭道昭碑〉、〈六十人造像〉

〔註 24〕參見書法空間：http://www.9610.com/weijin/shimen.htm，2017/10/16。
〔註 25〕康有爲：《廣藝舟雙楫・原書第一》，《康有爲全集》（一），頁 406。
〔註 26〕康有爲：《廣藝舟雙楫・行草第二十五》，《康有爲全集》（一），頁 504。
〔註 27〕邵敏智：《清代書法理論之碑學審美意識研究》（中國美術學院書法理論與創
　　　　作博士學位論文，2010 年 6 月），頁 86～92。
〔註 28〕參考邵敏智：《清代書法理論之碑學審美意識研究》，頁 88。

6	峻美	〈李超〉、〈司馬元興〉
7	奇古	〈劉玉〉、〈皇甫驎〉
8	精能	〈張猛龍〉、〈賈思伯〉、〈楊翬〉
9	峻宕	〈張黑女〉、〈馬鳴寺〉
10	虛和	〈刁遵〉、〈司馬昇〉、〈高湛〉
11	圓靜	〈法生〉、〈劉懿〉、〈敬使君〉
12	亢夷	〈李仲璇〉
13	莊茂	〈孫秋生〉、〈長樂王〉、〈太妃侯〉、〈溫泉頌〉
14	豐厚	〈呂望〉
15	方重	〈楊大眼〉、〈魏靈藏〉、〈始平公〉
16	靡逸	〈元詳造像〉、〈優塡王〉

〈備魏第十〉中，康有爲列出了魏碑的十六種風格，認爲任何一家皆足成體。又因魏碑之美已蘊涵南碑、周碑、齊碑、隋碑，所以以「備魏」形容魏碑。然而，這裡的風格分類頗多重複，相類或模稜兩可之處。例如，莊茂、豐厚、方重、三者差異不大；古樸、古茂、奇古三者甚難分辨。魏碑既爲眞楷，在〈體系第十三〉中，又對「眞書諸體之最古者，披枝見本，因流溯源」，也就是針對楷書之源流加以評述，以下，我們仍表列以分辨康有爲對於楷書源流的風格分類：

表八　〈體系〉篇楷書源流風格分類表

	審美風格	碑　　名	備　　註
1	高秀蒼渾	〈葛府君碑額〉	殆中郎正脈，爲眞書第一
2	渾厚蒼整	〈景耀八石弩鐖銘〉	清臣〈麻姑壇〉似之，可爲小楷極則
3	豐茂渾重	〈枳陽府君〉	爲元常第一宗傳
4	渾金璞玉	〈爨龍顏〉、〈靈廟碑陰〉	皆師元常
5	瘦硬峻峭	〈弔比干文〉	則衛派也
6	飛逸奇恣	〈石門銘〉	與中郎分疆，非元常所能牢籠也
7	和美	〈始興忠武王碑〉、〈刁遵〉	今日作趙書者，實其苗裔

8	雄強厚密	〈楊大眼〉、〈始平公〉、〈魏靈藏〉、〈鄭長猷〉	殆衛氏嫡派
9	結構精絕，變化無端	〈張猛龍〉、〈賈斯伯〉、〈楊翬〉	亦導源衛氏
10	體骨峻美	〈李超碑〉	方圓並備，然方筆較多，亦出衛宗
11	穠華麗美	〈高湛〉、〈劉懿〉、〈司馬昇〉、〈法生造像〉	並祖鍾風
12	體甚渾勁	〈高植〉	殆是鍾法，魯公差有其意
13	雄強無匹，然頗帶質拙	〈張黑女碑〉	惟東坡獨肖其體態，真其苗裔也
14	勻淨、安整	〈吳平忠侯〉	字大逾寸，亦出元常
15	龍蟠鳳舞，縱橫相涉，闔闢相生	〈慈香造像〉	在魏碑中，可謂奇姿、詭態矣
16	平整薄弱，絕無滋味	〈優填王〉	然亦可見魏人書，已無不有矣

從以上表格整理，可以看出〈備魏第十〉和〈體系第十三〉所引之碑誌重複之處，運用了不同的形容詞表述其風格，如〈張黑女碑〉，在〈備魏第十〉中言其「峻宕」，在〈體系第十三〉中則曰「雄強」；〈優填王〉在〈備魏第十〉中評爲「靡逸」，在〈體系第十三〉中云「平整薄弱」。所運用的語彙雖有不同，但頗近似。而〈體系第十三〉篇則運用了更豐富的字彙，並逐漸形成康有爲獨特的複合形容詞，如「瘦硬峻峭」、「穠華麗美」……等。到了〈十六宗第十六〉，康有爲以碑法論書，提出「唯南碑與魏爲可宗」，並將其可宗之法概括爲「十美」如下，他說：

> 古今之中，唯南碑與魏爲可宗。可宗爲何？曰：有十美：一曰魄力雄強，二曰氣象渾穆，三曰筆法跳躍，四曰點畫峻厚，五曰意態奇逸，六曰精神飛動，七曰興趣酣足，八曰骨法洞達，九曰結構天成，十曰血肉豐美。是十美者，唯魏碑、南碑有之。〔註29〕

〈十六宗第十六〉歸納魏碑、南碑中之可宗者，曰十美，十美概括了**風格層面**：魄力雄強、氣象渾穆、血肉豐美。**技巧層面**：筆法跳躍、點畫峻厚、骨法洞達、結構天成。**創新層面**：意態奇逸。**整體層面**：精神飛動、興

〔註29〕康有爲：《廣藝舟雙楫‧十六宗第十六》，《康有爲全集》（一），頁473。

趣酣足。（參考表九）康有爲列出「十美」作爲碑學審美的標準，我們可以看出，他所強調的實際是風格雄強、筆畫豐厚。此外最具現代性的，還有創新的層面，「意態奇逸」不但是康有爲概括出來的魏碑、南碑可資宗法之處，同時也是他自己的書法創作中的特色之一。

表九 〈十六宗〉十美分類表

十美（魏碑、南碑）									
風格層面			技巧層面				創新層面	整體層面	
1	2	3	4	5	6	7	8	9	10
魄力雄強	氣象渾穆	血肉豐美	筆法跳躍	點畫峻厚	骨法洞達	結構天成	意態奇逸	精神飛動	興趣酣足

〈十六宗第十六〉中又將魏碑與南碑之中最工者，逐一分類列爲宗上、宗中、宗下、外十六宗。從〈備魏第十〉、〈體系第十三〉、〈十六宗第十六〉，依次演繹了康有爲建立碑學審美體系的過程：

> 康有爲從尊碑立場出發，由魏碑（〈備魏〉）小結出碑學書法的初步審美特徵，然後逐步建立起自己的碑學審美體系（〈體系〉），再進一步抽象總結出碑學審美標準，最後回歸碑版十六種碑本可宗的碑學代表作品（〈十六宗〉）。至此，康有爲從理論上建立起了完整的碑學審美體系，爲清代碑學審美意識的發展做出了積極的貢獻。〔註30〕

康有爲列出魏碑、南碑十美之後，冉將魏碑、南碑中之最工者分爲十六宗。

表十 〈十六宗〉碑學代表作品表 〔註31〕

品 次		審美風格	碑 名	輔助之作
1	宗上	雄強茂美之宗	〈爨龍顏碑〉	〈中嶽嵩高靈廟碑碑陰〉
2		飛逸渾穆之宗	〈石門銘〉	〈鄭文公碑〉、〈瘞鶴銘〉
3		瘦硬峻拔之宗	〈弔比干文〉	〈雋修羅碑〉、〈靈塔銘〉

〔註30〕 邵敏智：《清代書法理論之碑學審美意識研究》，頁92。
〔註31〕 參考邵敏智：《清代書法理論之碑學審美意識研究》，頁91。並加以補充。

4	宗中	正體變態之宗	〈張猛龍碑〉	〈賈思伯墓誌銘〉、〈楊翬墓誌銘〉
5		峻美嚴整之宗	〈始興王碑〉	〈李仲璇修孔子廟碑〉
6		靜穆茂密之宗	〈敬顯儁碑〉	〈朱君山墓誌銘〉、〈龍藏寺碑〉
7		豐厚茂密之宗	〈暉福寺碑〉	〈穆子容〉、〈梁石闕〉、〈溫泉頌〉
8	宗下	質峻偏宕之宗	〈張玄墓誌〉	〈馬鳴寺碑〉
9		渾勁質拙之宗	〈高植墓誌〉	〈王偃墓誌〉、〈王僧墓誌〉、〈臧質墓誌〉
10		體骨俊美之宗	〈李超墓誌〉	〈解伯達造像〉、〈皇甫驎墓誌〉
11		俊健豐偉之宗	〈楊大眼造像記〉	〈魏靈藏造像記〉、〈廣川王祖母太妃侯爲幼孫造像記〉、〈曹子建碑〉
12		虛和圓靜之宗	〈刁遵墓誌〉	〈高湛墓誌銘〉、〈劉懿墓誌銘〉
13		平整勻淨之宗	〈吳平忠侯神道〉	〈蘇慈墓誌銘〉、〈青州勝福寺舍利塔下銘〉
14	外宗	榜書之宗	〈泰山經石峪金剛經〉	〈鄭道昭白駒谷刻石〉
15		篆之宗	〈石鼓〉	〈瑯琊台〉、〈開母廟碑〉
16		西漢分書之宗	〈三公山碑〉	〈漢裴岑記功碑〉、〈郙閣頌〉、〈天發神讖碑〉

　　十六宗主要以風格劃分，除了虛和圓靜的〈刁遵墓誌〉，以及平整勻淨的〈吳平忠侯神道〉二者偏向優美的風格，其餘皆屬於雄強茂密的典型北碑風貌。康有爲所提的十六塊碑誌，大多數亦成爲後世楷模、典範。其中，宗上、宗中、宗下是純粹的風格分類，外宗分別爲榜書、篆、分書，屬於楷書之外的書體。至此，康有爲建立了完整的碑學審美體系。其中，宗上第一品爲「雄強茂美」，宗下第十三品爲「平整勻淨」。可以看出，康有爲建立起來的碑學審美體系是異於傳統二王和諧爲主的書風的，他成功扭轉中國書法史上自宋代以來以至於清初以優美和諧爲主體的單一風格，將優美書風扭轉到雄強爲主的藝術風格，其影響力甚至延續到當代書壇！王壯爲曾評價《廣藝舟雙楫》，曰：「對於清中葉以來，尤其是近代書法風氣，影響之大，無與倫比。」〔註32〕

〔註32〕王壯爲：《書法叢談》（臺北：國立編譯館中華叢書編委會，1982年），頁55。

清代以前的書法理論體係是建立在二王書法的譜系和認同之上的，民間書法風格長期不被重視。清代面對漢碑的大量出土，人們越來越不能迴避其中質樸的民間風格，加以當時的中國面臨內憂外患，在國內充斥富國強兵、改革等等呼聲的政治背景下，藝術也在潮流之中走向雄強的風格。而這些民間質樸、雄強的碑刻書風難以和二王的系統聯繫起來。阮元〈晉永和泰元甎字拓本跋〉中云：

> 此甎新出於湖州古冢中，近在蘭亭前後數十年。此種字體，乃東晉時民間通用之體。墓人為壙，匠人寫坯，尚皆如此，可見爾時民間尚有篆隸遺意，何嘗似義獻之體！所以唐初人皆名世俗通行之字為隸書也。義獻之體，乃世族風流，譬之塵尾如意，惟王謝子弟握之，非民間所有。但執二王以概東晉之書，蓋為閣帖所愚蔽者也。況真義獻亦未必全似《閣帖》也。不獨此也，宋元嘉字甎亦尚近于隸，與今《閣帖》內字跡無一相近者。然則唐人收藏珍秘，宋人展轉勾摹，可盡據乎？〔註33〕

阮元在民間通用的書寫之中，看到其體其法不失篆隸遺意，民間風格顯示，東晉名家已經脫離了的漢代傳統中的簡質風格。然民間書風中存有久已失傳的遺法。東晉並存的兩種傳統差異如此之大，對於風格問題的爭論一直延續到近代郭沫若（1892～1978）以來的「蘭亭論辯」。「碑學」這種民間書寫的接受是對帖學和名家書法傳統的內在反抗。梁同書（1723～1815）〈頻羅庵論書〉中〈答陳蓮汀論書〉談到：

> 漢、唐以來皆重碑版，大率顯宦尾多，若名不聞於諸侯，并不著書人姓名。董尚書筆迹偏天下，而志傳少者，位望太尊，非數百匹絹不可得。此是古人陋習，劉義之所以攫金也。近來志傳愈多，本不足重，而弟以拙劣徇人之請，又何堪矜重？若以為因此媲美前人，則適足令人掩口耳！〔註34〕

梁同書認為董書名不副實，有意將書藝與書名區隔開來。書法著名於世，多摻雜複雜的社會因素，歷代書家中由於名家意識，往往掩蓋了書法的真正價值。從漢唐碑版觀之，名不顯於世而書法絕妙的書家大有人在。康有

〔註33〕阮元：《揅經室集》八（卷一）（北京：中華書局，1985年），頁563。
〔註34〕〔清〕梁同書：《頻羅庵論書》，引自崔爾平點校：《明清書法論文選》，頁689。

爲推崇魏碑，是有意破除名家意識的，他說：

> 魏碑無不佳者，雖窮鄉兒女造象，而骨血峻宕，拙厚中皆有異態，
> 搆字也緊密非常，豈與晉世皆當書之會邪！何其工也！譬江漢游女
> 之風詩，漢、魏兒童之謠諺，自能蘊蓄古雅，有後世學士所不能爲
> 者，故能擇魏世造象記學之，已自能書矣。〔註35〕

所謂「窮鄉兒女」，即平民百姓，追求的是拙厚的異態和時代精神，《廣藝舟雙楫》中，由〈備魏第十〉、〈體系第十三〉、〈十六宗第十六〉所建立的審美標準，顯然是與以二王流派的和諧、典雅完全不同的雄強、拙厚的審美風格。

二、「碑學」書風的品第與評鑑

（一）逸格內涵與地位的變化

由於「碑學」追求拙厚與重視時代精神等審美觀點的影響，康有爲在書法品第方面也是顛覆傳統的。中國古代品第的方式始於南朝，源於當時人物品藻、文藝品評之風，書法品第較早可見於南朝梁袁昂（461～504）《古今書評》、庾肩吾（487～551）《書品》。明確以神、妙、能三品論書始於唐代張懷瓘（713？～？）《書斷》，唐朝李嗣眞在庾肩吾《書品》之後，所列之「九品」之前，有不拘常法者，增加「逸品」一格，並將「逸品」作爲最高等級。列爲逸品者爲李斯（小篆）、張芝（章草）、鍾繇（正書）、王羲之（三體及飛白）、王獻之（草、行書、半草行書）。〔註36〕李嗣眞稱讚李斯小篆「古今妙絕」。對於張芝、鍾繇、王羲之、王獻之則曰「神合契匠，冥運天矩，皆可稱曠代絕作也。」〔註37〕關於李嗣眞所謂逸品，唐波說：

> 我們可以大膽猜測，李嗣眞用「逸品」就是用來品鑑書法中的具備
> 「聖性」之一類人的。……只有讓「逸品」歸附於神仙聖人之人格，
> 才能解決「逸品」位於「九品」之凡人人格之上的問題。〔註38〕

〔註35〕康有爲：《廣藝舟雙楫・十六宗第十六》，《康有爲全集》（一），頁473。
〔註36〕〔唐〕李嗣眞：《書後品》，華東師範大學古籍整理研究室：《歷代書法論文選》，頁135。
〔註37〕〔唐〕李嗣眞：《書後品》，華東師範大學古籍整理研究室：《歷代書法論文選》，頁135。
〔註38〕唐波：〈書法品鑑從九品到十等的跨越——兼論李嗣眞《後書品》中逸品的所指與能指〉，《書法》（2015年7月），頁128。

　　唐波謂李嗣眞所謂逸品，是具備神仙、聖人人格的人，我們再對照李嗣眞在中下品七人之後的評論：

　　　　古之學者皆有規法，今之學者但任胸懷，無自然之逸氣，有師心之

　　　　獨任。偶有能者，時見一斑，忽不悟者，終身瞑目，而欲乘款段，

　　　　度越驊騮，斯亦難矣。〔註39〕

　　這段話說明了古代書家重視書法之規矩，今之學者強調但任胸懷、師心隨意，已不那麼重視書法的規矩。從這裡可以看出書風的時代變遷。因此，逸品當是指那些具有獨特風格，超越一般規矩之作。繪畫部分，「逸格」首見於北宋初年黃休復（？～？）《益州名畫錄》，其將唐、五代至宋初西蜀寺院壁畫按「逸、神、妙、能」四格編排。並認爲「逸格」最難，被他推崇爲「逸格」的畫家唯有孫位（？～？）一人。〔註40〕黃休復在畫分了四格的次序之後，還對這四格的內涵分別進行了論述與闡釋，這是前人所未曾涉及的。他闡釋「逸格」曰：

　　　　畫之逸格，最難其儔，拙規矩於方圓，鄙精研于彩繪，筆簡形具，

　　　　得之自然，莫可楷模，出于意表，故目之曰逸格爾。〔註41〕

　　由此看來，「逸格」的要求至少包含了「拙規矩於方圓，鄙精研於彩繪」，即創作要超越方圓規矩、精細描繪等技巧功夫；「筆簡形具，得之自然」，就是以極自然、簡約、洗練的線條筆畫，傳達物象的神采氣韻以及精神特質；「莫可楷模，出於意表」，所說的是「逸格」的境界無法仿效，是出於人們意料之外的獨到高超的境界。董其昌認爲元四家中唯倪瓚（1301～1374）是米芾之後「逸品」的典型：「倪於畫在勝國時，可稱逸品」。倪瓚論自己的畫：「僕之所謂畫者，不過逸筆草草，不求形似，聊以自娛耳。」〔註42〕倪

〔註39〕〔唐〕李嗣眞：《書後品》，華東師範大學古籍整理研究室：《歷代書法論文選》，頁140。

〔註40〕孫位（約公元九世紀，生卒年不詳），一名遇，號會稽山人，善畫人物、松石墨竹，兼長天王鬼神。唐末，隨僖宗入蜀。蜀中畫山水人物，皆以孫位爲師。名列蜀中畫家第一。孫位的眞跡流傳至今的僅一件，畫名〈高逸圖〉。以上參見彭興林：《中國經典繪畫美學》（濟南：山東美術出版社，2011年10月），頁119。

〔註41〕黃休復：《益州名畫錄》，引自盧輔聖：《中國書畫全書》（上海：上海書畫出版社，2009年12月），頁188。

〔註42〕〔元〕倪瓚：《清閟閣全集・卷十・答張藻仲書》，引自《四庫全書薈要・集部（第61冊）》（臺北：世界書局，1988年5月），頁408。

瓚的「逸筆草草，不求形似」，正是康有爲在《萬木草堂藏畫目》中所批評的「夫士夫作畫……勢必自寫逸氣以鳴高……率皆簡率荒略，而以氣韻自矜。」〔註43〕

「逸格」（或曰「逸品」）的內涵、風格與地位在歷史上幾經變化。黃休復將「逸格」置於「神格」和「妙格」之上，是因「逸格」的「得之自然」的境界，更在「神格」和「妙格」之上。黃休復將四格重新排列，反映了宋人對「逸」的推崇，而「逸格」地位在宋代的攀升，意味著繪畫走向傳神寫意的風格，也是文人畫審美觀點的反映。於畫如此，元明以來書法則如項穆所說，以二王書風爲正宗。

到了清代包世臣，在《藝舟雙楫‧國朝書品》中將清代書家分爲神、妙、能、逸、佳五品，包世臣的詮釋是：

> 平和簡淨，遒麗天成，曰神品。醞釀無跡，橫直相安，曰妙品。逐跡窮源，思力交至，曰能品。楚調自歌，不謬風雅，曰逸品。墨守跡象，雅有門庭，曰佳品。〔註44〕

包世臣的逸品曰「楚調自歌，不謬風雅」，強調自出胸臆，和李嗣眞「聖人」、「神仙」之格調，黃休復「得之自然」的內涵已有很大的轉變，品第也降至第四位。康有爲大致沿用包世臣書法品第方法順序，立神、妙、高、精、逸、能六品。他首先對前人品第論書提出批評，然後提出自己的品評標準：

> 昔庾肩吾爲《書品》，李嗣眞、張懷瓘、韋續接其軌武，或師人表之九等，或分神、妙、精、能之四科，包羅古今，不出二類。夫五音之好，人各殊嗜，妍蚩工拙，倫次蓋繁，故昔賢評書亦多失當。後世品藻，祇抒己懷，輕重等差，豈能免戾？書道有天然，有工夫，二者兼美，斯爲冠冕，自餘偏至，亦稱賢。必如張懷瓘，先其天性，後其習學，是使人惰學也，何勸之爲？必軒舉之，工夫爲上，雄深和美，各自擅場。〔註45〕

康有爲先批評前人品評多有失當之處，其次批評張懷瓘「先其天性，後

〔註43〕康有爲：《萬木草堂所藏中國畫目‧序》，康有爲著，蔣貴麟編：《萬木草堂遺稿外編》（上），頁191。

〔註44〕包世臣：《藝舟雙楫‧國朝書品》，華東師範大學古籍整理研究室：《歷代書法論文選》，頁656～657。

〔註45〕康有爲：《廣藝舟雙楫‧碑品第十七》，《康有爲全集》（一），頁475。

其學習」有使人惰學之嫌，接著站在「勸學」的角度，以「工夫」作為品評的標準。其出發點並非從評價書家藝術水準的視角而言，就此而論，與他提倡「新理異態」的新變思想自相矛盾，也曲解了書法藝術的人文本質。然而，在這種品評標準之下，卻可避開人的雅俗、格調……等問題，如此，即使是一般人，只要具有良好的工夫，皆可納入經典的行列，成為典範、楷模。因此他建立獨特的品第觀以及等級次第，設立神、妙、高、精、逸、能六品。除了神品之外，其餘五品又分上、下，因此共有十一個等級。〔註 46〕以〈碑品第十七〉為例，康有為站在倡導碑學的立場，提出自己的書法品第與品評標準：

> 古人論書，皆尚勁險，二者比較，健者居先。古尚質厚，今重文華，
> 文質彬斕，乃為粹美。孔從先進，今取古質，華薄之體，蓋少後焉。
> 若有新理異態，高情逸韻，孤立特峙，常音難緯，覯茲靈變，尤所
> 崇慕。〔註 47〕

康有為未對他所提出的六品提出明確的定義，由這段引文看來，是否具備「新理異態」是品評書法的最高標準，而古質列於華薄之前。歸為「逸品」的碑誌以恬適、靜穆、超秀形容之。和宋代「逸品」的精神內涵也有了很大的不同，並且降至第五品。首要地位由雄強茂美、渾金璞玉的「神品」所取代，這種品第觀影響至鉅，甚至仍左右著現當代的審美觀。我們表列各個時代批評家書法品第的最高典範，便能清楚地看出其間的不同：

表十一 歷代品第最高典範表

書　　人	最高品第	典　　　　　範
梁・庾肩吾	上之上	張芝、鍾繇、王羲之〔註 48〕
唐・李嗣眞	逸品	（李斯）、張芝、鍾繇、王羲之、王獻之〔註 49〕

〔註 46〕書法品第方式始於南朝，目前可見較早為袁昂《古今書評》；庾肩吾《書品》。唐代張懷瓘《書斷》始以神、妙、能三品論書，唐代李嗣眞《書後品》在神、妙、能三品之上增加「逸」品一格。後世多沿用以上的分類和標準。
〔註 47〕康有為：《廣藝舟雙楫・碑品第十七》，《康有為全集》（一），頁 475。
〔註 48〕〔梁〕庾肩吾：《書品》，華東師範大學古籍整理研究室：《歷代書法論文選》，頁 87。
〔註 49〕〔唐〕李嗣眞：《書後品》，華東師範大學古籍整理研究室：《歷代書法論文選》，頁 135。

唐・張懷瓘	神品	史籀、李斯、蔡邕、張芝、鍾繇、王羲之、王獻之、杜度、崔瑗、索靖、衛瓘、皇象……25人（不同書體人名有重複）〔註50〕
宋・朱長文	神品	顏眞卿、張旭、李陽冰〔註51〕
清・包世臣	神品	鄧石如〔註52〕
清・康有爲	神品	〈爨龍顏碑〉、〈靈廟碑陰〉、〈石門銘〉〔註53〕

　　由上表可以看出，從清代包世臣開始，以鄧石如爲主的碑學書風成爲清代書法的領導人和集大成者。王興國說：「鄧石如在篆隸用筆技法上大膽創新，擺脫古法，對於清代中期由金農、鄭板橋等掀起的這場『碑學』革命起到了推波助瀾的作用。」〔註54〕康有爲也說：

> 涇縣包氏以精敏之姿，當金石之盛，傳完白之法，獨得蘊奧，大啓秘藏，著爲《安吳論書》。表新碑、宣筆法，於，是此學如日中天。
> 迄於咸、同，碑學大播。〔註55〕

　　到了康有爲，最高品級神品，已經由碑誌取代作者，不僅是碑學觀的展現，更透露了以作品爲主，而非傳統「書以人傳」的模式了。

（二）對古碑與當代名家的品第與評鑑

　　在康有爲的新標準之下，〈碑品第十七〉篇中，取南北朝碑，分出品第。〈爨龍顏碑〉、〈靈廟碑陰〉、〈石門銘〉列爲神品（圖四《廣藝舟雙楫》神品參考圖）。〈朱君山墓誌〉、〈敬顯儁刋前銘〉、〈李仲璇修孔廟碑〉列爲逸品（上）。

　　康有爲並未對「逸品」提出明確的定義，但由他所列舉「逸品」之石碑（圖五《廣藝舟雙楫》逸品參考圖）及對於它們的描述，可知康有爲對於「逸

〔註50〕〔唐〕張懷瓘：《書斷》，華東師範大學古籍整理研究室：《歷代書法論文選》，頁171。

〔註51〕〔宋〕朱長文：《續書斷上》，華東師範大學古籍整理研究室：《歷代書法論文選》，頁319。

〔註52〕〔清〕包世臣：《藝舟雙楫・國朝書品》，華東師範大學古籍整理研究室：《歷代書法論文選》，頁657。

〔註53〕康有爲：《廣藝舟雙楫・碑品第十七》，《康有爲全集》（一），頁475〜476。

〔註54〕王興國：〈從與顏眞卿之比較看鄧石如的價值〉，《藝術研究》，2001年第17卷，頁45。

〔註55〕康有爲：《廣藝舟雙楫・尊碑第二》，《康有爲全集》（一），頁408。

圖四　《廣藝舟雙楫》神品參考圖

品第	神　品		
石碑圖片與出處	 〈爨龍顏碑〉〔註56〕	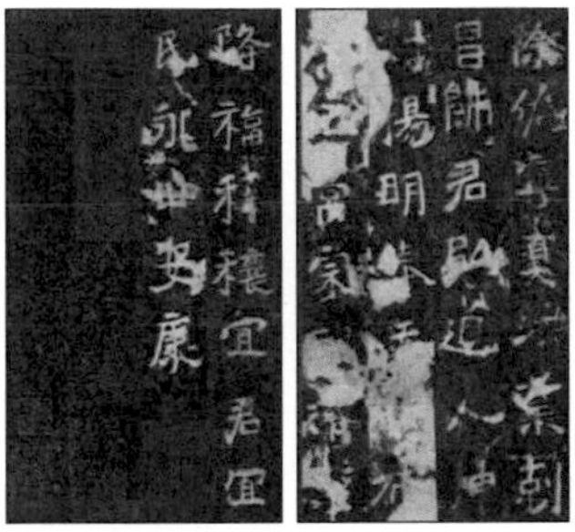 〈靈廟碑陰〉〔註57〕	 〈石門銘〉〔註58〕
評語	〈碑評〉：若軒轅古聖，端冕垂裳。 〈十六宗〉：爲雄強茂美之宗。 〈論書絕句〉：宋〈爨龍顏碑〉渾厚生動，兼茂密雄強之勝，爲正書第一。	〈碑評〉：如渾金璞玉，寶採難名。 〈餘論〉：〈靈廟碑陰〉佳絕，其「將」、「軍」、「寧」、「烏」、「洛」、「陵」、「江」、「高」、「州」等字，筆墨渾穆，大有〈石鼓〉〈瑯琊台〉〈石經〉筆意，眞正書之極則，得其指甲，可無唐、宋人矣。	〈碑評〉：若瑤島散仙，驂鸞跨鶴。 〈十六宗〉：爲飛逸渾穆之宗。 〈體系〉：〈石門銘〉飛逸奇恣，分行疏宕，翩翩欲仙。 〈論書絕句〉：〈石門銘〉體態飛逸，不食人間煙火，書中之仙品也。

品」的定義已與前代不同。我們對照黃休復「拙規矩於方圓，鄙精研於彩繪」、「筆簡形具，得之自然」、「莫可楷模，出於意表」等條件，到了康有爲已簡單化約爲「如白雲出岫，舒卷窈窕」、「閒鷗飛鳧，游戲汀渚」、「靜穆茂密」等形容詞，對於規矩、筆致、獨到高超的創意巧思等層面並無述及。由此可知，康有爲所謂「逸品」僅是一種閒適、靜穆、超秀的風格。雖然未提及「筆簡形具，得之自然」的筆致層面，但與康有爲畫論中反對「逸品」中「逸筆草草」的主張卻是一致的。總之，恬適、靜穆、超秀的「逸品」風格在康有爲眼中，比不上雄強茂美、渾金璞玉的「神品」！

〔註56〕　〈爨龍顏碑〉（局部），引自〈晉・爨寶子碑　宋・爨龍顏碑〉，《書跡名品叢刊》29（東京：二玄社，1960年2月），無頁碼。

〔註57〕　〈靈廟碑陰〉（局部），引自北京故宮博物院：http://www.dpm.org.cn/collection/impres/228420.html，2018/7/7。

〔註58〕　〈石門銘〉（局部），引自〈石門銘〉，《書跡名品叢刊》30（東京：二玄社，1960年2月），無頁碼。

圖五　《廣藝舟雙楫》逸品參考圖

品第	逸　　　　　品（上）		
石碑圖片與出處	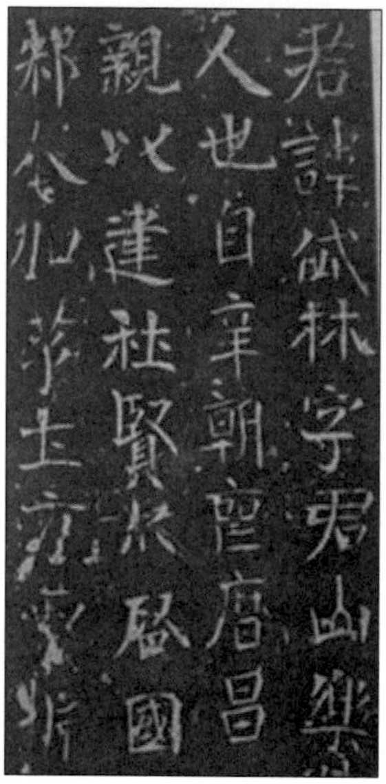 〈朱君山墓誌〉〔註59〕	 〈李仲璇修孔廟碑〉〔註60〕	 〈敬顯儁刹前銘〉〔註61〕
評語	〈體系〉：〈朱君山〉超秀。〈碑評〉：〈朱君山〉如白雲出岫，舒卷窈窕。	〈備魏〉：亢夷則有若〈李仲璇〉。……洞達之〈報德像〉，豈若〈李仲璇〉也？……莊美之〈舍利塔〉〈蘇慈〉，則〈賈思伯〉〈李仲璇〉有之。	〈碑評〉：〈敬顯儁〉若閒鷗飛鳧，游戲汀渚。〈十六宗〉：〈敬顯儁〉爲靜穆茂密之宗。〈體系〉：〈敬顯儁〉獨以渾逸開生面。

　　〈本漢第七〉篇中，康有爲列舉漢代書家三十六人，碑誌六十九塊。並且針對「碑學」對北朝漢魏的碑書進行全面概括研究，給予鞭闢入裡的評價。〈碑品第十七〉在前人的基礎上（如庾肩吾《書品》，李嗣眞《書後品》），提出六品十一等的劃分方式，將品評的對象變爲碑刻，且將各級碑品羅列，在

〔註59〕　〈朱君山墓誌〉（局部），引自朱岱林互動百科：http://www.baike.com/wiki/，2017/9/18。

〔註60〕　〈李仲璇修孔廟碑〉（局部），引自臺北故宮博物院：http://theme.npm.edu.tw/exh106/Confucius/ch/page-3.html，2018/7/7。

〔註61〕　〈敬顯儁刹前銘〉，引自〈東魏‧敬使君碑〉（局部），《書跡名品叢刊》75（東京：株式會社二玄社，1961年12月），無頁碼。

〈碑評第十八〉中又一一給予評論，茲將〈碑品第十七〉與〈碑評第十八〉結合成表格如下：

表十二　《廣藝舟雙楫》品第表

品	第	碑誌	碑評
神品		〈爨龍顏碑〉、〈靈廟碑陰〉、〈石門銘〉	〈爨龍顏〉若軒轅古聖，端冕垂裳。〈靈廟碑陰〉如渾金璞玉，寶採難名。〈石門銘〉若瑤島散仙，驂鸞跨鶴。
妙品	上	〈鄭文公四十二種〉、〈暉福寺〉、〈梁石闕〉	〈暉福寺〉寬博若賢達之德。
	下	〈枳陽府君碑〉、〈梁綿州造像〉、〈瘞鶴銘〉、〈泰山經石峪〉、〈般若經〉、〈石井闌題字〉、〈蕭衍造像〉、〈孝昌六十人造像〉	〈枳陽府君碑〉如安車入朝，不尚馳騁。
高品	上	〈谷朗碑〉、〈葛祚碑額〉、〈弔比干文〉、〈嵩高靈廟碑〉	〈弔比干文〉若陽朔之山，以瘦峭甲天下。
	下	〈鞠彥雲墓誌〉、〈高勾麗故城刻石〉、〈新羅眞興太王巡狩管境碑〉、〈高植墓〉、〈秦從三十人造像〉、〈鞏伏龍造像〉、〈趙珊造像〉、〈晉豐縣造像〉	〈高植碑〉若蒼崖巨石，森森古容。
精品	上	〈張猛龍清德頌〉、〈李超墓誌〉、〈賈思伯碑〉、〈楊翬碑〉、〈龍藏寺碑〉、〈始興王碑〉、〈解伯達造像〉	〈張猛龍〉如周公制禮，事事皆美善。
	下	〈刁遵志〉、〈惠輔造像記〉、〈皇甫摐志〉、〈張黑女碑〉、〈高湛碑〉、〈呂望碑〉、〈慈香造像〉、〈元寧造像〉、〈趙阿歡三十五人造像〉	〈刁遵志〉如西湖之水，以秀美名寰中。〈張黑女碑〉如駿馬越澗，偏面驕嘶。
逸品	上	〈朱君山墓誌〉、〈敬顯俊刹前銘〉、〈李仲璇修孔子廟碑〉	〈敬顯俊〉若閒鷗飛鳧，游戲汀渚。〈李仲璇〉如烏衣子弟，神采超俊。
	下	〈武平五年靈塔銘〉、〈劉玉志〉、〈臧質碑〉、〈源磨耶祇桓題記〉、〈定安王元燮造像〉	〈臧質碑〉若與古德語，開口無世俗之談。
能品	上	〈長樂王造像〉、〈太妃侯造像〉、〈曹子建碑〉、〈雋修羅碑〉、〈溫泉頌〉、〈崔敬邑碑〉、〈沙門惠詮造像〉、〈華嚴經菩薩明難	〈溫泉頌〉如龍髥鶴頸，奮舉雲霄。〈楊大眼〉若少年偏將，氣雄力健。

		品〉、〈道略三百人造像〉、〈楊大眼造像〉、〈凝禪寺碑〉、〈始平公造像〉	
	下	〈魏靈藏造像〉、〈張德壽造像〉、〈魏元預造像〉、〈司馬元興碑〉、〈馬鳴寺〉、〈元詳造像〉、〈首山舍利塔銘〉、〈寧贙碑〉、〈賀若誼碑〉、〈蘇慈碑〉、〈報德碑〉、〈李憲碑〉、〈王偃碑〉、〈王僧碑〉、〈定國寺碑〉	〈馬鳴寺〉若野竹過雨，輕燕側風。〈蘇慈碑〉如手版聽鼓，戢戢隨班。

〈碑評第十八〉中，康有為取南、北碑（捨棄唐碑），以傳統批評方法，對於碑誌進行評述。批評角度有動態、靜態；外在、內涵；風格或美感等諸多方面的經驗判斷或感悟聯想，令讀者根據形象式的喻說體悟美感意境。不過，重點在於康有為從〈備魏第十〉、〈體系第十三〉將南北碑風格分類；〈十六宗第十六〉將南、北之可取處列出；〈碑品第十七〉為之分出品第高低；〈碑評第十八〉給予各碑評價。接著把宋朝以來所未見的「碑學」名家特意提出加以評述，建立其碑學史觀。〈卑唐第十二〉中說「近世鄧石如、包慎伯、趙撝叔變六朝體，亦開新黨也，阮文達決其必盛，有見夫！」先肯定鄧石如、包世臣、趙之謙（1829～1884）的開風氣之先。更盛讚阮元的識見。〈說分第六〉評鄧石如：

> 完白山人之得處，在以隸筆為篆。或者疑其破壞古法，不知商、周用刀簡，故籀法多尖，後用漆書，故頭尾皆圓。漢後用毫，便成方筆。多方矯揉，佐以燒毫，而為瘦健之少溫書。何若從容自在，以隸筆為漢篆乎？〔註62〕

康有為力駁鄧石如「破壞古法」的說法，反而稱讚他從容自在，以隸筆為漢篆的創新方式。

除了提及阮元、包世臣的書學理論，康有為對張裕釗最為推崇，在〈述學第二十三〉他評論張裕釗書法說：

> 湖北有張孝廉裕釗廉卿，曾文正公弟子也，其書高古渾穆，點畫轉折，皆絕痕跡，而意態逋峭特甚，其神韻皆晉、宋得意處，真能甄晉陶魏，孕宋、梁而育齊、隋，千年以來無與比。其在國朝，譬之東原之經學，稚威之駢文，定菴之散文，皆特立獨出者也。吾得其書，審其落墨運筆：中筆必折，外墨必連；轉必提頓，以方為圓；

〔註62〕康有為：《廣藝舟雙楫·說分第六》，《康有為全集》（一），頁440～441。

落必含蓄，以圓爲方；故爲銳筆而實留，故爲漲墨而實潔；乃大悟
筆法。〔註63〕

圖六　包世臣〈顏真卿・
爭座位帖中語〉〔註64〕

圖七
〈鄧完白　張子東銘〉〔註65〕

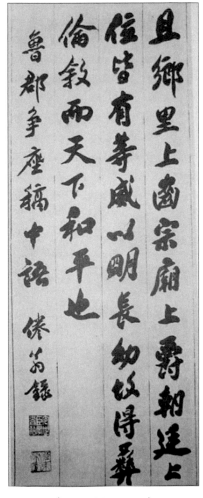

（181.8×66.4cm）

〔註63〕康有爲：《廣藝舟雙楫・述學第二十三》，《康有爲全集》（一），頁500。
〔註64〕包世臣〈顏真卿・爭座位帖中語〉，引自日比野丈夫等著，洪惟仁譯：《書道
全集》第十四卷・清Ⅱ（臺北：大陸書店，1998年2月），圖版36。
〔註65〕〈鄧完白　張子東銘〉（局部）引自神田喜一郎、西川寧監修：〈鄧完白　張
子東銘〉，《書跡名品叢刊》152（東京：株式會社二玄社，1988年11月），頁
3。

圖八
張裕釗　冊〔註66〕

圖九
節趙之謙〈吳鎮詩〉四條屏〔註67〕

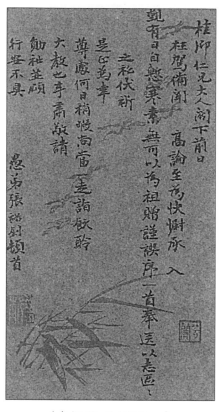

（本幅 22.6×12.2cm）

　　張裕釗是古文家兼書家，康有爲盛讚他的北碑楷書，又在〈餘論第十九〉
中說：「集碑之成，張廉卿也。」〔註68〕相較於張裕釗，趙之謙是較爲純粹的
藝術家，他書、畫、篆刻兼擅。書法兼工篆、隸、楷、行諸體，然而，康有
爲卻對趙之謙頗有微詞，他在〈述學第二十三〉中批評趙之謙：

　　趙撝叔學北碑，亦自成家，但氣體靡弱，今天下多言北碑，而盡爲
　　靡靡之音，則趙撝叔之罪也。〔註69〕

〔註66〕張裕釗　冊（局部），引自臺北故宮博物院〈書畫典藏資料檢索系統〉：http://
　　　　painting.npm.gov.tw/，2018/5/28。
〔註67〕趙之謙〈吳鎮詩〉（局部），引自神田喜一郎、西川寧監修：〈清趙之謙　吳鎮
　　　　詩〉，《書跡名品叢刊》148（東京：株式會社二玄社，1989年12月），頁3。
〔註68〕康有爲：《廣藝舟雙楫‧餘論第十九》，《康有爲全集》（一），頁483。
〔註69〕康有爲：《廣藝舟雙楫‧述學第二十三》，《康有爲全集》（一），頁499～500。

趙之謙寫北碑，但較具姿態，因此卻遭康有爲斥爲「氣體靡弱」。除了康有爲所提及的書家，其餘尚有陶濬宣（1849～1915）、沈增植等習北碑而獲的成就的書家，形成清朝出現的新流派，康有爲名之爲「今學」、「新黨」。由南、北朝碑，直接清代鄧石如、張裕釗……等書家，康有爲建立了與「帖學」不同路數的「碑學」體系！

第三節　《廣藝舟雙楫》理論的呈現──「康體」

康有爲既主張「書爲形學」，「康體」在字體字形上講求「新理異態」，從傳統帖學入門，歷經多次轉變，最終鎔鑄各家各體，形成獨特的面貌。此章節，我們將以康有爲成熟時期書風「康體」探究其在形式上的藝術特徵。

一、康有爲的學書歷程

根據《康有爲自編年譜》（《我史》）記載康有爲十一歲開始由祖父康贊修教他學習書法。在《廣藝舟雙楫・述學第二十三》也有記載：

> 吾十一齡侍先祖教授公諱贊修，字述之。於連州官舍，含飴覛棗，暇輒弄筆。先祖始教以臨《樂毅論》及歐、趙書，課之頗嚴。然性懶鈍，家無佳搨，久之不能工也。將冠，學於朱九江先生諱次琦，號子襄。先生爲當世大儒，餘事尤工筆札，其執筆主平腕豎鋒，虛拳實指，蓋得之謝蘭生先生，爲黎山人二樵之傳也。於是始學執筆，手強甚，畫作勢，夜畫被，數月乃少自然。得北宋搨《醴泉銘》臨之《銘》爲潘木君先生鐸贈九江先生者，潘公時罷晉撫，于役河南，盡以所藏書籍，碑版七千卷爲贈，用蔡邕贈王粲例也。前輩風流盛德如此，附記之，始識古人墨氣筆法，少有入處，仍苦凋疎。後見陳蘭甫京卿，謂《醴泉》難學，歐書惟有小歐《道因碑》可步趨耳，習之，果茂密，乃知陳京卿得力在此也。因並取《圭峰》、《虞恭公》《玄秘塔》《顏家廟》臨之，乃少解結構，蓋雖小道，非得其法，無由入也。間及行、草，取孫過庭《書譜》及《閣帖》橅之，姜堯章最稱張芝、索靖、皇象章草，以時人罕及，因力學之。自是流觀諸帖，又隳蘇、米窩臼中。稍矯之，以太傅《宣示》，《戎輅》，《荐季直》諸帖取其拙厚，實皆宋、明鈎刻，不過爲邢侗、王寵奴隸耳。時張延秋編修相謂帖皆翻本，不如學碑，吾引白石氈裘之說難之，

蓋溺舊說如此。少讀《說文》，嘗作篆、隸，苦《嶧山》及陽冰之無
味，問九江先生，稱近人鄧白作篆第一。因搜求之粵城，苦難得。
壬午入京師乃大購焉。因並得漢魏、六朝、唐、宋碑版數百本，從
容玩索，下筆頗遠於俗，於是翻然知帖學之非矣。〔註70〕

　　根據〈述學第二十三〉篇，吾人將康有爲學書歷程整理如（表十三），康
有爲從傳統帖學入門，後由帖轉碑，而在碑學體系中，得力最多爲鄧石如、
包世臣（1775～1855）、張裕釗三家。

表十三　康有爲學書歷程表

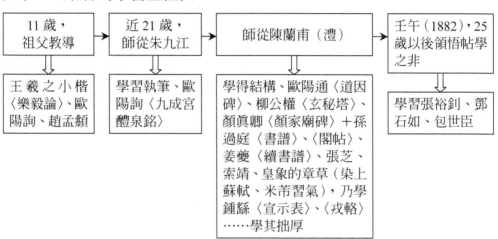

　　康有爲一生幾經波折，他的書法亦經過幾次明顯的轉變，學界對其書法
分期自三期到五期不等，吾人將其列表如下：

表十四　康有爲書法分期比較表

作者	分　　期				
	一	二	三	四	五
范國強〔註71〕	傳統堅實的碑學啓蒙期（1868～1888）11～31歲	道技脫節的碑帖轉換期（1889～1909）32～52歲	探索實踐的道技雙進期（1911～1916）54～59歲	新理異態的入古出新期（1916～1921）59～64歲	碑帖融洽的爐火純青期（1922～1927）65～70歲

〔註70〕康有爲：《廣藝舟雙楫·述學第二十三》，《康有爲全集》（一），頁498～499。
〔註71〕范國強：《尊碑——康有爲書法研究》（杭州：西泠印社出版社，2014年2月），
　　　　頁13～41。

梁新穎〔註72〕	帖學時期（1889年之前）32歲之前	帖爲主碑爲輔（1889～1898）32～41歲	碑帖融合時期（1898～1913）41～56歲	康體成熟時期（1913～1926）56～69歲	
王　澄〔註73〕	帖學時期及碑帖融合孕育期（1902年，大同書第三稿完成之前）45之前歲	個人書風逐漸形成之蛻變期（約於1898～1913流亡海外時期）41～56歲	漸入化境之成熟期（約於1911建國之後）54歲之後		
陳　翠〔註74〕	多重影響的更迭期41歲前	碑帖合參的蛻變期42～53歲	康體書風的形成期54歲以後		
趙一新〔註75〕	碑帖結合準備期（1868～1898）11～41歲	個人書風形成期（1899～1910）42～53歲	個性書風成熟期（1911～1916）54～59歲	獨樹一體收獲期（1917～1927）60～70歲	
阮　圓〔註76〕	1898年百日維新之前早期傳統養成與碑學啓蒙41歲之前	1898～1913中期，逃亡至海外，康體逐漸成熟41～56歲	1913～1927返回中國，融合各家，自成一格56～70歲		

　　由以上表格，可以看出，學者們對於康有爲書法分期頗爲分歧，但多數學者認定康有爲「康體」書風成熟於五十四或五十六歲之後，即康有爲流亡海外返回中國前後（1898～1913）。

　　康有爲早期楷書有「小楷殿試狀」（圖十），爲三十八歲時所書的會試之作，乃典型的干祿書，〈龍君墓誌銘〉（圖十一），三十九歲時所書，可以看出他早年也深受唐碑與館閣體書風的影響。

〔註72〕 梁新穎：《康有爲書法研究》（北京：人民出版社，2013年8月），頁187。
〔註73〕 王澄：〈康有爲書法評傳〉，引自朱興華、魏清河編：《二十世紀書法經典·康有爲》（廣州：廣東教育出版社，1996年12月），頁13。
〔註74〕 陳翠：《康有爲書論與書藝研究》（國立高雄師範大學國文學系碩士論文，2005年5月），頁143～153。
〔註75〕 趙一新：《康有爲書法藝術解析》（南京：江蘇美術出版社，2001年），頁2。
〔註76〕 Aida Yuen Wong（阮圓）：*The Other Kang Youwei* Leiden-Boston: Brill, 2016, P. 37。

<table>
<tr><td align="center">圖十
康有為〈小楷殿試狀〉〔註77〕</td><td align="center">圖十一
康有為〈龍君墓誌銘〉〔註78〕</td></tr>
<tr><td></td><td></td></tr>
<tr><td align="center">（1894年，37歲）</td><td align="center">（1896年，39歲）</td></tr>
</table>

「康體」之說的由來，始於康有爲的自信，他在爲「翰臣仁兄」所書的行書七言聯「天青竹石侍峭蒨，室白魚鳥從相羊」中有題跋述及其書學思想：

> 自宋後千年皆帖學，至近百年始講北碑，然張廉卿集北碑之大成，鄧完白寫南碑漢隸而帖，包愼伯全南帖而無碑。千年以來未有集北碑南帖之成，者，況兼漢分、秦篆、周籀而陶冶之哉。鄙人不敏，

〔註77〕 康有爲〈小楷殿試狀〉（局部），引自趙一新：《康有爲書法藝術解析》（南京：江蘇美術出版社，2001年6月），頁16。

〔註78〕 康有爲〈龍君墓誌銘〉（局部），引自范國強：《尊碑——康有爲書法研究》，頁94。

　　謬欲兼之。〔註79〕

　　康有爲自稱集張裕釗、鄧石如、包世臣三家之長，並且在七言聯落款、鈐印之後再題曰：「鄙人創此千年未有之新體，沈布政子培望而識之。鄭叔問識而奪取，移贈翰臣，得人哉。」康有爲自豪曰：「鄙人創此千年未有之新體」雖有些言過其實，但可見其自信。鄭孝胥（1860～1938）《海藏書法抉微》：「南海之書，得之陳摶」。〔註80〕康書確實有得自陳摶之處。馬宗霍《書林藻鑑》：「〔薛蕙云〕：希夷先生字體雄偉不凡，有古人法度。」〔註81〕

　　關於陳摶之傳聞頗多，其身世亦成謎，被《宋史》作者歸入隱逸人士。《歷世眞仙體道通鑑》認爲他享年一百一十八歲，卒於宋太宗端拱二年（西元 989 年），由此可推知其生於唐懿宗咸通十二年（西元 871 年）。〔註82〕另有資料記載陳摶生於唐德宗（西元 780～804 年）年間，享年近二百歲，似不可信。〔註83〕

　　康有爲在世時是否已有「康體」之說，仍有待考證，根據蔡顯良的研究，此說應始於商承祚在 1945 年所作的舊拓唐開元十九年楷書〈千秋亭記〉，跋

圖十二　〈龍門石窟中陳摶聯句〉〔註84〕

（明人摹刻拓本）

〔註79〕文見（圖十四）「贈翰臣仁兄」七言聯。

〔註80〕鄭孝胥：《海藏書法抉微》，引自《明清書法論文選》（上海：上海書畫出版社，1994 年），頁 990。

〔註81〕〔清〕馬宗霍：《書林藻鑑》（下）卷九，頁 196。

〔註82〕《歷世眞仙體道通鑑》（下）（臺北：自由出版社，1987 年 10 月），頁 952。

〔註83〕〈希夷先生傳〉，《太上老君實錄》（成都：巴蜀書社，1992 年），頁 821。

〔註84〕陳摶爲唐末五代著名道教學者，字圖南，自號「扶搖子」。工書法，曾臨北魏〈石門銘〉，可惜墨迹傳世極少，目前僅見一聯。〈龍門石窟中的陳摶聯句〉引自 http://www.jinridu.com/archives/8161，2017/8/1。

圖十三　　　　　　　　　　　圖十四　　康有為
康有為　　五言對聯〔註85〕　　〈贈翰臣仁兄〉七言聯〔註86〕

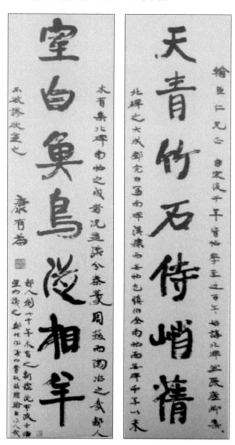

（145.5×35.3cm，1921年，64歲）　　　　（1916年，59歲，
　　　　　　　　　　　　　　　　　　　　香港中文大學文物館藏）

文曰「康體」，「康體」之說首見被提及。商承祚說康書「在該刻（〈千秋亭記〉）
筆勢的基礎上，予以進一步的誇張，遂成『康體』。」〔註87〕「康體」這一名

〔註85〕 康有爲五言對聯，引自日比野丈夫等著，洪惟仁譯：《書道全集》第十四卷·
　　　　清II（臺北：大陸書店，1998年2月），圖版97。

〔註86〕 康有爲〈贈翰臣仁兄〉七言聯引自范國強：《尊碑──康有爲書法研究》，頁
　　　　116。

〔註87〕 著名學者商承祚（1902～1991）爲清朝的末代探花商衍鎏（1874～1963）之
　　　　子，他認爲康書完全脫胎自當時少見流傳、位於四川巴縣江岸的秘本唐代碑
　　　　刻《千秋亭記》，又參以宋代陳摶之書，康將二者融合，如此而已。參見商承
　　　　祚：〈我在學習書法過程中的一點體會〉，引自《現代書法論文選》（上海：上
　　　　海書畫出版社，1980年），頁71。

稱，是在楷書〈千秋亭記〉的題跋中說的，其指向當然首先應該是康有爲的楷書，然而，其楷書傳世者極少。〔註88〕以〈千秋亭記〉書法特徵來看，所謂「康體」當指康有爲帶有碑體書風的行楷書，也就是康有爲那種「重、拙、大」的成熟時期的，碑意濃郁的作品。〔註89〕

　　總之「康體」的形成，各家看法不同，康有爲在〈翻刊《書鏡》題辭〉中說：「或譽吾書類楊風，或稱吾書比長史。自有仙才自不法，散僧入聖亦何似。（沈子培尚書接〔謂〕吾書於張長史，宋芝棟侍御謂吾似楊少師。」〔註90〕實際上，「康體」並非全然來自某家某派，正如康有爲於〈翰臣仁兄〉行書七言聯（圖十四）跋文中云：「集南帖北碑之大成，更合篆隸鐘鼎一爐而治之。」實鎔鑄古今，創爲一體。

二、「康體」新理異態的藝術特徵

　　關於「康體」，歷來評論者頗多，呈現兩極化現象。馬宗霍《霋岳樓筆談》認爲康有爲：「誤法安吳，運指而不運腕，專講提頓，忽於轉折，踔鋒潑墨，以蓬累爲妍，未可語於醇而後肆也。」〔註91〕潘伯鷹先生批評康有爲的字「像一條翻滾的爛草繩」，〔註92〕認爲康有爲線條沒有質感，濫用飛白，顯得很虛浮。劉濤則說：

　　　雖然康有爲把碑學做了系統的清理，但是他的碑派書法的筆路很
　　　窄，主要是取法北魏楷書〈石門銘〉。……他的行書「肆而不蓄，矜
　　　而益張」，儘管動人心旌，卻有荒率張揚的習氣。〔註93〕

　　批評者多半以古典主義，帖學視角來評論，認爲「康體」常常起筆無尖鋒，收筆無回鋒，亦無挫鋒，提按不明顯，因此予人虛浮粗率的印象。在用墨上同樣一筆到底，起筆飽蘸濃墨，行筆中見飛白，整體而言簡單而粗疏。

〔註88〕李雲光說：「康先生的眞書傳世者甚少。康同環女士珍藏多年的《徐侍郎致靖碑文》，是康先生眞書的代表作，字數又多。此次刊出，確爲欣賞及學習康體的人士提供了一種稀而貴的品種。」語見李雲光編：《南海康先生法書》（臺北：明謙有限公司，1985年），頁200。

〔註89〕參見蔡顯良：〈「康體」書法及其成因〉，《中國書畫·史論評》（2011年第7期），頁61～62。

〔註90〕康有爲：《萬木草堂詩集》（上海：上海人民出版社，1996年），頁440。

〔註91〕馬宗霍：《書林藻鑒》（下冊）（臺北，臺灣商務印書館，1982年），卷第十二。

〔註92〕潘伯鷹：《中國書法簡論》（上海：上海人民美術出版社，1981年），頁127。

〔註93〕劉濤：《書法鑑賞》（臺北：文津出版社，2004年9月），頁361。

其次，多半批評康有爲功力之不足。實際上，從康有爲早期工整的楷書來看，「康體」書寫功力無庸置疑。但根據其自己的說法，他雖曾自言對書法下過一些工夫，但並非長期如此，他說：

> 惟吾性好窮理，不能爲無用之學，最懶作字，取大意而已……惜吾眼有神，吾腕有鬼，不足以副之。若以暇日深至之，或可語於此道乎？夫書小藝耳，本不足述，亦見凡有所學，非深造力追，未易有得，況大道邪？〔註94〕

康有爲作字「取大意而已」，又根據其七女康同環描述：「可惜先父晚年不常寫字，平均二十幾天纔寫一次，一口氣寫上兩三個鐘頭，興盡時便擱筆不寫。」〔註95〕可知，康有爲書法功力在一群專業書家或士子眼中，並非盡如人意。

然而，創意、變化、突破傳統、重建雄強風格才是康有爲開新審美觀所強調的。超越二王風格的古典主義，正是康有爲欲積極突破的目標！因此，以古典的視角檢視「康體」，必然是扞格不入的。我們必須以嶄新的視角看待「康體」，「康體」的整體特色有：（一）重、拙、大的整體風格；（二）「康體」——文字學範疇的「破體」書法；（三）康有爲的獨特用筆。

（一）重、拙、大的整體風格

范國強說：「行書〈登泰山絕頂詩軸〉（圖十六）是『康體』成熟的標誌。」梁新穎則說：「1907 年書於埃及的〈大吉嶺臥病絕糧詩帖〉（圖十五）可視爲

圖十五　康有為〈大吉嶺臥病絕糧詩帖〉〔註96〕

〔註94〕康有爲：《廣藝舟雙楫‧述學第二十三》，《康有爲全集》（一），頁 499～500。
〔註95〕李雲光編：《南海康先生法書‧七女同環跋》，無頁碼。
〔註96〕康有爲〈大吉嶺臥病絕糧詩帖〉，引自《康有爲書法藝術解析》，頁 22。

圖十六　康有為行書
〈登泰山絕頂〉詩軸〔註97〕

圖十七
康有為〈贈賓侯仁兄〉詩軸〔註98〕

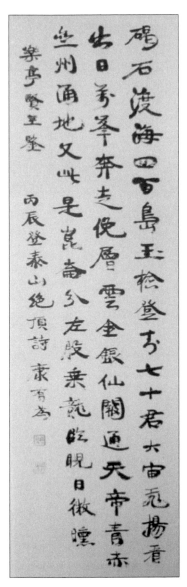

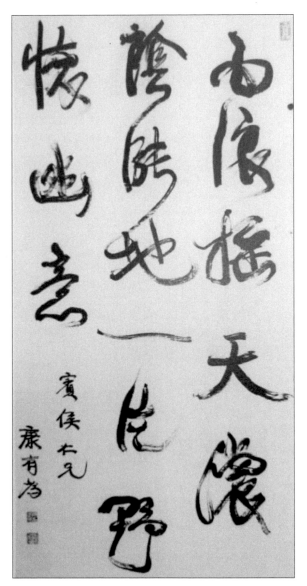

（151.2×40.5cm，1916 年，
59 歲，北京故宮藏）

（170×84.2cm，1922 年，65 歲）

〔註97〕康有為〈登泰山絕頂〉詩軸，引自范國強：《尊碑──康有為書法研究》，頁
32。

〔註98〕康有為〈贈賓侯仁兄〉詩軸，引自范國強：《尊碑──康有為書法研究》，頁
161。

康體書法成熟的標誌。」〔註99〕變法失敗流亡海外十六年，個人書風逐漸形成蛻變。在此期間，他環球三周，遊遍亞、歐、美、非各洲，共計四十二個國家和地區，遠遊使康有爲開闊了眼界、豐富了閱歷、錘煉了意志，也陶冶他成爲一代書法大家所獨有的特質。

回國之後，其書法漸入化境，加以他的廣博學識、開闊胸襟爲他人所未有。逐步地涵養提煉，創造出獨特的魏碑行楷書「康體」，如〈登泰山絕頂〉詩軸（圖十六），〈贈賓侯仁兄〉詩軸（圖十七）。此體體闊勢寬，平正端莊，中宮收緊，下部疏散，結體疏密得宜，風格渾厚雄放，有縱橫奇宕之氣。一改長期以來行草書飄逸典雅的風格，而以持重穩健、大將屬兵之姿開創一種嶄新風貌。有別以往人們審美習慣的新風格。我們可以康有爲女弟子蕭嫻所說「重」、「拙」、「大」概括「康體」的整體風格，蕭嫻說：

> 所謂「重」，指的是渾厚、凝鍊，有金石之感；所謂「拙」，指的是古樸、率眞，有生澀之感；所謂「大」，指的是險峻、舒朗，有高遠之感。這三者在康書中也不是平分秋色的，其中，「大」是突出的。這可能同他善作榜書有關。他的字大氣磅礴，即使尋常的小字，看上去也好像是榜書似的。〔註100〕

康有爲的文章天下稱道，他寫的「康體」字大氣磅礴，筆下生波瀾，令其文風和書風相得益彰。蕭嫻所說的「重」、「拙」、「大」是從整體書風所做的觀察，康有爲所作之書縱橫開闊、大氣磅礴、渾厚雄健、瀟灑奔放、純以神行。他拙厚的風格是不能以二王一派「帖學」古典視角來欣賞的，唯有了解康有爲的書學理念，用「碑學」觀點進行分析，始能了解康有爲書法之精神所在。

（二）「康體」──文字學範疇的「破體」書法

康有爲在〈原書〉中，強調「變者，天也」，「變」也是整部《廣藝舟雙楫》理論闡釋的起點。書法如何變化，創造「新理異態」？康有爲認爲各種體勢、筆法互參能產生姿態生動之美，是屬於文字學範疇內的變化方式。傅山也說：「楷書不知篆隸之變，任寫到妙境，終是俗格……及其篆隸得意，眞足吁駭。覺古籀眞行草本無差別。」〔註101〕可見清代學者和書家極重視篆、

〔註99〕梁新穎：《康有爲書法研究》（北京：人民出版社，2013年8月），頁190。

〔註100〕蕭嫻：〈康有爲的書藝和書論〉，引自李雲光編：《南海康先生法書》（臺北：明謙有限公司，1985年），頁200。

〔註101〕傅山：〈霜紅龕書論〉，崔爾平選編點校：《明清書論集》，頁566。

隸、楷、行、草用筆的一貫之道！對體勢和筆法的互參，康有為說：

> ……乃悟秦分本圓，而漢人變之以方，漢分本方，而晉字變之以
> 圓。凡書貴有新意妙理，以方作秦分，以圓作漢分，以章程作草。
> 筆筆皆留；以飛動作楷，筆筆皆舞，未有不工者也。……右軍欲引
> 八分、隸書入眞書中，吾亦欲採鐘鼎體意入小篆中，則新理獨得
> 矣。〔註102〕

在筆法和體勢上，一方面，康有為要求保持秦漢篆隸筆意，求其一以貫之，要求行草書、楷書的書寫，要融入篆隸筆法；另一方面，強調楷法和行草筆意在篆隸字體中的應用，如此篆隸書體才能靈動優美，他還曾說：「完白山人之得處，在以隸筆為篆」〔註103〕因此，各種書體體勢相互融通，是康有為創造新理異態的主要門徑。所謂「康體」，無非就是以一種字體的體勢、筆法入彼種字體的體勢和筆法。以「破體」方式進行創作，「破體」在中國書法史上時隱時顯，有時還會受到非議，然而，歷代仍不乏這種方式的探索。這類的創作者，唐朝有顏眞卿（709～785），元朝有趙孟頫（1254～1322）、〔註104〕楊維楨（196～1370），明朝有趙宧光（1559～1625）、傅山（1607～1684），清朝鄭板橋（1693～1765）、高鳳翰（1683～1749）、吳昌碩（1844～1927）……等。〔註105〕康有為也是晚清時期善用「破體」進行創作的書家之一。以下我們將「康體」「破體」書法特徵分成 1、各種字形雜揉的「破體」；2、五體筆法交融的「破體」；3、各種風格融合的「破體」等三個層面來分析。

1、各體雜揉的「破體」

我們以碑學的角度重新審視「康體」具備的特徵，「康體」，學術界又稱「破體」〔註106〕破體在書法文獻中的最初涵義是指書體，始見於唐張懷瓘

〔註102〕康有為：《廣藝舟雙楫・說分第六》，《康有為全集》（一），頁439。
〔註103〕康有為：《廣藝舟雙楫・說分第六》，《康有為全集》（一），頁441。
〔註104〕松本筑峰曾說：「趙子昂的《天冠山詩》卻確實是楷、行、草三體的破體書。」語見松本筑峰著、宋曉理譯：〈破體書道史概論——跋《破體書道史・中國篇》〉，引自《美苑》（1993年第4期）（無頁碼）。
〔註105〕「破體」，語出《周易參同契》：「乾坤錯雜，乃生六子，六子及乾坤破體。」意指事物孳乳新體。破體之於書法，或指文字使用不規範現象，或指打破書體範疇而進行創作。唐代書家徐浩〈論書〉：「右軍行法、小令破體，皆一時之妙。」戴叔倫詩讚懷素：「始以破體變風姿，一一花開春景遲。」綜觀古今破體之製，應以顏眞卿名下《裴將軍詩帖》為冠冕。
〔註106〕語見中國美術網：http://www.meishu.com/baike/1/d/2805.html，2017/8/3。

（？～？）的《書斷》：「王獻之變右軍行書，號曰『破體』」。〔註107〕張懷瓘所言王獻之的破體，乃指打破大致上字形獨立的行書，促其體勢開張呼應，並增以草法而言。阮元〈北碑南帖論〉站在文字學立場上嚴厲批評南帖的眞、行、草皆爲無「隸古遺意」的「破體」。他稱南帖爲「江東俗字」，云：

> 北朝碑字破體太多，特因字雜分隸，兵戈之間，無人講習，遂致六書混淆，向壁虛造。然江東俗字，亦復不少，二王帖如「禊」、「聟」、「軆」、「（𥸤）」等字非破體耶？唐初破體未盡，如虞、歐碑中「吐」、「蒞」（虞『廟堂碑』）、「准」（歐『虞恭公碑』）、「煞」（歐『皇甫君碑』）。等字非破體耶？〔註108〕

康有爲書法中，「破體」的運用是其「新理異態」的呈現方式之一。但也成爲被批評的因素之一。祝嘉曾爲康有爲辯駁：「有些人譏笑他篆隸楷草拼在一起寫，我看這個不能責他。歷代的法書，參入篆隸的是常事，……康書常參用隸法，掠捺的劃常翹起向上。」〔註109〕

康有爲書法中摻入各種書體的例子不少，如〈讀雲書房〉橫額（圖十八），「房」字的寫法，顯然由隸書而來。在〈贈仙儔仁兄〉對聯（圖十九），乍看之下是形式工整的楷書，「絲」字下端是隸書燕尾寫法。「繩」右半部是典型隸書的寫法。康有爲融碑入楷、行書，同時又雜揉篆隸行草，形成「康體」的獨特面貌。

圖十八　康有為〈讀雲書房〉橫額〔註110〕

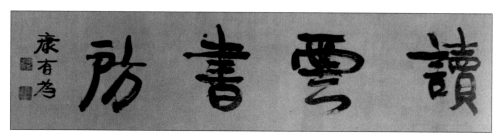

（136×33cm，1922 年，65 歲，凸齋藏）

〔註107〕張懷瓘語，引自王伯敏等主編《書學集成：元明》（石家莊：河北美術出版社，2002 年），頁 327。

〔註108〕阮元：《北碑南帖論》，引自華正人編：《歷代書法論文選》（下），頁 594。

〔註109〕祝嘉：《康有爲和他的〈廣藝舟雙楫〉》引自李雲光編：《南海康先生法書》，頁 200。

〔註110〕〈讀雲書房〉橫額，引自范國強：《尊碑──康有爲書法研究》，頁 149。

圖十九
康有為〈贈仙儔仁兄〉五言聯〔註111〕

圖二十 〈漢隸字源‧平聲‧
陽韻‧房字〉〔註112〕

〈癸亥五月游千佛山作〉（圖二十一）的行書作品中，基本上字字獨立，僅第三行「河九曲」出現帶筆的現象。但是第二行「齊」字為篆隸的寫法；第三行「泰」則為草書字形寫法，這部分為字形雜揉的「破體」。

2、五體筆法交融的「破體」

康有為淵博的學識、深廣的閱歷和強烈的求新求變的精神，加以認真的研究、長期的實踐，融合各家於一爐，形成獨特面貌的「康體」。除了各體字形的雜揉，「康體」更融合各體筆法。

〔註111〕 〈贈仙儔仁兄〉五言聯，引自范國強：《尊碑——康有為書法研究》，頁150。
163×43cm×2，約（1921年，64歲），又石齋藏。

〔註112〕 育部異體字字典：http://dict.variants.moe.edu.tw/yitia/fra/fra01488.htm，2017/8/10。

圖二十一　康有為〈癸亥五月游千佛山作〉軸〔註113〕

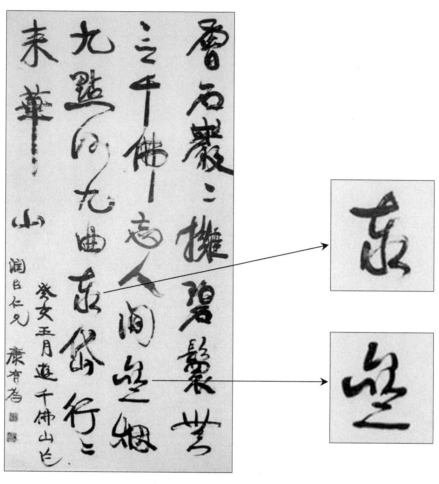

（172×86cm，1922 年）

　　篆、隸書的章法，以字字獨立、行行分明、橫平豎直爲準則。「康體」
行、楷書的橫畫，幾乎完全「橫平」，甚至有的表現出左邊略高於右邊的趨
勢。「康體」中的豎畫與其橫畫類似，中鋒行筆，運筆遲送澀進，稍稍向左傾
斜，氣魄雄健。掠法戛然而止，實類似篆書筆法。而磔法則有些類似隸書的
燕尾，略爲揚起。以〈箕裘孝友〉五言聯（圖二十二）爲例，此件作於 1922
年，康有爲六十五歲之作。書作乍看似楷書，每字中橫畫幾乎是水平呈現；
而豎畫中鋒運筆，「裘」、「穆」、「家」字掠法幾乎如同篆書一般平整、無提頓

〔註113〕康有爲〈癸亥五月游千佛山作〉軸，引自范國強：《尊碑——康有爲書法研
　　　　究》，頁 179。

地戛然而止。「裘」字捺法則有隸書燕尾。筆法採用了楷、篆、隸，而「裘」、「德」有些筆畫更有行草書的帶筆。

〈洞中窗裏〉五言聯（圖二十三）主要爲楷書形式，但筆法多參雜篆書圓筆，其中「開」字兼有篆書圓筆以及行草書帶筆筆法，「霞」字則明顯運用行草筆意。

圖二十二　　　　　　　　　　　　圖二十三
〈箕裘孝友〉五言聯〔註114〕　　　〈洞中窗裏〉五言聯〔註115〕

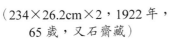

（234×26.2cm×2，1922年，　　　　（141×37cm×2，1925年，
65歲，又石齋藏）　　　　　　　　68歲，私人藏）

〔註114〕〈箕裘孝友〉五言聯，引自范國強：《尊碑──康有爲書法研究》，頁165。
〔註115〕〈洞中窗裏〉五言聯，引自范國強：《尊碑──康有爲書法研究》，頁197。

3、各種風格融合的「破體」

〈請于長作〉聯（圖二十五），將魏碑如〈張猛龍碑〉、以及墓誌銘的欹側結體轉爲平正結構，同時，其橫平豎直的筆畫又有篆書風格，上聯中，「無」、「爲」更接近行草風格寫法。〈靜隨談詩〉五言聯（圖二十四）爲行草書，但每個字都呈現篆書長方形的風格。康有爲書作從字形、筆法、風格等各方面融合各體，因此，我們說康有爲書法屬於文字學範疇的「破體」書法。

圖二十四	圖二十五
〈靜隨談詩〉五言聯 〔註 116〕	〈請于長作〉聯 〔註 117〕

（148×34×2cm，1927 年，70 歲）

〔註 116〕 〈靜隨談詩〉五言聯，引自范國強：《尊碑——康有爲書法研究》，頁 214。

〔註 117〕 〈請于長作〉聯，引自趙一新：《康有爲書法藝術解析》（南京：江蘇美術出版社，2001 年 6 月），頁 46。

（三）「康體」的獨特用筆

「康體」除了借鑑歷代各體法書，融合北碑、篆、隸、草、楷、行等書體體勢、筆法，也令有康有爲用筆有自己獨特的面貌。王澄對於「康體」的基本點畫作過頗詳盡地剖析（圖二十六）：

> 試看康體的橫畫，幾乎絕對做到了「橫平」，甚至出現左略高出右的趨勢……再看撇的處理，中鋒運筆，直送到底，不少情況還向上回鋒收筆。這就使人感到出於魏，而又不全同於魏，而有隸書筆法。捺的風格更具特色，筆鋒劈開，萬毫齊力，偶有波折，但無提頓。有時戛然而止，骨力內藏；有時盡力放出，沉雄排宕。使人感到雖似魏碑風格，更有漢人筆意。鈎的處理，變化多姿。有時轉鋒平出，有時折鋒向上，有時順鋒而下，根據字的不同結構，隨機而應變，發乎自然，超越了魏碑的規範。點的處理更是獨樹一幟，常常變點爲短畫，上點形如牛角，昂立於首，神氣逼人，下點則頗似鼎足，立頂千鈞。〔註118〕

圖二十六　「康體」基本點畫圖〔註119〕

除了王澄對「康體」的基本點畫的剖析之外，我們尚可歸納出「康體」筆法的獨特處爲字間減省筆畫；轉折處減省步驟。康有爲足跡遍及五大洲，

〔註118〕王澄：《淺析康有爲的書法藝術》，引自李雲光編：《南海康先生法書》，頁200～201。

〔註119〕「康體」基本點畫圖，引自王澄：《淺析康有爲的書法藝術》，引自李雲光編：《南海康先生法書》，頁204。

橫跨三大洋，學問淵博，見解獨到。「康體」氣勢開張、渾穆大氣，分析「康體」應該將視角拉遠，體察其獨特之處。整體看來，「康體」只見方圓、長短、團塊等的構成，少見點。以一般構成書法的基本元素點、線、面來看，康有爲書法少見「面」的呈現；「點」則更少，整幅畫面幾乎是「線」的交錯組合。這是由於康有爲喜歡減省筆畫的結果，其三點水「氵」、或火部四點「灬」常有意寫成線；「阝」部也幾乎都呈現「線」的效果。

圖二十七　康有為　　　　　　圖二十八　康有為
〈游秦中文王陵作〉軸〔註120〕　　〈吳文英祝英台近〉詞句〔註121〕

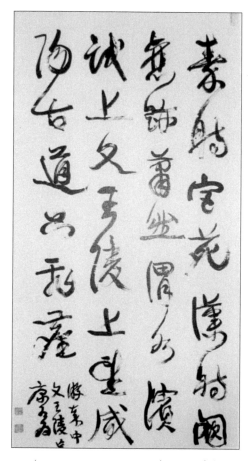 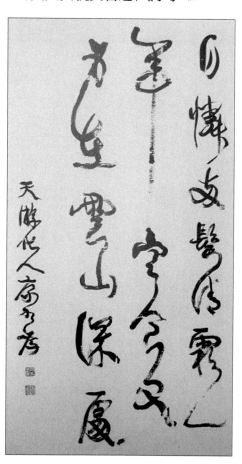

（174×91.2cm，1923年，66歲）　　（軸147×78cm，1925年，68歲）

〔註120〕〈游秦中文王陵作〉軸，引自范國強：《尊碑——康有爲書法研究》，頁186。
〔註121〕〈吳文英祝英台近〉詞句，引自范國強：《尊碑——康有爲書法研究》，頁192。

　　因此，我們說「康體」行草書逆筆藏鋒，遲送澀進，運筆時迅起急收，轉折之處常提筆暗過，雖是楷書或行書，模糊字與字間的分野，這是行筆間省略起始步驟的結果。而以線條張揚波動，帶出結構的動盪。這種減省筆畫、模糊點畫、字形的方式，非關功力，卻是「康體」獨特之處。沃爾夫林說：

> 對古典藝術來說，一切美都意味著形體的毫無遺漏的展現；而在巴洛克藝術中，即使在力圖完美地描繪實際的畫中絕對的清晰也變得模糊了。繪畫的外貌不再同極度客觀的清晰性相一致，而是迴避它。〔註122〕

　　「康體」線條點畫或許未能入古典二王一派學者之眼，但卻和沃爾夫林所說的巴洛克藝術，或現代各種藝術流派的特徵——從清晰到模糊的藝術手法相似，以減省筆畫，或模糊點線、字形，雜揉各體等方式創造獨特的風格與特色。

　　康有為《廣藝舟雙楫》中有兩組相對的概念，「形學」與「心學」；「碑學」與「帖學」。「形學」論突破傳統將書法藝術的創造歸類至倫理範疇的思考，使書法藝術理論走出「重意忘形」的「心學」窠臼。「碑學」作為主體的系統研究，寫成《廣藝舟雙楫》。「碑學」實則為強調帶有金石意味的風格學，抗衡以二王為主，典雅優美的「帖學」書風。

　　我們檢視「康體」書法，康有為書法創作以「形」為考量，以字體、字形創變為主，「破體」書風從筆法到結體雜揉篆、隸、草、楷、行各體於一爐，屬於文字學範疇的相互融合、變化，尚未進入現代書法整體畫面的形式變化。但此處需要說明的是，「破體」在清代未必能獲得正向的評價，例如，錢泳認為：

> 據《金石萃編》所載，六朝碑刻有一百四十餘種，近阮宮保、孫淵如、黃小松、趙晉齋諸家所藏，又益二三十種。其間如〈刁遵〉、〈高湛〉、〈鄭道昭〉、〈元太僕〉、〈龍藏寺〉諸碑，實歐、虞、褚、薛所祖，惟時值亂離，未遑講論文翰，甚至破體雜出，錯落不檢，而刻工之惡劣，若生平未嘗識字者，諸碑中竟有十之七八，可笑也。〔註123〕

〔註122〕〔瑞士〕H・沃爾夫林著，潘耀昌譯：《藝術風格學》（瀋陽：遼寧人民出版社，1987年8月），頁214。

〔註123〕〔清〕錢泳：〈書學〉，華東師範大學古籍整理研究室：《歷代書法論文選》，頁621。

　　此外，王昶（1724～1806）與錢泳持相同觀點，他指出了北碑的刻工拙劣，改變字形書寫原貌太甚的問題。〔註124〕然而，康有爲從觀念到實踐，終結古典書法的束縛，走出「心學」、「帖學」、「古學」的範疇與限制，爲現代書法建立了系統理論，並且將理論落實。儘管《廣藝舟雙楫》存在許多邏輯上的矛盾；「康體」書法有其荒疏粗率的一面，但作爲現代書法之先驅者，康有爲值得後代學者向其深深致敬！

〔註124〕王昶云：「蓋漢、魏時墓誌、墓碣等文，原無程式，晉宋齊梁各代又勦刻石之事，獨北魏人頗多志墓者。然其時屢經喪亂，地盡邊圉，所志者大抵武臣悍卒、或出自諸蕃，而田夫、牧隸約署記之，其書法不參經典，草野粗俗，無足怪者。」引自王昶：《金石萃編·卷二十七〈司馬元興墓誌〉》，引自《先秦秦漢魏晉南北朝石刻文獻全編》（北京：中國書店，2004 年 3 月），頁 106。

第五章　康有爲的「中國畫學衰落論」
　　　　探析

　　光緒三十年（1904 年），康有爲遊歷於意大利，折服於文藝復興時期拉飛爾等人的作品，就慨嘆國畫應當變法，他說：「吾國畫疏淺，遠不如之，此事亦當變法。」〔註 1〕康有爲在 1904 年撰有〈十一國游記序〉，〔註 2〕披露自己有意整理戊戌後（1898，戊戌年）游歷各國考察之所見，但此前後僅見部分內容零星刊於報章，康氏或有預定寫作細目之規劃，但多數未發表。日後梁啓超彙整報刊文章以《歐洲十一國游記》爲書名單行出版，但其中僅意大利與法蘭西較爲完整，德國有專文論述之、其他殘叢小語及國家有英國、土耳其、希臘、保加利亞與塞爾維亞、蒙地卡羅、美國、加拿大、巴西。至於原先預定十一國中的瑞典、瑞士、奧地利、匈牙利、丹麥、比利時、荷蘭等國並未見紀錄。

　　另外，〈物質救國論〉，以及藝術相關的詩詞題跋及書信，讓我們可以更完整地勾勒出康有爲的藝術思想輪廓。康有爲早年所發出的中國美術變革呼聲，之後衍伸爲《萬木草堂藏畫目》（1917 年）序言中的「中國畫學衰落」

〔註 1〕　康有爲：《歐洲十一國游記‧意大利游記》，中國文庫‧第五輯編輯委員會編，
　　　　康有爲著：《萬木草堂論藝》（北京：榮寶齋出版社，2011 年 9 月），頁 167。
〔註 2〕　「《歐洲十一國游記》的第一編《意大利游記》光緒三十一年（1905）初版時，
　　　　卷首有個「總目錄」，一共列有意大利、瑞士、澳（奧）地利、匈牙利、德意
　　　　志、法蘭西、丹墨（麥）、瑞典、比利時、荷蘭、英吉利共十一國，此外還有
　　　　三種目錄，但實際上，在第一編以後，只在光緒三十三年（1907）出版了一
　　　　個第二編《法蘭西游記》，其他各編並未與世人見面。」上述資料引自鍾叔河：
　　　　〈尋找眞理的康有爲〉，《走向世界叢書》（長沙：岳麓書社，1985 年 9 月），
　　　　頁 11～12。

論，他首先在《萬木草堂藏畫目》中疾呼「中國近世之畫衰敗極矣」、「中國畫學至國朝而衰敗極矣」的「中國畫學衰落論」。在《萬木草堂藏畫目》中，兩次提及中國畫衰落的議題。序言中，他推斷中國繪畫衰落的原因、時間，說：「蓋中國畫學之衰，至今已極矣，則不能不追源作俑以歸罪於元四家也。」〔註3〕說明了中國畫自元代以後就開始衰落了，而中國畫學衰落原因在於過度推崇文人畫而貶低工匠式的寫實畫。

綜觀康有為的繪畫、藝術理論主要體現在《萬木草堂藏畫目》。此外參以《歐洲十一國游記》、〈物質救國論〉等，康有為的《萬木草堂藏畫目》由於立論完整，往往被視為水墨畫，或中國繪畫理論現代轉型的先聲。

第一節　「畫學」一詞的內涵與沿革

一、「畫學」一詞在民國之定義與內涵

目前可見「畫學」一詞的最早使用紀錄，當在北宋郭思（？～？）〈林泉高致·序言〉所提及：「家世無畫學，蓋天性得之」。〔註4〕指的是郭思認為其父郭熙（1000？～1087？）的繪畫能力是天性使然，非得自家學淵源。此處所指，當為繪畫的學問與技能。此後，「畫學」一詞被廣泛運用，並在宋代成為培養繪畫人才的學校。宋徽宗崇寧三年（1104年）創設「畫學」，後歸翰林院圖畫局。學生分士流與雜流，依三舍法補試。〔註5〕專習佛道、人物、

〔註3〕康有為著、蔣貴麟編：《萬木草堂所藏中國畫目》，引自《萬木草堂遺稿外編》（上），頁203。

〔註4〕吳佳靜：《民初「畫學衰落」論述的產生與變遷——以康有為《萬木草堂藏畫目》為核心》（國立臺灣師範大學美術研究所美術理論組碩士論文，2016年2月），頁115。唐代王維《畫學秘訣》云：「夫畫道之中，水墨為上，肇自然之性，成教化之功。」然《四庫全書提要》、《書畫書錄解題》皆謂王維《畫學秘訣一卷》為偽作，見于安瀾編，《畫論叢刊》（上）（臺北：華正書局，1984年10月），頁5。

〔註5〕宋史卷一百五十七　志第一百十　選舉三（學校試　律學等試（附））：「及三舍法行，則太學始定置外舍生二千人，內舍生三百人，上舍生百人。始入學。驗所隸州公據，試補外舍，齋長、諭月書其行藝於籍。行謂率教不戾規矩，藝謂治經程文。季終考於學諭，次學錄，次正，次博士，後考於長貳。歲終會其高下，書於籍，以俟覆試，參驗而序進之。凡私試，孟月經義，仲月論，季月策。凡公試，初場經義，次場論策。試上舍，如省試法。凡內舍，行藝與所試之業俱優，為上舍上等，取旨授官；一優一平為中等，以俟殿試；俱

山水、鳥獸、花竹、屋木六科，並修《說文》、《爾雅》、《方言》、《釋名》等書。宋史記載：「考畫之等，以不仿前人而物之情態形色俱若自然，筆韻高簡爲工。」〔註6〕此處「畫學」則專指培養繪畫人才的專門學校。而在《漢語大詞典》中，對「畫學」之定義如下：

（一）宋代培養繪畫人才的學校

宋洪邁《夷堅乙志·畫學生》：「政和中，肇置畫學，用太學法補試四方畫工。」《宋史·選舉志三》：「畫學之業，曰佛道，曰人物，曰山水，曰鳥獸，曰花竹，曰屋木，以《說文》、《爾雅》、《方言》、《釋名》教授。」元代湯垕《古今畫鑒·宋畫》：「米芾元章，天資高邁，書法入神。「宣和立畫學，擢爲博士。」

（二）繪畫學問

清錢泳《履園叢話·畫學·畫中人》：「奚岡，號鐵生，錢塘人。工山水，筆墨蒼秀……爲浙中畫家巨擘。近日杭人言書法者必宗山舟，言畫學者必宗鐵生，此亦一時好尚。」〔註7〕

此處所指「繪畫學問」，仍指向繪畫技術。褚慶立曾做出歸納，說：

早期畫學一詞內涵亦極爲豐富，既有畫史、畫法，又包括畫家傳記，年譜等，同時還有畫家的筆記，鑑藏家的著錄和史論家的品評等，即便是以札記、題跋、題畫詩等內容都可以成爲畫學涵蓋的對象。〔註8〕

謝巍則說：畫學「不僅本身具有極豐富之畫史、畫法、畫論、畫評、畫錄、畫跋等文獻，且兼有記及其他學問。」〔註9〕萬青力（1945～2017）認爲，「畫學」沿用至晚清、民國初年，詞意已經改變，「主要是指有關繪畫的學科學問……有關晚清民國時期的繪畫文獻，稱繪畫爲畫學。」、「發展到晚清、民國時代，畫學已經包容了畫史、畫論、畫品和畫法四個方面的知識和

平若一優一否爲下等，以俟省試。」引自許嘉璐主編，倪其心分史主編《宋史》（上海：漢語大詞典出版發行，2004 年），頁 3017。

〔註 6〕《宋史·選舉志三》，許嘉璐主編，倪其心分史主編《宋史》，頁 3045。

〔註 7〕羅竹風主編：《漢語大詞典》第 7 卷（上海：漢語大詞典出版社，1994 年 11 月），頁 1380。

〔註 8〕褚慶立：《轉型與守護——鄭武昌《中國畫學全史》研究》（南京：南京藝術學院美術學博士學位論文，2013 年 5 月），頁 17。

〔註 9〕謝巍：《中國畫學著作考錄》（上海：上海書畫出版社，1998 年），弁言。

學問。」〔註 10〕綜合以上所述，廣義「畫學」一詞到了民國時期，包含了畫史、畫論、畫品和畫法……等與繪畫相關的所有學問。

二、康有爲「畫學」之定義

萬青力曾提到康有爲對「畫學」之定義：

> 這一用語（畫學），在康有爲（1858～1927）疾呼「近世畫學衰敗極矣」、鄭午昌（1894～1952）出版《中國畫學全史》的時代，中國繪畫仍然被視作某種學科，而不僅僅是一種手藝而已。〔註 11〕

根據萬青力之說法，康有爲對「畫學」的定義爲某種（繪畫）學科。然而，我們深入分析《萬木草堂藏畫目》序文、各朝畫目前評論、以及其他相關論述，可以發現，康有爲對「畫學」之定義非僅僅爲繪畫學科。概括其所述內涵至少有如下數點：

（一）畫史

〈元畫‧趙子昂秋林馳馬圖〉條目中，評論此畫：「結束院畫象形之終，開元四家寫意之始，氣韻生動，神品也。且關畫學正變源流，珍藏之。」〔註 12〕〈秋林馳馬圖〉（圖二十九）中，康南海題跋「所見松雪畫多矣，神妙獨到，秋毫無過此〈秋林馳馬圖〉矣。上承宋四家之精工，下開元四家之氣韻。子昂於此實爲集成……」云云，所論內容雖有誇大之嫌，論述部分，留待後文討論。然而此處所指「畫學」，當指繪畫史層面。意即趙子昂〈秋林馳馬圖〉在中國繪畫史上，是由寫實至寫意、再現到表現的轉折點。

〈秋林馳馬圖〉中，康南海題跋如下：

> 所見松雪畫多矣，神妙獨到，秋毫無過此〈秋林馳馬圖〉矣。上承宋四家之精工，下開元四家之氣韻。子昂於此實爲集成，秋色如活，怒馬如生，且古人寫馬皆不敢作正面，而此畫膽大，竟寫正面紫棱碧眼，神氣欲躍，畫至此，則前無古人後無來者，歐人油畫寫生，雖拉飛亦不過爾爾，今落吾手，當爲天下珍護之。丙辰十月南海康有爲題。

〔註10〕 萬青力：〈「中國畫」與「中國畫學」〉，見邵琦、孫海燕編：《二十世紀中國畫討論集》（上海：上海書畫出版社，2008 年 7 月），頁 393。

〔註11〕 萬青力：〈「中國畫」與「中國畫學」〉，見邵琦、孫海燕編：《二十世紀中國畫討論集》，頁 393。

〔註12〕 康有爲著、蔣貴麟編：《萬木草堂所藏中國畫目》，引自《萬木草堂遺稿外編》（上）（臺北：成文出版社，1978 年），頁 203。

圖二十九 〈秋林馳馬圖〉〔註13〕

（238×85cm）

〔註13〕雅昌拍賣網：http://auct ion.artron.net/paimai-art0016940382/，2018/6/22。

（二）繪畫風格與繪畫風氣

其次，康有爲在〈元畫〉篇首評論中，曾宣稱：

> 蓋中國畫學之衰，至今已極矣，則不能不追源作俑以歸罪於元四
> 家也。夫元四家皆高士，其畫超逸澹遠，與禪之大鑒同。即歐人
> 亦自有水粉畫墨畫，亦以逸澹開宗，特不尊爲正宗，則于畫法無
> 害。〔註14〕

上述引文主要說明中國繪畫風格從元四家開始轉變爲超逸澹遠，類於禪
畫，並且成爲中國畫之正宗，此處「畫學」，指向繪畫風格。

此外，康有爲在〈國朝畫〉篇首評論中，批評中國畫學之衰落曰：

> 中國畫學，至國朝而衰弊極矣。豈止衰弊，至今郡邑無聞畫人者，
> 其遺餘二三名宿，摹寫四王二石（指石濤、石溪）之糟粕、枯筆數
> 筆，味同嚼蠟，豈復能傳後，以與今歐美日本競勝哉？〔註15〕

「中國畫學，至國朝而衰弊極矣。豈止衰弊，至今郡邑無聞畫人者」之
論述所指，應爲繪畫風氣之盛衰，康有爲認爲，清代畫家寥寥可數，繪畫風
氣衰落，甚至鄉里中，已經不曾聽說有畫家，就算有二、三個名家，也僅是
「摹寫四王二石之糟粕、枯筆數筆，味同嚼蠟，豈復能傳後，以與今歐美日
本競勝哉？」此種說法又有「繪畫風格」之意涵。

（三）繪畫門類

康有爲在〈宋畫條目——陳公儲畫龍〉有言：

> 油畫。公儲固以龍名，而此爲油畫，尤足資考證。以上皆油畫，國

〔註14〕 康有爲著、蔣貴麟編：《萬木草堂所藏中國畫目》，《萬木草堂遺稿外編》（上），
頁203。

〔註15〕 康有爲：〈萬木草堂所藏中國畫目〉，蔣貴麟編：《萬木草堂遺稿外編》（上），頁
214。引文中提及的「四王」，指清朝四位王姓山水畫代表畫家，他們分別是王
時敏（1592～1680年）、王鑑（1598～1677年）、王翬（1632～1717年）和王
原祁（1642～1715年），皆爲蘇州府（今江蘇省蘇州市）人。「四王」在繪畫
風格和藝術思想上，直接或間接受董其昌影響，技法功力深厚，畫風崇尚摹
古。二石指石濤、石溪。石溪（1612～1692年），本姓劉，字介丘，明末遺民，
石溪爲其號，入清爲僧後號髡殘，湖廣武陵（今湖北省常德）人，擅畫山水，
師法王蒙，用乾筆皴擦，淡墨渲染，間以淡赭，整體蒼渾茂密，意境幽深。石
濤（1642～1707）名元濟，字石濤，號苦瓜和尚、大滌子，又自號瞎尊者。明
太祖朱元璋的從孫之後。石濤四歲遭家難，爲人攜帶至武昌，剃髮爲僧。石溪
與石濤合稱「二石」，又與朱耷，弘仁，合稱「清初四畫僧」。精山水，特點是
章法穩妥，繁複嚴密，景色不以新奇取勝，作品以真實山水爲底本。

人所少見。沈子封布政，久于京師，閱藏家至多，而嘆賞驚奇，詫爲未見。此關中外畫學源流，宜永珍藏之。〔註16〕

此處所探討之「畫學」，內容在討論油畫（學科）之源流，康有爲謂陳公儲（？～？）〔註17〕的此幅畫龍油畫，關乎油畫之起源，「畫學」於此處，當指繪畫中的一個門類。另外，康有爲還提出「中國畫學，至國朝而衰弊極矣。豈止衰弊，至今郡邑無聞畫人者。」〔註18〕的說法。此處所指「畫學」，亦指繪畫中的一個門類。

（四）繪畫作品、繪畫技藝、工藝

在〈物質救國論〉一文中，康有爲還曾提及：「畫學、雕刻二者，皆以意大利爲最精美，蓋二事者源於希臘，而盛於羅馬」〔註19〕此處所云當爲繪畫、雕刻作品以意大利最爲精美，指繪畫作品。「繪畫之學，爲各學之本，中國人視爲無用。豈知一切工商之品，文明之具，皆賴畫以發明之。夫工商之品，實利之用資也；文明之具，虛聲之所動也。若畫不精，則工品拙劣，難於銷流，而理財無從治矣。」〔註20〕這裡的「繪畫之學」則泛指繪畫的所有技巧與工藝。

由以上論述，我們可以歸結出康有爲「畫學」之內涵至少包含畫史、繪畫風格、繪畫風氣、繪畫門類、繪畫作品、工藝、繪畫技藝等相關的繪畫學問。但繪畫理論卻未涵蓋在其「畫學」定義之內，此乃因康有爲有時以「畫」代替「畫學」一詞，《萬木草堂藏畫目》序言中，他認爲「中國近世之畫衰敗極矣，蓋由畫論之謬也」。此處之「畫」內涵包括繪畫作品、繪畫技藝等等，和〈物質救國論〉中所提及：「畫學、雕刻二者，皆以意大利爲最精美，蓋二事者源於希臘，而盛於羅馬」，二者所云之「畫」、「畫學」幾乎是可以置換了。因此，可以說，康有爲所謂「畫學」之內涵實包括畫史、繪畫風格、繪畫風氣、繪畫門類、繪畫作品、工藝、繪畫技藝等內涵。但他所謂「畫學衰

〔註16〕康有爲：《萬木草堂所藏中國畫目》，康有爲著，蔣貴麟編：《萬木草堂遺稿外編》（上），頁196。

〔註17〕陳容，字公儲，號所翁，福建長樂人，南宋端平二年（1235年）進士，曾做過福建莆田太守。南宋著名畫家，生卒年不詳。

〔註18〕康有爲：《萬木草堂所藏中國畫目》，《萬木草堂遺稿外編》（上），頁214。

〔註19〕康有爲：〈物質救國論〉，康有爲著，蔣貴麟主編：《康南海先生遺著彙刊》（十五）（臺北：宏業書局，1976年），頁86。

〔註20〕康有爲：〈物質救國論〉，康有爲著，蔣貴麟主編：《康南海先生遺著彙刊》（十五），頁86。

落」則集中在繪畫風氣、繪畫風格（技藝）、畫論三個面向。

第二節　康有爲「中國畫學衰落論」概說

　　康有爲《萬木草堂藏畫目》中，引起廣泛討論的議題便是「中國近世之畫衰敗極矣」、「中國畫學至國朝而衰敗極矣」的論點。「衰落」一詞在民國初年出版的各類書籍報刊頻繁且大量地出現。這類悲觀的用語，起因於鴉片戰爭後，中國在國內外知識分子眼中成爲「東亞病夫」的形象：

　　　　鄧小平在 1987 年時論及如何以中國歷史教育青年的談話中，就言及
　　　　「中國從鴉片戰爭起淪爲半殖民地半封建社會，中國人成了世界著
　　　　名的『東亞病夫』。」〔註21〕

　　這段引文說明了鴉片戰爭之後，中國人在國際間成爲「東亞病夫」的衰敝形象。而就整體而言，中國在民生、國力、經濟、文化……各方面都呈現出衰落的現象。中外學者對於「中國畫學衰落」的說法甚囂塵上。

一、中外語境下的「中國畫學衰落論」

　　鴉片戰爭之後「東亞病夫」的衰敝形象既已形成，在文化層面，中國繪畫同樣面臨「衰落」的反省，於是，藝術界文人紛紛提出自己對中國畫的看法。康有爲在《萬木草堂藏畫目》中，首先疾呼的是「中國近世之畫衰敗極矣！」而在康有爲之前更早提出「中國畫衰落」之嘆的則是嶺南畫派的創始人之一陳樹人（1884～1948），不過，惠藍指出，陳樹人的一番感嘆很難算做眞正的論，他說：

　　　　但這陳樹人的一番感慨也很難算作是眞正的「論」。康有爲《萬木草
　　　　堂藏畫目》中那些短序整合起來卻可稱是第一篇完整的《中國畫衰
　　　　落論》……。〔註22〕

　　因此，康有爲一般而言是被認定爲最早提出「中國畫衰落」論的。承續此論的尚有呂澂（1896～1989），他說：

　　　　我國今日文藝之待改革，有似當年之意，而美術之衰弊，則更有甚

〔註21〕　楊瑞松：〈想像民族恥辱：近代中國思想文化史上的「東亞病夫」〉，《國立政
　　　　　治大學歷史學報》第 23 期（2005 年 5 月），頁 5。
〔註22〕　惠藍：《中國畫現代轉型兩大途徑的形成──20 世紀上半葉中國畫論爭研究》
　　　　　（杭州：中國美術學院中國現代美術史博士學位論文，2004 年 7 月），頁 29。

爲者。姑就繪畫一端言之：自昔習畫者，非文士即畫工，雅俗過當，恒人莫由知所謂美焉。……嗚呼！我國美術之弊，蓋莫甚於今日，誠不可不亟加革命也。〔註23〕

1915 年到 1919 年間，陳獨秀（1879～1942）、胡適（1891～1962）等人在《新青年》發表多篇有關社會革命、文學革命、詩界革命、小說革命等文章。各界知識菁英紛紛掀起向西方學習的主張。陳獨秀載於《新青年》的〈美術革命〉一文，批判文人畫亦是斬釘截鐵的：

自從學士派鄙薄院畫，專重寫意，不尚肖物。這種風氣，一倡於元末的倪黃，再倡於明代的文、沈，到了清朝的三王，更是變本加屬。人家說王石谷的畫是中國畫的集大成，我說王石谷的畫是倪、黃、文、沈一派中國惡畫的總結束。〔註24〕

康有爲、呂澂、陳獨秀見解頗爲一致，他們均認爲王派（文人畫），是中國畫衰落的代表。除了中國文人學者，邁克爾・蘇立文（Michael Sullivan，1916～）曾說：

1924 年戴岳（他曾將布謝爾〔Bushell〕的《中國藝術》〔Chinese Art〕翻譯成中文）提出中國繪畫的三種侷限性：缺乏對特定物體的精確描畫，僅僅表現概括的類型化的形；題材傾向於想像的，因而無法描繪當今世界的眞實的外觀；技巧是「非理性的和不科學的，沒有透視或立體造型。」〔註25〕

戴岳引布謝爾〔Bushell〕的論點，具體點出中國繪畫在造型、題材、技巧上的侷限性，極有見地。而豐了愷（1898～1975）曾對他的學生說：「如果我發現你們有誰畫凝視瀑布的文人，我就把誰趕出去。因爲你們沒有見過。不要畫你們不知道的東西。」〔註26〕更形象地點出中國文人學子沉溺於畫著不須思考的老舊題材。

〔註23〕呂澂：〈美術革命〉，原刊於《新青年》雜誌（第 6 卷第 1 號，1918 年 1 月 15 日）。引自吳曉明編著：《民國畫論精選》（杭州：西泠印社出版社，2013 年 1 月），頁 15～16。

〔註24〕陳獨秀：〈美術革命〉，原刊於《新青年》雜誌（第 6 卷第 1 號，1918 年 1 月 15 日）。引自吳曉明編著：《民國畫論精選》，頁 18。

〔註25〕轉引自邁克爾・蘇立文著，陳衛河、錢崗南譯：《20 世紀中國藝術與藝術家》（上）（上海：上海人民出版社，2013 年），頁 60～61。

〔註26〕轉引自邁克爾・蘇立文著，陳衛河、錢崗南譯：《20 世紀中國藝術與藝術家》（上），頁 62。

　　實際上，根據惠藍的研究，在十九世紀末，歐美藝術界學者對於中國畫也有同樣的看法：

> 英國美術史家波西爾（Stephen Wootton Bushell，1844～1908）在〈中國美術〉中明白表達了這一觀點，他對中國美術史的研究重器物而輕繪畫。全書十二篇，「畫」忝居末篇，其中有言：「有明末葉，美術寢衰；降至滿清，已成一股衰頹之勢，無例外之可言，且迄今亦無復興之象。」〔註27〕

　　美術史家波西爾同樣認定中國美術從明末到清代呈現一股衰頹之勢。美國學者芬諾洛薩（Ernest Francesco. Fenollosa，1853～1908）的著作《東洋美術史綱》一書中有七章是關於中國的內容，然而卻沒有元明繪畫的單獨章節，他認爲「元明時代是長期模仿和頹廢的時代。」〔註28〕此外，邁克爾・蘇立文認爲，傳統中國藝術是藝術家情感和個性的一種表現，爲數不多的幾個傳統主題中，藝術家通過情感差別和筆墨的個性化處理，〔註29〕藝術作品成爲傳情達意的載體。他評論中國藝術時說：

> 正像在傳統中國畫中，……即使是最大膽的個性化的作品，也僅僅是在它們的技巧方面出新，而決不會去表達陌生的以至顛覆性的觀念。和諧就是一切。從范寬（950？～1032？）和龔賢（1618～1689）的紀念碑風格的山水畫，到石濤（1642～1707）和八大山人（朱耷）（1625～約1705）才華橫溢的個性化作品，宋、元、明及清初大師作品的神韻，在幾個世紀中迴蕩，激勵和支撐著後代藝術家的創造並確保傳統的純潔。19世紀期間，傳統的控制變得令人窒息。藝術家們幾乎毫無例外地以古人的風格或彼此相同的風格作畫，而以這種傳統語言作畫似乎已到了江郎才盡的地步。〔註30〕

〔註27〕 惠藍：《中國畫現代轉型兩大途徑的形成——20世紀上半葉中國畫論爭研究》，頁26。其中英國美術史家波西爾的言論引自陳輔國主編：《諸家中國美術史著選匯》（長春：吉林美術出版社，1992年），頁367。

〔註28〕 劉曉路：〈芬諾洛薩熱愛的東方藝術——從〈美術眞說〉到〈東洋美術史綱〉〉，《世界美術中的中國與日本美術》（南寧：廣西美術出版社，2001年12月），頁169。

〔註29〕 中國文人畫家認爲，繪畫的美不止於形式、結構，而更在於描繪本身的線條、色彩，亦即所謂的筆墨本身。筆墨可以有不依存於表現對象的相對獨立之美。

〔註30〕 〔英〕邁克爾・蘇立文著，陳衛和、錢崗南譯：《20世紀中國藝術與藝術家》（上）（上海：世紀出版集團，2013年5月），頁34。

　　邁克爾・蘇立文提出的范寬、龔賢、石濤、八大山人等，這些被認爲具有強烈個人特色的畫家，在蘇立文看來，屬於技巧方面的出新，而非顛覆性的觀念，他們仍舊以和諧爲主。而所謂「觀念」當指關於藝術本質、功能、創作方法等藝術本體方面的問題。依照邁克爾・蘇立文的觀點看來，「四僧」畫作創新的層面是局限於構圖，與筆墨形式，缺乏顛覆性的突破。

　　明清以來，文人畫、禪畫可以說在一片撻伐聲中，背負著「惡畫」的罪名，然而，也有一批文人畫家站在維護傳統的立場，爲文人畫提出辯駁，這部分留待後文再論，我們先探討康有爲「中國畫學衰落論」對文人畫、禪畫的整體批判。

二、對文人畫的整體批判

　　文人畫是一個很籠統的名詞，它是「結合古代哲學、文學、詩詞、書法、宗教等各種文化型態後所滋育的一種特殊藝術」〔註31〕陳師曾（1876～1923）在〈文人畫之價值〉一文中提出了文人畫的定義：「畫中帶有文人之性質，含有文人之趣味，不在畫中考究藝術上之功夫，必須於畫外看出許多文人之感想。」〔註32〕文人畫代表中國繪畫的本質。康有爲的「中國畫學衰落論」除了在〈國朝畫〉篇首評論中，批評「中國畫學，至國朝而衰弊極矣。豈止衰弊，至今郡邑無聞畫人者」，認爲清代畫家寥寥可數外，實際上就是對中國文人畫（禪畫與文人畫很接近，因此以文人畫統稱之）的整體批判，他說：

> 中國自宋前，畫皆象形，雖貴氣韻生動，而未嘗不極尚逼眞。院畫稱界畫，實爲必然，無可議者，今歐人尤尚之。自東坡謬發高論，以禪品畫，謂作畫似，見與兒童鄰，則畫馬必須在牝牡驪黃之外，於是，元四家大癡雲林叔明仲圭出，以其高士逸筆大發寫意之論，而攻院體，尤攻界畫，遠祖荊關董巨，近取營邱華原，盡掃漢晉六朝唐宋之畫，而以寫胸中丘壑爲尚，於是，明清從之，爾來論畫之書，皆爲寫意之說，擯呵寫形，界畫，斥爲匠體，群盲同室，呶呶論日。後生攤書論畫，皆爲所蔽，奉爲金科玉律，不敢稍背繩墨，不則若犯大不韙，見屏識者。高天厚地，自作畫囚，後生既不能人人爲高士，豈能自出丘壑，只有塗墨妄偷古人粉本，謬寫枯澹之山

〔註31〕彭修銀：《墨戲與逍遙》（臺北：文津出版社，1995年），頁2。
〔註32〕陳師曾：〈文人畫之價值〉，引自吳曉明編著：《民國畫論精選》，頁34。

水及不類之人物花鳥而已。〔註33〕

此段引言，我們可以再歸納出康有爲對文人畫、禪畫的批評涵蓋以下數點：

1、**畫論之謬**：蘇東坡——以禪品畫，謂作畫似，見與兒童鄰，則畫馬必須在牝牡驪黃之外。

2、**創作風格與創作主體矛盾之謬**：創作風格之謬尚可分其一，創作方向之謬：元四家大癡、雲林、叔明、仲圭出，以其高士逸筆，大發寫意之論……以寫胸中丘壑爲尚。其次是創作主體之謬：後生既不能人人爲高士，豈能自出丘壑？只有塗墨妄偷古人粉本，謬寫枯澹之山水及不類之人物花鳥而已。

康有爲對於文人畫批判，在於畫論之謬與創作風格之謬。關於畫論之謬，我們先探討文人畫的起源及其理論。

（一）畫論之謬

董其昌是第一位提出「文人畫」一詞的人，他說：

> 文人之畫自王右丞始。其後董源、僧巨然、李成、范寬爲嫡子。李龍眠、王晉卿、米南宮及虎兒，皆從董、巨得來。直至元四大家黃子久、王叔明、倪元鎮、吳仲圭，皆其正傳。吾朝文、沈則又遙接衣缽。若馬、夏及李唐、劉松年，又是李大將軍支派，非吾曹易學也。〔註34〕

董其昌說明了文人畫自王維開始接著爲董源、巨然……米芾父子、元四家……。康有爲則說：「自王維作雪裡芭蕉始，後人誤尊之。蘇米撥棄形似，倡爲士氣。」這些文人畫家所發之論卻導致中國畫衰弊，原因在於蘇軾、米芾父子屛棄形似。蘇軾〈跋漢杰畫山〉，其文曰：

> 觀士人畫，如閱天下馬，取其意氣所到。乃若畫工，往往只取鞭策皮毛槽櫪芻秣，無一點俊發，看數尺許便倦。漢杰眞士人畫也。（〈跋漢杰畫山〉二則之二）〔註35〕

〔註33〕康有爲：《萬木草堂藏畫目·元畫》，康有爲著，蔣貴麟編：《萬木草堂遺稿外編》（上），頁107。

〔註34〕〔明〕董其昌著，屠友祥校注：《畫禪室隨筆校注》（上海：上海遠東出版社，2011年8月），頁128。

〔註35〕〔宋〕蘇軾：《蘇軾全集》（上海：上海古籍出版社，2000年），頁886。

蘇軾所強調的「意氣」，及創作主體所欲表達的「意境」與「氣韻」，所謂「士人畫」的概念即在表達主體的氣韻。此外，蘇軾在〈跋蒲傳正燕公山水〉曰：「燕公之筆，渾然天成，粲然日新，已離畫工之度數而得詩人之清麗也。」〔註36〕蘇軾認為，士人與畫工之區別在於士人畫在風格與意境上能表現「詩人之清麗」的藝術特徵。又在〈王維吳道子畫〉評論：

> 道子實雄放，浩如海波翻。當其下手風雨快，筆所未到氣已吞。……摩詰本詩老，佩芷襲芳蓀。今觀此壁畫，亦若其詩清且敦。……吳生雖妙絕，猶以畫工論。摩詰得之於象外，有如仙翮謝籠樊。吾觀二子皆神俊，又於維也斂衽無間言。(《鳳翔八觀》之〈王維吳道子畫〉) 〔註37〕

在蘇軾看來，唐代的畫聖吳道子以細線勾畫雖精細，畢竟還是個工匠，而王維卻可以讓東坡「斂衽無間言」，其原因就在於王維「得之於象外，有如仙翮謝籠樊」，跳脫形象的藩籬，能得清且敦的意境。蘇軾首先提出的是「士人畫」的概念，到了元代並無「文人畫」之說，元代畫家倪雲林（1301～1374）說：「僕之所謂畫者，不過逸筆草草，不求形似，聊以自娛耳。」〔註38〕他反映了一種玩世不恭，隨興自娛的態度。接著，董其昌提出「南北宗論」的畫學理論使文人畫與南宗畫成為主流：

> 禪家有南北二宗，唐時始分。畫之南北二宗，亦唐時分也，但其人非南北耳。北宗則李思訓父子著色山水，流傳而為宋之趙幹、趙伯駒、伯驌以至馬、夏輩。南宗則王摩詰始用渲淡，一變鉤斫之法，其傳為張璪、荊、關、郭忠恕、董、巨、米家父子以至元之四大家。〔註39〕

所謂文人畫與南宗畫的同質性很高，兩者都是以王維為宗主，董源為實際領袖，米芾父子和元四家為核心。他們創作動機都是表達主體為了自娛，或抒情寫志為主；審美旨趣在任真平淡，蕭散簡遠。文人畫與寫實漸行漸遠，幾乎要脫離形象的層面了。這也就是康有為所謂的畫論之謬。

〔註36〕〔宋〕蘇軾著，屠友祥校注：《東坡題跋》（上海：上海遠東出版社，2011年），頁256。

〔註37〕〔宋〕蘇軾著，〔清〕王文誥輯註：〈書鄢陵王主簿所畫折枝二首〉，《蘇軾詩集》（臺北：莊嚴出版社，1980年），卷29，頁108。

〔註38〕〔元〕倪瓚：《清閟閣全集・卷十・答張藻仲書》，引自《四庫全書薈要・集部（第61冊）》，頁408。

〔註39〕〔明〕董其昌著，屠友祥校注：《畫禪室隨筆校注》，頁133。

（二）創作風格與生活矛盾之謬

文人畫的發展經過歷史的長河，其本質與內涵不斷地轉變，到了明末清初，文人畫實際上與當時的社會與時代美學產生了扞格。人口的劇烈增長與都市化，是明代社會轉型的基本特點。在這種背景之下，社會流動特別快速。明代的社會流動，吳仁安將之歸納爲二項，「其一，士商滲透，官商融合，商人地位不斷提高。……其二，『棄本逐末』，棄儒皆本，『工商皆本』思想影響甚廣」〔註 40〕明代中葉以後，由於江南地區商品經濟發達（江南地區爲明清經濟文化重鎮），商人獲利最厚，於是逐漸產生「士商滲透」和「官商融合」的社會現象，這種結果導致商人社會地位不斷提高。政治上，明代中、後期商賈本人或子弟可以入士爲官。例如浙江杭州人張翰，嘉靖十四年進士，官至吏部尚書，而他的祖先曾是「酤酒爲業」的小商人。汪道昆乃嘉靖初年進士，晚明重臣，他與當時文壇巨擘王世貞先後掌兵部，亦出身於商人家庭。《太函集》記載：「由吾曾大父而上歷十有五世，率務孝弟力田，吾大父、先伯大父始用賈起家，至時弟始累鉅萬。諸弟子業儒術者則自吾始。」〔註 41〕

晚明商人社會地位在當時的文學作品中皆有反映。例如，《醒世恆言》卷十七〈張孝基陳留認舅〉的引言中描述了這種社會習俗的變化：有位官拜尚書，家財萬貫的大官僚，生了五個兒子，只教長子讀書，其餘四個兒子農工商賈各執一藝，旁人皆認爲此舉不智，勸他讓五個兒子皆走科舉的道路，而老尚書卻說：「世人盡道讀書好，只恐讀書讀不了！……農工商賈雖然賤，各務營生不辭倦……自古成人不自在，若貪安享豈成家！……一脈書香付長房，諸兒恰好四民良。」〔註 42〕這位封建官僚已將工商業者列爲與士人平等的地位。

明清以來經濟社會的改變導致了社會風尙的巨變，文人畫以表達主體情趣的審美基調失去了生活作爲基礎，到了清代，多以臨仿爲主，鄭昶（1894～1952）論「畫體」時說：

清代繪畫，造詣雖各不同，但皆善仿某人意，或某人筆以自重。畫

〔註40〕 吳仁安：〈明代江南社會風尙初探〉，《社會科學家》，1897 年第 2 期，頁 40、41。

〔註41〕 〔明〕汪道昆：《太函集·壽十弟及耆序》，《續修四庫全書·集部》卷 17，1347 冊（上海：上海古籍書版社，2002 年），頁 9。

〔註42〕 〔明〕馮夢龍：《醒世恆言》第十七卷（臺北：光復書局企業股份有限公司，1998 年 6 月），頁 273。

> 法如是，故論畫體，殊少變態，如論山水，其最高者，多抄襲宋、
> 元諸家之故體；尤於元季四家，爲清代山水畫家所宗法。即以麓臺
> 論，其生平作品，據其題畫稿所載，非仿大癡則仿叔明或雲林，其
> 能另闢一體者，蓋未之見。〔註43〕

　　明清時期文人畫由於畫論、社會經濟轉變等種種因素，走向了臨仿的末
流，這也是康有爲疾呼中國畫衰落，必須變革的因素。

三、民初對「中國畫學衰落」論的辯駁

　　民初，在中國文人畫受到普遍質疑的時候，仍有些學者與畫家持相反的
意見，肯定中國畫的進步和文人畫的價值。陳師曾（1876～1923）是中國現
代美術史上傑出的畫家以及美術史論家，曾被聘爲北京大學畫法研究會導師
以及北平美術專門學校中國畫教授。他翻譯了日本學者大村西崖的《文人畫
之復興》一書。於 1921 年《繪學雜誌》上發表〈文人畫的價值〉一文，並曾
創作《北京風俗圖冊》等以現實人物爲題材的作品。爲民國初年在北京最具
影響力的畫家及學者之一。陳師曾結合自然進化的觀念，說明文人畫由繁趨
簡，符合進步的原則，他說：

> 西洋畫可謂形似極矣。自十九世紀以來，以科學之理，研究光與色，
> 其於物象體驗入微。而近來之後印象派，乃反其道而行之，不重客
> 體，專任主觀。立體派、未來派、表現派，聯翩演出，其思想之轉
> 變亦足見形似之不足盡藝術之長，而不能不別有所求矣。〔註44〕

　　他說到進步的原則是由簡單進入繁雜，由混合進於區分，西洋畫的進程
是由極似轉而爲不似的。針對抨擊文人畫形體不準確，逸筆草草，以醜怪爲
能，以荒率爲美的論調，陳師曾認爲不求「形似」正是文人畫進步之處。他
將文人畫與西方正在流行的西方現代主義、野獸派、立體主義、表現主義、
抽象主義……都開始反對傳統的寫實主義，力求擺脫「形似」的束縛。如此
看來，相較於美術革命論者、改良論者，傳統畫派的陳師曾卻是立足於世界
最新繪畫發展的角度來肯定文人畫的。認爲繪畫由形似轉變爲寫意，是符合
進步原則，他並且強調「文人畫首重精神，不貴形式」〔註45〕，點出文人畫
的本質！

〔註43〕鄭午昌：《中國畫學全史》（長春：吉林出版集團，2016 年 10 月），頁 338。
〔註44〕陳師曾：〈文人畫之價值〉，吳曉明編著：《民國畫論精選》，頁 38。
〔註45〕陳師曾：〈文人畫之價值〉，吳曉明編著：《民國畫論精選》，頁 35。

圖三十
陳師曾〈綠蕉黃菊圖〉〔註46〕

圖三十一
陳師曾〈秋山飛瀑圖〉〔註47〕

（1921年，台南私人收藏）

（台南私人收藏）

〔註46〕陳師曾〈綠蕉黃菊圖〉，引自李鑄晉、萬青力：《中國現代繪畫史・民初之部
1912至1949》（臺北：石頭出版股份有限公司，2001年10月），頁73。
〔註47〕陳師曾〈秋山飛瀑圖〉，引自李鑄晉、萬青力：《中國現代繪畫史・民初之部
1912至1949》，頁73。

　　金城（1878～1926）對傳統國畫涉獵深廣，他極力提倡學習古人，以臨古畫爲打基礎的功底。在 1920 年中國畫學研究會成立之初，提出「提倡風雅，保存國粹；精研古法，博采（取）新知」爲畫會宗旨。〔註 48〕站在維護傳統的立場，肯定傳統中國畫的價值，主張從中國畫內部尋找更新的資源，他對於取法西畫元素並不排斥，但是主張在師法傳統的基礎上靈活運用。

圖三十二　　　　　　　　　　　　　　圖三十三
金城〈草原夕陽圖〉〔註 49〕　　　　金城〈仿楊昇山水〉〔註 50〕

（1926 年，台南私人收藏）　　　　　（1923 年，舊金山曹仲英藏）

〔註 48〕　周牧：〈留歐畫家金城的畫論、實踐及啟示〉，《東南大學學報》（第 15 卷第 2
　　　　　期，2013 年 3 月），頁 96。
〔註 49〕　金城〈草原夕陽圖〉，引自李鑄晉、萬青力：《中國現代繪畫史・民初之部 1912
　　　　　至 1949》（臺北：石頭出版股份有限公司，2001 年 10 月），頁 72。
〔註 50〕　金城〈仿楊昇山水〉，引自李鑄晉、萬青力：《中國現代繪畫史・民初之部 1912
　　　　　至 1949》，頁 69。

關於 19 世紀中國藝術史，萬青力不認同康有爲「中國近世之畫衰敗極矣」的論調，認爲這是「一個時代的誤會」。萬青力認爲：

> 一九一七年，康有爲發出「中國近世之畫衰敗極矣」的偏激論調。次年，康有爲弟子徐悲鴻發表文章推波助瀾:「中國畫學之頹敗，至今日已極矣！」與此同時，陳獨秀更激烈的號召「打倒」「畫學正宗」和「革王畫的命」。這一思潮對中國繪畫史表現出：一是全面否定文人畫傳統，二是認爲以「四王」爲代表的「正宗」是近世畫學「衰敗」的禍源，三是主張輸入西方「寫實主義」繪畫（此時在西方正在解體）來「改良中國畫」。這一思潮幾乎在二十世紀形成壓倒之勢，影響了對近世繪畫的基本評價和中國繪畫的發展方向，……筆者認爲，這一思潮有其產生的歷史原因，反映了幾代人在西方現代文明的壓力下極於求變的心理，但卻是一種盲目的判斷，偏激的主張，急功近利的歷史選擇，一個時代的誤會。〔註51〕

萬青力從文人畫的轉向與變質，說明到了董其昌之後，進入玩弄筆墨的時代，十八世紀則是文人畫玩弄筆墨時代的延續，而中國繪畫的本質恰恰體現在筆墨之中。其次則論證十八世紀中國畫壇在「正宗」之外高手如雲。駁斥康有爲等人「中國畫學衰落」的說法。

美國學者高居翰（James Cahill）雖對董其昌之後的追隨者有著「千篇一律」的觀感，但卻也有些正面的評價，他以西方學者讓‧皮埃爾‧杜博斯（Jean Pierre Dubosc）對王原祁的比擬，說明其價值：

> 讓‧皮埃爾‧杜博斯（Jean Pierre Dubosc）是第一位真正了解「正統」畫派的許多特質的西方學者，他曾把王原祁比作塞尚。這種比較不但有啓發性，而且很合理。……抽象問題才是他真正致力的，而非繪形性問題，……。〔註52〕

「畫學衰落」之說引起了中國近代美術史上空前激烈的大爭鳴，形成了革新派與國粹派（或稱傳統派）兩大美術陣營。爭論的焦點主要集中在是否要汲取西洋畫的方法以及如何汲取的問題上。〔註53〕

〔註51〕 萬青力：《並非衰落的百年——十九世紀中國繪畫史》（臺北：雄獅圖書股份有限公司，2005 年 1 月），頁 11～12。
〔註52〕 〔美〕高居翰（James Cahill）：《圖說中國繪畫史》，頁 195。
〔註53〕 阮榮春、胡光華：《中國近代美術史（1911～1949）》（臺北：臺灣商務印書館，1997 年 9 月），頁 38。

第三節　「中國畫學衰落論」評析

　　針對康有爲「中國畫學衰落論」，我們要探討的是，其一，晚清至民初繪畫風氣是否眞如康有爲所說：「中國畫學，至國朝而衰弊極矣。豈止衰弊，至今郡邑無聞畫人者」的論點進行分析。其二，清代文人畫的衰落現象探析。這部分康有爲著重清代文人畫造型不夠準確，缺乏寫實技巧進行批判。筆者則從外部因素以及內部問題兩方面探究清代文人畫衰落的因素。

一、晚清至民初之繪畫風氣

　　1860 年是中國近代文化史上一個重要的分界點，英法聯軍再次擊敗中國，佔領京城，火燒皇家園林圓明園，強烈刺激滿清王朝。中國在歷經兩次鴉片戰爭的失敗之後，知識落後的事實才被有識者所正視、體認。余英時說：「五四人物所揭發的中國病象不但都是事實，而且還不夠鞭辟入裏。中國文化的病是從內在超越的過程中長期積累而成的。」〔註 54〕於是，從洋務運動開始，向西方學習的呼聲勃然興起。經世派的「師夷長技以制夷」、洋務派的「中體西用」、維新派的「變法圖強」，皆是以學習西方促使中國走向富強的方針。在中國繪畫領域，康有爲「畫學」之——繪畫這一學門，被認爲是極爲沒落而衰敗的。實際上，中國畫學至清代趨於衰敗是普遍被認同的，而衰敗的程度，康有爲說「至今郡邑無聞畫人者」，意即幾乎沒有知名之畫家或以作畫爲職業之人了。然此種說法恐與事實不符。關於清代畫壇盛衰之情況，鄭昶曾提及清季畫家不乏其人（約四千三百餘人）；俞劍方則說：

> 清朝世祖聖祖以及高宗，均雅好繪畫，即仁宗（嘉慶）宣宗（道光）
> 文宗（咸豐），雖丁內憂外患交迫之際，而萬機之暇，亦時以讀畫爲
> 消遣之具。上行下效，風聲所樹，舉國從風，故一時社會習尚，
> 均以能畫附庸風雅，故清代畫家之見於記載者，竟至五六千人之
> 多。〔註55〕

　　由鄭昶及俞劍方之紀錄可知，清代由於帝王的提倡，精於繪畫者應是數以千計，擁有這麼龐大的繪畫群體，清代畫壇應該是極爲興盛的。此外，魏

〔註54〕余英時：《從價值系統看中國文化的現代意義》（臺北：時報文化，1990 年 11
　　　　月），頁 45。
〔註55〕俞劍方：《中國繪畫史》（臺北：商務印書館，1973 年 3 月），頁 157。

國強也提及晚清文人參加書畫會的盛況：

> 在晚清，雖然傳統的審美標準已受到思想界的冷落。但還是有一大
> 批的文人畫家們固守著傳統的文化理想，他們依然對古風獨具的書
> 畫雅集情有獨鍾，他們以嗜好書畫而自恃清高。文士們定期相聚，
> 在雅集中交流書畫、品茶論藝，這種遠離喧囂塵世的狀態逐漸成爲
> 時尚文人崇尚之雅事。〔註56〕

此外，魏國強也提及晚清書畫會爲數甚夥的現象：

> 1851年，萍花書畫會成立於上海西城關廟……1895年，由吳大澂與
> 顧鶴逸發起，吳大澂任會長的怡園畫集在蘇州顧鶴逸的寓舍——怡
> 園成立。……在清代光緒宣統年間，任伯年的入室弟子俞達夫設於
> 上海九江路福建路口的「文明雅集茶樓」……文明雅集茶樓一時成爲
> 上海書畫名家、鑒藏家聚集、品茗談藝的文明書畫雅集之地。……
> 余紹宋是浙江龍游縣人……他選擇了位於宣武門以南西磚胡同的寓
> 所作爲雅集的活動場所，宣南畫社之名也由此而來。〔註57〕

這些畫會也通過展覽互相觀摩交流，文人喜愛繪事當未減於歷來任一朝
代。因此，康有爲所謂「至今郡邑無聞畫人者」應屬於其個人之見。只是，
繪畫風格與內容仍沿襲傳統，是康有爲所認爲的「國朝畫學衰弊」的主要問
題所在。

黃專、嚴善錞曰：「如果說宗炳的〈畫山水序〉是文人畫運動的序曲，那
麼，康有爲的〈萬木草堂藏畫目·序〉在某種意義上就可以看成是它的輓
歌。」〔註58〕康有爲認爲「國朝畫學衰弊」始於元四家，而衰落的原因在於
清末民初仍過於推崇「四王」、「二石」的文人畫及禪畫，康有爲道出「國朝
畫」的弊病就在於一味仿古：

> 蓋中國畫學之衰，至今爲極矣，則不能不追源作俑以歸罪於元四家
> 也。夫元四家皆高士，其畫超逸澹遠，與禪之大鑒同。〔註59〕

〔註56〕 魏國強：《中國近代社會思潮下的美術思想演變研究（1840～1949）》（吉林：
東北師範大學中國近現代史博士學位論文，2017年6月），頁16。

〔註57〕 魏國強：《中國近代社會思潮下的美術思想演變研究（1840～1949）》，頁16～
17。

〔註58〕 黃專、嚴善錞：《文人畫的趣味、圖式與價值》（上海：上海書畫出版社，1993
年12月），頁3。

〔註59〕 康有爲：《萬木草堂所藏中國畫目》，蔣貴麟編：《萬木草堂遺稿外編》（上），
頁203。

中國畫學，至國朝而衰弊極矣。豈止衰弊，至今郡邑無聞畫人者，
其遺餘二三名宿，摹寫四王二石之糟粕、枯筆數筆，味同嚼蠟，豈
復能傳後，以與今歐美日本競勝哉？〔註60〕

而鄭昶（1894～1952）則頗爲詳細地說明了道光、咸同間模古倣舊，也
就是沿襲文人畫、禪畫之餘風的情況：

道光咸豐間，畫家如戴熙改琦費丹旭等，其作品亦能卓然成家，然
已非若前時之顯著。蓋其間之高人逸士多草草之作，只可自娛；其
有以取潤爲生者，所作往往帶市井氣。同光之際畫家之聚於姑蘇或
上海者，尚不乏人，惟享高名者，多率作以博潤，精品更不可多
見。故集清季諸畫家數之，何啻千百，若欲擇一繼往開來者，實不
可得，惟模古倣舊之風，則大熾。〔註61〕

由上段引文可以推論清代能畫者眾，問題在於模古倣舊，陳陳相因，鄭
昶曾說「綜觀清人畫蹟，仿古之多，幾占十之七八」，〔註62〕具體說明了清代
繪畫的問題在於倣古而無創新。

高居翰歸納清代初、中期之際中國畫特質的根本變革有六項，其中第六
項提及：「康熙王朝之後，繪畫作爲一個整體明顯走了下坡路。」〔註63〕高居
翰隨即通過社會史和經濟史的變革導致晚期繪畫的兩個深刻變化「即興、快
速成畫畫風的方興未艾和對某些特定主題的重複創作」〔註64〕「即興、快速」
的繪畫風氣，即康有爲所謂「逸筆草草」；「對某些特定主題的重複創作」，近
於山水主題的重複與臨倣。

俞劍方（1895～1979）則歸結出清代整體畫壇之趨勢：

清初之畫風，直接明季，毫無變動，……其最足以代表清朝之畫派
而風行天下，且與清朝相終始者，實爲軟媚枯淡之吳派。此派以黃
公望爲遠祖，以董其昌爲近宗，以王時敏、王鑑爲諸父，而王原
祁、王翬、吳歷、惲格以及婁東、虞山兩派無量畫家，俱不出此範

〔註60〕康有爲：《萬木草堂所藏中國畫目》，蔣貴麟編：《萬木草堂遺稿外編》（上），
頁214。
〔註61〕鄭昶：《中國畫全史》，頁438。
〔註62〕鄭昶：《中國畫全史》，頁438。
〔註63〕范景中、高昕丹編選：《風格與觀念：高居翰中國繪畫史文集》（杭州：中國
美術學院出版社，2011年10月），頁163。
〔註64〕范景中、高昕丹編選：《風格與觀念：高居翰中國繪畫史文集》，頁169。

圍，家家「一峰」，人人「大痴」，陳陳相因，毫無變化，而畫壇之
衰運，乃一蹶而不可挽矣。〔註65〕

由引言看來，我們得出，清代畫壇衰落之因，不在於畫事不興，而在於
因循守舊，不論是繪畫技巧、題材、布局……，均呈現程式化之趨勢。

二、清代文人畫的衰落現象探析

（一）清代文人畫衰落的外部因素

1、社會經濟結構的轉變

陳師曾在〈文人畫之價值〉一文中文末總結出文人畫的四大要素：「第一
人品，第二學問，第三才情，第四思想，具此四者，乃能完善。」〔註66〕某
種程度上我們可以說，文人畫反映畫家的修養，乃是一種先驗存在的理性認
知。對此，高木森如此說明文人畫：

> 文人畫在一個大範圍內是一種流派和樣式，但不是單一的風格，而
> 是一組龐大的風格叢。文人畫的範圍和美醜都是相對的，不是絕對
> 的。在北宋後期之前，只有士人畫，無典型的文人畫。較狹義的文
> 人畫應該是專指由北宋後期之蘇軾至元四大家的畫風，有時也可以
> 涵括明朝的吳派及其流衍樣式。文人畫基本上是出自文人之手，但
> 非全然如此，而文人之畫亦非盡是文人畫。文人畫亦非全爲遣興之
> 作。〔註67〕

文人畫所代表的應可說是一種中國早期士人的基本精神，這種基本精神
「就形式言，以樸素爲原則；就題材言，要取之於大自然；就創作態度言，
要發揮個性。」〔註68〕

文人畫發展到清初，以「四王」、「四僧」爲代表，〔註69〕「四王」摹

〔註65〕俞劍華著，周積寅導讀：《中國繪畫史》（上海：上海世紀出版集團，2016年
8月），頁298。
〔註66〕陳師曾：〈文人畫之價值〉，引自吳曉明編著：《民國畫論精選》，頁38。
〔註67〕高木森：《中國繪畫思想史》（臺北：東大圖書股份有限公司，1992年6月），
頁303。
〔註68〕高木森：《中國繪畫思想史》，頁303。
〔註69〕中國畫史上的「四僧」，是指明末清初四個出家爲僧的畫家朱耷（1626～
1705）、髡殘（1612～1692）、石濤（1630～1724）、弘仁（1610～1664）。朱
耷，江西南昌人，明靖江王朱贊儀的十世孫，本名朱統𨨨，號雪個、八大山
人，是明太祖朱元璋第十七子朱權的九世孫，明滅亡後剃髮爲僧，後改作道

古，而「四僧」，八大山人、髡殘、石濤和弘仁畫風其實各有特色，四人都擅長山水畫，各有風格，通常被當作清代初期獨具風格，展現創意的畫家群體。他們竭力發揮其創造性，反對摹古，取得創新成就。八大山人畫面構圖奇特，大面積的留白使其畫面更富禪意，他常作一鳥、一魚、一花表現自然界的荒寒蕭瑟，極簡的構圖表現強烈的個人色彩。髡殘之畫師法黃公望（1269～1354）、王蒙（1301？～1385），尤近於王蒙，其畫章法嚴密，筆法蒼勁淳雅，喜用禿筆渴墨，層層皴擦勾染。石濤之畫，奇肆超逸，筆簡意疏，畫面同樣有大面積的留白，具清遠簡約的意味，此外，他在許多作品中將詩書入畫，是其繪畫構圖上的一大特徵。弘仁山水構圖與筆墨更為簡約，其《山水圖冊》中的山石樹木大面積的留白，寧靜、單純而富有禪意。清代初年和尚畫家之多，在中國繪畫史上是極其罕見的。然而，不論是「四王」傳統的仿古，還是「四僧」富有筆墨形式創意的繪畫，都屬於古典傳統的繪畫模式，難以符合新時代社會的急遽變化，畫家、收藏家都產生了不同以往的心境與審美觀。

　　明代中期以來，商品經濟較前代繁榮，商業化的影響使得農村人口向城市流動，市民階層增加，對於書畫的需求也與日俱增，收藏家更於此時大量出現。由於商業的繁榮，商人的地位與形象也有些許的變化，儒生、官員轉為經商的例子亦所在多有。鴉片戰爭後，以上海為中心的「海派」畫家幾乎為規模最大的畫家集群，盧輔聖說：

> 與揚州八怪所依托的傳統商賈文化不同，構築上海藝術品消費機制的主體力量已經從亦儒亦商的新入世哲學承擔者，轉變為資本主義文化形態下的海派商人以及具有工商社會口味的海派市民。前者那種沾溉著古代「養士」文化的遺澤……，逐漸為以繪畫為社會職業地按勞取酬方式，亦即生產者與消費者兩大階層的並列關係所取代。〔註70〕

　　介於藝術市場機制的中間環節尚有職業捐客、友情代理人，以及專門店鋪和美術社團等。文人畫家公開潤格，販售詩文字畫，自吳門四家到其他文

士。髡殘，湖廣武陵（今湖南常德）人，本姓劉，出家為僧後名髡殘，字介丘，號石溪。石濤，廣西桂林人，本姓朱，名若極，法名原濟，又號苦瓜和尚。弘仁，安徽歙縣人，俗姓江，名韜，字六奇、漸江，號梅花古衲，明亡後於福建武夷山出家為僧。其中，石溪、石濤又合稱為二石。

〔註70〕盧輔聖：《中國文人畫史》（上海：上海世紀出版集團，2015年9月），頁509。

人畫家概莫能外。〔註71〕此種風氣對繪畫產生兩方面的影響，一是繪畫風格，繪畫既要做爲商品，則必須考慮市場需求，既要保有「雅」的傳統文人畫氣質，又要顧全「俗」的大眾化審美趣味。同時，這也導致了僞作的產生以及請他人代畫的現象。二是文人畫家群體的改變，明清文人畫家群體中，大多數仍爲隱逸之士，畫法上也繼承了董源（934～約962）、巨然（北宋？～？）及元人的筆墨情趣。但清初以來，以王原祁爲代表的大批文人畫家進入宮廷，部分文人畫家身分由仕人轉爲宮廷畫家；加以清初社會的巨變，使清代文人畫家創作的各種藝術形象洋溢著與前代文人畫家恬適自在心境極爲不同的抗爭精神，而經濟發達伴隨著文化需求與藝術品消費與日俱增，藝術創作逐漸趨向市場化，各種因素影響之下，晚清文人畫主體的人品觀念逐漸淡化，因此有學者曰：

> 也是因爲偏激的「發展」使得文人畫最後沒有走向欣欣向榮的境地，
> 而成就了晚清畫壇千人一面，萬馬齊暗的局面。〔註72〕

<table>
<tr><td>圖三十四
清石溪〈茂林秋樹〉卷〔註73〕</td><td>圖三十五　清朱耷寫生冊
〈枯木寒雀〉〔註74〕</td></tr>
<tr><td></td><td></td></tr>
<tr><td>（本幅 27.7×237.1cm，臺北故宮博物院藏）</td><td>（尺寸不詳，臺北故宮博物院藏）</td></tr>
</table>

〔註71〕吳門四家，是指四位著名的明代畫家：沈周（1427～1509）、文徵明（1470～1559）、唐寅（1470～1524）和仇英（1498～1552）。此一名稱，是相對於「元四家」而來。由於他們均爲南直隸蘇州府人，活躍於今蘇州（別稱「吳門」）地區，所以稱爲「吳門四家」。

〔註72〕賀娟：《董其昌的南北宗論語明清時期文人畫發展的關係》（長沙：湖南師範大學美術學碩士學位論文，2014年3月），頁63。

〔註73〕臺北故宮博物院・書畫典藏資料檢索系統：http://painting.npm.gov.tw.er.lib.ncku.edu.tw:2048/Painting_Page.aspx?dep=P&PaintingId=3760，2018/2/23。

〔註74〕http://painting.npm.gov.tw.er.lib.ncku.edu.tw:2048/Painting_Page.aspx?dep=P&PaintingId=29875，2018/2/26。

圖三十六
弘仁〈溪山無盡〉卷〔註75〕

圖三十七
石濤〈黃山圖〉〔註76〕

（高 28.5cm，京都住友氏藏）

（尺寸不詳，美國納爾遜美術館藏）

文人畫原指士子詩文餘事時遣興、抒懷之作，但它實際上是中國傳統藝術史上範圍至廣、歷時至久，影響至深的一種藝術思潮，晚明之後，一些畫家淡化了繪畫主體人品的概念，不再追求學問，或清高的人格修養，越來越多的畫家關注的是將自身的情感傾洩於繪畫之中，以及如何體現社會的現狀，文人畫家不再像以前一般終日苦讀詩書，而繪畫不再是體現一個文人畫修養的標準。人品雖然代表著一個人的道德修養，但也不再代表著畫家繪畫水平的高下。文人畫發展至清代，其性質已經產生了莫大的變化。而收藏家的品味也不冉以傳統臨古、仿古爲主，大眾化的審美觀逐漸滲透到社會上各個階層。

2、摹古的基調

中國畫的基礎教學是「傳移模寫」，所謂「傳移模寫」即臨摹。中國近現代美術學院出現之前，歷代中國畫教學都沿用師徒制的學習方法，實際上，一直到現代，臨摹仍然是水墨畫教學的基礎。然而，「傳移摹寫」的重點並非製造繪畫的副本，而是藉此鍛鍊學習者的繪畫技能，熟習、吸收古人的經驗，藉

〔註75〕弘仁〈溪山無盡〉卷（局部），引自高居翰（James Cahill）著，李渝譯：《中國繪畫史》（臺北：雄獅圖書股份有限公司，1995 年 5 月），頁 151。
〔註76〕石濤〈黃山圖〉，引自劉奇俊：《中國歷代畫派新論》（臺北：藝術家出版社，2000 年 3 月），頁 169。

以發展個人的獨特風格。郭熙《林泉高致》言及：「人之學畫，無異學書，今取鍾王虞柳，久必入其彷彿、至於大人達士不局於一家、必兼收併覽、廣議博考、以使我自成一家、然後爲得。」〔註77〕近代國畫大師齊白石（1864～1957）、黃賓虹（1865～1955）、張大千（1899～1983）……，皆是從臨摹開始學習中國畫，且學而能化，終於自成一家。文學、藝術作品的學習創作不外兩種形式，其一，學習前代或同時期的經典藝術作品；其二，直接從大自然或實際生活中提取事務的美和本質，從而獲取創作的靈感或素材。第二種方式在繪畫領域，就是「寫生」。石濤的「搜盡奇峰打草稿」，便是寫生的概念。可惜，明清以來，文人畫往往忽略寫生的學習方式，明朝末年，繪畫走上形式主義的道路，一般畫家不重視對自然界的細緻觀察和精確描摹，產生了牽強附會古人的風氣。「四王」作爲清初畫壇最具代表性的畫家群體。正如盧輔聖所云：「一部清代山水畫史，不妨視作董氏（董其昌）思想的注腳。」〔註78〕對於文人畫始祖董其昌的繪畫，〔註79〕高居翰做過細膩的分析，他說：

> 董其昌本身雖然絕不是一個保守畫家，但是因爲他在選擇風格方面這樣具有權威性，在理論方面這樣武斷，在鑑定方面這樣專橫，以至於一個新的正統在他手下建立起來。這個正統只允許某些筆法、某些構圖、某些態度存在，而嚴禁其他。對西方觀眾來説，董其昌以後的追隨者看起來似乎千篇一律。〔註80〕

高居翰對董其昌之後的追隨者有著「千篇一律」的觀感，清代在文學藝術上傾向於有意識地從整體上，歷史化的角度出發作整理，留下許多總結性的著作。清初「四王」主張的摹古思想影響了整個清朝文化藝術方向，形成一股文藝潮流，文人士子爭相仿效，形成一股摹古的學術風氣，多數畫家繼承傳統甚至到了令人窒息的地步，我們看看高木森筆下的「四王」：

王時敏：……時敏自幼刻意研摹古畫，而於元朝黃公望山水更見心得。

〔註77〕〔宋〕郭熙：〈林泉高致〉，黃賓虹，鄧實編：《美術叢書》（9）（臺北：藝文出版社，1975年），頁7。

〔註78〕盧輔聖：《中國文人畫史》，頁401。

〔註79〕董其昌將李思訓和王維視爲「青綠」和「水墨」兩種畫法風格的起源，並將中國山水畫這種劃分法，分爲「南宗畫」即文人畫出於「頓悟」；「北宗畫」即院畫類，只能從「漸識」，也就是從勤習苦練中產生，受到輕視和貶抑。

〔註80〕〔美〕高居翰（James Cahill）：《圖說中國繪畫史》（北京：生活·讀書·新知三聯書店，2016年11月），頁188。

王鑑：……專學董源、巨然，畫風與王時敏相近，……。

王翬：……對於古人作品精心研摹，自言力追董、巨，醉心范寬。
又多取法沈周、文徵明、董其昌。周亮工《讀畫錄》曾加讚賞云：
「仿臨宋元無微不肖。吳下人多倩其作裝璜爲僞。」……。

王原祁：……原祁之畫專學黃公望和倪瓚，而把董其昌的「造型主
義」帶到了極端，只用其單純的小片面堆積成山水形式，作品的重
複性很大，故有千篇一律之譏。〔註81〕

相當多歷史研究者認爲，清初統治者意圖整肅社會而需要在文化中確立
「正統」的地位，而董其昌「集古之大成」，正符合實證所需，「四王」重視
對於對古代名家名作的臨摹，恰恰符合畫學「正脈」。「四王」師古之目的或
許非止於邯鄲學步，他們也有超越前人的雄心，如王時敏說：「仿古之奇妙，
不徒尚其形似，而直抉其精髓，即唐宋元季諸家復起，定拜下風」〔註82〕，
然而這種「直抉其精髓」畢竟止於形式技巧的精進，終究缺乏主體性的覺
醒。後世學者更發現「四王」在繪畫上出現的問題。例如王翬（1632～1717）
有一山水畫題曰「臨關仝筆法」，但筆墨中的皴法、苔點，以及布局卻出於黃
公望。（見圖三十八，黃公望、關仝、王翬畫作比較圖）。

關於「四僧」，通常被歷史學家們作爲與「四王」截然相對的另一類。若批
評「四王」爲摹古仿舊、玩弄筆墨，而「四僧」則是師法自然、獨具創意。「四
王」爲復古派，「四僧」則爲創新派。其實，無論是復古派，還是創新派，都
是處在明末董其昌所倡導的南宗文人山水畫的大範圍之內，都著重筆墨的獨
立表現，他們大多是從學習元四家爲基礎，再上追董源、巨然。梅波說：

但在事實上，一個不被大家所談論的事實是，董其昌對「四僧」的
影響並不亞於「四王」。如果說「四王」繼承的是董其昌思想中偏於
儒家的部分內容（譬如對山水畫中廟堂之氣的追求），那麼「四僧」
所承繼的就是董其昌思想中偏於禪宗的部分內容……在繪畫的技藝
上，「四王」似乎代表了清初筆墨修養最高的水平……「四僧」也同
樣是筆墨的絕頂高手。〔註83〕

〔註81〕高木森：《中國繪畫思想史》，頁364～365。
〔註82〕〔清〕王時敏：〈烟客題跋〉，《清初四王畫派研究論集》（上海：上海書畫出
版社，1993年），頁180。
〔註83〕梅波：《文人畫的正宗觀──董其昌的畫學思想及其影響》（中國藝術研究院
美術學碩士學位論文，2016年），頁52～53。

圖三十八　黃公望、關仝、王翬畫作比較圖

元黃公望 〈九珠峰翠圖〉〔註84〕	五代梁關仝 〈關山行旅軸〉〔註85〕	清王翬 〈臨關仝山水軸〉〔註86〕

（本幅 79.6×58.5cm， 詩塘 31.4×58.4cm， 引自臺北故宮博物院）	（144.4×56.8cm， 引自臺北故宮博物院）	（72.2×35.6cm， 引自臺北故宮博物院）

　　上述引言說明「四僧」不被談論的事實是他們同樣恪遵董其昌的筆墨技巧，同樣籠罩在傳統的創作模式之下。此外，劉向岩也說：

> 在四王正統畫派之外，還有石濤、八大山人和揚州八怪爲代表的革新派，八大山人的簡練、石濤的奇僻。但究其本質，四王和石濤、八大山人等人的繪畫雖有區別，但都是爲了表現各自的筆墨趣味和獨特個性，因而四王畫派和石濤一路都是文人畫內部的兩條路子，一條是從創作實踐進行總結和提煉，使中國繪畫走向程式化的道路；另一條路是繼續進行筆墨的藝術實驗與大膽革新，以求進一步

〔註83〕故宮博物院・書畫典藏資料檢索系統：http://painting.npm.gov.tw.er.lib.ncku.edu.
　　　　tw:2048/Painting_Page.aspx?dep=P&PaintingId=15262，2017/01/29。
〔註84〕故宮博物院・書畫典藏資料檢索系統：http://painting.npm.gov.tw.er.lib.ncku.edu.
　　　　tw:2048/Painting_Page.aspx?dep=P&PaintingId=15，2017/01/29。
〔註85〕故宮博物院・書畫典藏資料檢索系統：http://painting.npm.gov.tw.er.lib.ncku.edu.
　　　　tw:2048/Painting_Page.aspx?d，2017/01/29。

發展……。〔註87〕

由於對傳統的亦步亦趨，「四僧」縱使有著創新的想法與意識，然而，終究無法突破傳統的侷限而走不出古典的範式。傳統中國藝術是藝術家情感和個性的一種表現，爲數不多的幾個傳統主題中，藝術家通過情感差別和筆墨的個性化處理，藝術作品成爲傳情達意的載體。而「四僧」以外的畫家，絕大多數淪爲董其昌的最佳注腳！

（二）文人畫衰落的內部問題

繪畫本質上爲一種訴諸視覺的藝術，它的發展離不開客觀的自然界和前人的圖式。文人畫的內部問題，我們可以歸納爲創作題材的狹窄化；表現技法的程式化；審美旨趣的單一化三方面來探討文人畫在明末清初所出現的問題。

1、創作題材狹窄化

傳統文人畫的創作題材大致可分爲山水、花鳥、人物等。但是，北宋後期，人物畫開始漸趨衰落，元代之後，人物畫更跌入谷底。明代董其昌擅長山水，在他看來，繪畫就是以山水來表現自己游心於藝的心胸，形成其淡雅、秀潤、含蓄、意境深遠的山水畫風格。明末清初朱耷的畫作題材涉及山水、花鳥等，他筆下的魚和鳥，往往是誇張變形的。怪誕、奇特的造型，寄寓著畫家內心的孤獨與高傲。

鄭燮是揚州八怪中重要的代表畫家，他的繪畫題材多爲蘭、竹、菊、松、石之類，他以竹之的多節、挺直來表現自我孤高的情操。他的一首題畫詩寫道：「咬定青山不放鬆，立根原在破岩中，千磨萬擊還堅勁，任爾東西南北風。」很能代表畫家歷盡磨難而不屈不撓的精神。

在第四章中，我們曾提及豐子愷曾對他的學生說：「如果我發現你們有誰畫凝視瀑布的文人，我就把誰趕出去。因爲你們沒有見過。不要畫你們不知道的東西。」〔註88〕豐子愷對學生的一番訓示，形象而具體地說明了文人畫題材的狹窄化與僵化。

此外，文人畫非常重視筆墨，董其昌說：「士人作畫，當以草隸奇字之法

〔註87〕劉向岩：〈中國繪畫之文人畫的歷史演進及藝術特徵〉，《雁北師範學院學報》（第 22 卷第 4 期，2006 年 8 月），頁 102。

〔註88〕轉引自邁克爾・蘇立文著，陳衛河、錢崗南譯：《20 世紀中國藝術與藝術家（上）》，頁 62。

爲之。樹如屈鐵山如畫沙，絕去甜俗蹊徑，乃爲士氣，不爾縱儼然及格，已落畫師魔界，不復可救藥矣。」〔註89〕王世貞在《藝苑卮言》中也說：「畫，石如飛白木如籀。又云：畫竹，竿如篆，枝如草，葉如眞，節如隸……此畫與書通者也。」〔註90〕屠龍有言：「看畫之法如看字法。」〔註91〕明代開始，由於文人畫家的品味與偏好，書法與繪畫的關係更是水乳交融，書法的用筆與用墨甚至成爲繪畫的內容，甚至壓倒繪畫主體的構圖、造型、色彩，以至成爲決定繪畫成敗的關鍵，最終幾乎成爲獨立存在的審美樣式。

「四王」對文人畫的用筆、用墨都做了系統性的總結，將筆墨當作繪畫的內容。「四王」追求「筆筆有來歷」，王原祁還把「筆墨」當成終極的追求目標。所謂「善書者善畫」、「書畫同源」等說法，即立論於書法與繪畫用筆審美觀念的同一性之上。這種以筆墨爲繪畫內容的特殊景觀，形成中國畫獨特的創作樣貌，然而，也因爲將筆墨作爲繪畫中的審美主體，也使中國畫不重視題材的創新性，反而關注於創作媒材中的筆墨技巧，使得文人畫的題材日趨狹窄。

2、表現技法的程式化

到了清代，中國畫仍多以圖式爲基礎訓練，其中，山有山法、石有石法、樹有樹法、屋宇舟船、點景人物……，各有法式，袁學軍說：

> （《芥子園畫譜》）各種法式源於對象又不盡似於對象，是遵從中國畫筆墨特性而抽象、概括出來的最精煉的表現程式。……學畫者通過反復臨習將這些結體、用筆方法活化到山水畫中，就會創作出「法度森嚴」、「傳承有序」的山水畫作。〔註92〕

中國畫的基礎訓練，以《芥子園畫譜》爲典型範例，〔註93〕多半落入了

〔註89〕 〔明〕董其昌：《畫旨・以書入畫與士氣》，李來源、林木：《中國古代畫論發展史實》（上海：上海人民美術出版社，1997年），頁215。

〔註90〕 〔明〕王世貞：《藝苑卮言・書畫之通》，李來源、林木：《中國古代畫論發展史實》，頁208。

〔註91〕 〔明〕屠龍：《畫箋・看畫之法如看字法》，李來源、林木：《中國古代畫論發展史實》，頁214。

〔註92〕 袁學軍：《《芥子園畫傳》中的山水畫法式研究》，（中國藝術研究院，美術學博士學位論文，2008年），頁6。

〔註93〕 清人王概編：《芥子園畫傳》，匯編各類物象成爲畫之程式，共四集，第一集五卷爲山水譜；第二集八卷爲梅譜、蘭譜、竹譜、菊譜；第三集四卷爲花卉、草蝦，和禽鳥譜；第四集爲人物譜。每集首列畫法淺說，之後附各家各派名家圖式。

程式化的練習。以畫竹為例，宋人之竹，完全是實際生活中竹子的再現；元人之竹雖然有趙孟頫的「永字八法」〔註94〕提出畫竹需要了解、精通寫字的「永字八法」，開始偏離現實但仍不完全脫離現實；清初「四王」將竹子的畫法形成了抽象的符號，竹葉成為了「个」字、「分」字、「介」字等符號的組合了。於是，竹葉便由豐富多變的形象趨向了固定的、較為單一的程式化。周陽高也說：

> 大而言之，一切墨的枯濕濃淡，筆的疏密參差，點線面的置換布陳，黑白灰的交替分疆，構圖的開合架設，勾皴染點的作畫步驟等等，都有必然的程式存在；小而言之，石分三面，樹出四枝，各類造像法、水雲法，甚至一顆松針、一簇小草、一點苔點的具體畫法，都有符號明確的規範性圖式。〔註95〕

周陽高所說「符號明確的規範性圖式」，最終形成了僵化的程式，使得文人畫失去了活潑的生機。高萍在其博士論文中說：「如果說明代中葉之前的繪畫仍不失一派清新氣象，那麼直到董其昌，他把程式化的追求推到一個至臻至善的境界。」〔註96〕

實際上，無論中、西繪畫皆有其程式化的學習過程。關於繪畫「程式」，英國貢布里希稱之為「圖式」、「準則」（canon）、「圖形」（pattern），繪畫程式普遍存在於東、方繪畫之中。貢布里希說：「沒有一種媒介，沒有一個能夠加以塑造和矯正的圖式，任何一個藝術家都不能模仿現實。」〔註97〕在其《藝術與錯覺》一書中，他隨手列舉一系列繪畫程式或圖式的相關書籍。例如：

> 最早印刷的畫譜（patternbook）1538 年出版於斯特拉斯堡（Strasbourg）。作者海因里希・弗格特爾（Heinrich Vogtherr）在扉頁上明確宣稱他的書是新奇之作……1538 年出版的艾哈德・舍恩（Erhard Schön）的《比例指南》（Underweisung der Proporzion）則是複雜微妙的東西。我們在書中發現了一個從各個側面看到的人頭的基本圖

〔註94〕趙孟頫畫「枯木竹石」，常常在畫上題詩，他在〈秀石疏林圖〉題曰：石如飛白木如籀，寫竹還應八法通；若也有人能會此，方知書畫本來同。

〔註95〕周陽高：〈程式的力量〉，《書與畫》（上海：上海書畫出版社，1992 年第 4 期）。

〔註96〕高萍：《神遇與迹化──中國畫的筆墨程式研究》（上海：上海大學博士學位論文，2016 年 3 月），頁 68。

〔註97〕〔英〕貢布里希著，楊成凱、李本正、范景中譯：《藝術與錯覺》（南寧：廣西美術出版社，2015 年 6 月），頁 130。

式和一種把人體想像爲由若干簡單形狀組成之物的方法。……有一本北方的畫譜，即克里斯平・凡・德・帕斯（Criapyn van de Passe）編寫的名爲《繪畫和素描之光》（The Light of Painting and Drawing）的圖像大百科全書，……帕斯還用 200 多頁的篇幅收入了動物世界的視覺紀錄表，其中包括這樣一些可愛的簡化圖，如從後面看去的牡鹿（圖三十九）以及先於 20 世紀實例之前的鳥。〔註98〕

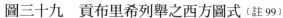

圖三十九　貢布里希列舉之西方圖式〔註99〕

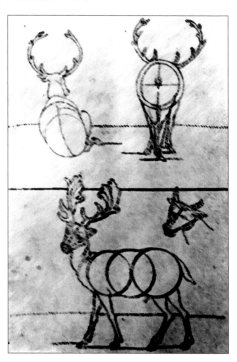

（1643 年）

　　貢布里希說，此爲一種抽象概念的那種規則圖式在自然中被藝術家「發現」。這種圖式就屬於它所對應的事物所遵循的那些法則之列。達文西有名的人體比例標準圖，爲學院式的藝術教導提供了「柏拉圖式」的圖式。

　　德皮勒（Roger de Piles）提出十點風景畫規則，其中有幾項總結性的歸

〔註98〕〔英〕貢布里希著，楊成凱、李本正、范景中譯：《藝術與錯覺》，頁 140～141。
〔註99〕〔英〕貢布里希列舉之西方圖式，凡・德・帕斯〈鳥及其圖式〉、〈圖式化的牡鹿〉，〔英〕貢布里希著，楊成凱、李本正、范景中譯：《藝術與錯覺》，頁141。

納，例如：

> 2、樹葉距離地面越高，便越大，越綠；由於最易於充分地接受滋養
> 它們的樹液；秋天把樹染成紅色或黃色時，上面的樹枝最先開始
> 轉變顏色……。

> 3、所有葉子的下面部分都比上面的部分的綠色要鮮明，幾乎總是傾
> 向於銀灰色；靠著這種顏色，就可以區分出被狂風吹裂的樹葉和
> 其他樹葉；但如果從下面看，當有陽光透射時，就可以發現一種
> 無與倫比的漂亮而鮮明的綠色。〔註100〕

德皮勒提出的風景畫規則客觀而接近眞實，他提出具體的距離、方位、光線、時間、顏色……對於視覺的影響，而中國畫的程式多半屬於感性而模糊的歸納，相較之下，西方藝術家的觀察更具科學精神。

中國繪畫也重視師法自然，只是，師造化的途徑是將觀察默記之後，再藉由回憶的方式表現出來。這一系統使後學者不必刻意追摹客觀自然的形象，利用對前人作品的筆墨程式的承襲，加上個人對山水意象畫的體悟，即可將「胸中丘壑」描繪出來。程式化的個別形象描寫法，樹法、葉法、山法、水法、石法、人物……，這些造型語言符號，恰好適應中國繪畫注重心理視象的審美意境的表現方式。貢布里希（1909～2001）將中國這種繪畫方式稱爲「參悟」法，參悟就是連續幾個小時沉思默想一個神聖至理，心理確定一個想法再從各方面去觀察它、牢牢把握它。

中國式的畫譜與前述貢布里希所舉的畫譜，其不同之處在於，中國式畫譜屬於抽象、概括的程式；而西方式的畫譜卻是根據光線、比例、透視等科學方法化而來的簡易圖譜。「四王」的仿古山水冊頁中，每一幅都集合古典山水的筆墨與圖式。陳振濂指出中國山水畫程式發展的四個階段，其中，第三個階段：「明代畫家至董其昌爲止，是以文人立場開始改造程式，強調主體而忽視客體」。第四個階段「清初四王則一味沿襲明人既有程式，客體被大部分捨棄，主體的構成與能力也被嚴重削弱。」〔註101〕

〔註100〕德皮勒（Roger de Piles）：〈繪畫的基本原理〉，引自范景中主編，傅新生、李本正翻譯：《美術史的形狀（I）——從瓦薩里到 20 世紀 20 年代》（杭州：中國美術出版社，2003 年 3 月），頁 90。

〔註101〕陳振濂：〈清初「四王」的程式與山水畫發展主客觀交叉諸問題〉，引自朵雲編輯部編：《清初四王畫派研究》（上海：上海書畫出版社，1993 年 7 月），頁 342。

圖四十　芥子園畫譜‧人物屋宇譜〔註102〕

圖四十一　芥子園畫譜‧樹譜〔註103〕

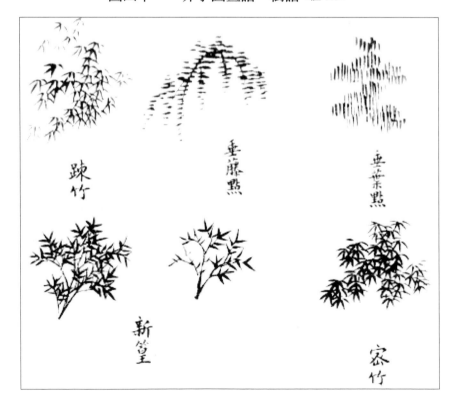

〔註102〕《芥子園畫譜全集‧人物屋宇譜》（臺北：文化圖書公司，1986 年 11 月），
　　　　　頁 245、299。
〔註103〕《芥子園畫譜全集‧樹譜》，頁 86。

圖四十二　芥子園畫譜・山石譜〔註104〕

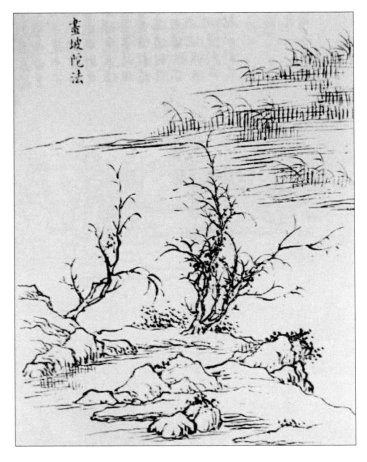

　　王原祁的五世孫王述緝（？～？）的一段敘說，是文人畫圖式的最好注
腳：

> 畫之爲理，猶之天地古今，一橫一豎而已。石橫則樹豎，樹橫則石
> 豎，枝橫則葉豎，雲橫則嶺豎，坡橫則山豎，崖橫則泉豎。密林之
> 下，亘以茅屋；臥石之旁，點以立苔。依類而觀，大要是在。〔註105〕

　　王述緝歸結出來的這種固定而僵化的圖式，已化約爲制式的排列組合，
終使中國畫導向「千篇一律」的窘境。

3、審美旨趣的單一化

　　形神觀念最早出現於中國傳統哲學，中國畫的形神觀則是從中演化而形

〔註104〕《芥子園畫譜全集・山石譜》，頁219。
〔註105〕轉引自郭因：《中國繪畫美學史稿》，《清初四王畫派研究》，頁818。

成的。顧愷之（344？～405？）首先從繪畫的視角提出「以形寫神」的論點，隨著主觀與客觀、形神論的不斷深化，宋元以來高僧以禪入畫，唐王維作〈雪裡芭蕉〉開始，至蘇東坡、米芾貶低形似，寫意畫於焉興盛。

　　宋元以來，中國畫中的文人畫，是著重於表達畫家主體的精神世界大於描繪眞實世界的山水的，日本學者內藤湖南（1866～1934）說：

> 「五代至宋初期間，例如關仝和董源之類畫家的繪畫理念發生了巨變，他們開始在畫卷上表達自己的主觀心境。」〔註106〕、「自五代至宋朝初期，南畫變成觀念性的繪畫，中國人稱之爲胸中的丘壑，也就是說在自己的内心中創作山水，這個時期已經形成了通過主觀意念描繪作品的手法，因此從這個時期開始，繪畫並不是單純爲了說明事物，而是爲了表現自己的精神世界。〔註107〕

　　由這段引文可知，始於五代至宋初的文人畫，的確是中國畫由表現客觀轉而表現主觀心境的轉折點。伍蠡甫（1900～1992）研究中國文人畫的藝術風格，其中一個特色便是「偶然」，他說文人畫有時進入了物我爲一，心手相忘之境，似乎是毫不經意，「偶然」得之的。他並引石濤的說法：「詩中畫，性情中來者也，則畫不是可擬張擬李而後作詩……眞識相觸，如鏡寫影，初何究心？」〔註108〕說明畫家須從性情中生境趣，使藝術形象如鏡中之影，出於無心，不過偶爾呈現。雖然，伍蠡甫強調文人畫無意爲之的「偶然」，實際上是以有意爲之的「必然」爲基礎的。中國畫在觀物的過程中不獨受目視的影響，更包含想像和記憶等因素。即「目識心記」又「默思冥想」；既「水乳交融」又「物我兩忘」。

　　或曰不同的藝術原則必匹配相應的創造法則，而不同的創造法則有其相應的觀物方式。中西繪畫的根本性差異，源於中西方觀物方式的不同。這些差異是建立在觀物時的主、客關係問題之上。也就是說，「觀看方式的不同，決定了畫法的不同。」〔註109〕意謂中國畫觀物方式偏向主觀的追求。此外，支持中西方各有其藝術精神說法者如是說：

〔註106〕〔日〕內藤湖南：〈南畫小論——論中國藝術的國際地位〉，引自《民國畫論精選》（杭州：西泠印社出版社，2013年1月），頁47。

〔註107〕〔日〕內藤湖南：〈南畫小論——論中國藝術的國際地位〉，引自《民國畫論精選》，頁48。

〔註108〕伍蠡甫：《中國畫論研究》（北京：北京大學出版社，1987年5月），頁142。

〔註109〕高萍：《神遇與迹化——中國畫的筆墨程式研究》，頁114。

中國繪畫史上，文人畫以禪論畫者眾多，所謂禪理通畫理和禪境即畫境的認識源於對佛教禪學的感悟。在中國畫中引入注重唯物論的西方繪畫，則首先中國畫理論根基的動搖，觸及了民族藝術的靈魂。毫無疑問，提倡了科學，便排擠了中國的哲學和美學精神。〔註110〕

然而，我們調整尚可所整理「筆墨程式發展過程中的時空觀及主客關係變化圖式」恰好可以說明中國畫主客關係的問題：

表十五　筆墨程式發展過程中的時空觀及主客關係變化圖式〔註111〕

時　段	表　徵	階段變化	影　響	主客關係
生長期（宋之前）	空間造形	視覺形象——點線造形	書畫	由依賴客觀自然為基點（客觀程式）
發展期（元）	時間節律	節律形象	書畫	主、客互融平衡的追求
成熟期（明清）	時、空程式	筆墨節律與視覺形象的統一	筆墨程式	轉向主觀闡釋為基點的觀念（主觀程式）
斷裂期（近現代）	時、空分割	視覺形象與節律形象的剝離	西畫寫實	物、我關係的對立

由〈筆墨程式發展過程中的時空觀及主客關係變化圖式〉（表十五）可知，中國畫從時間的維度來看，是一個動態的發展過程，宋代之前，中國畫是以依賴客觀自然為基點的，逐漸發展到主、客互融，元以後，至明清終至以主觀闡釋為基點，主觀表現超越客觀描寫；寫意凌駕於寫實，甚至取神而棄形。

三、康有為的「正宗」論

清代是古代畫論數量最多的朝代。清初到康熙（1723）先後出現的畫學文獻主要有周亮工《讀畫錄》，（沈心友主持編撰）王概《芥子園畫傳》，〔註112〕笪重光《畫筌》，《佩文齋書畫譜》（官修），董其昌《畫禪室隨筆》，屬

〔註110〕尚可：《中外繪畫融合論研究》（南京：南京藝術學院博士學位論文，2006年4月），頁63。
〔註111〕參考高萍：《神遇與迹化——中國畫的筆墨程式研究》，頁134。略修改之。
〔註112〕《芥子園畫傳》是清朝康熙年間的一部著名的畫譜，詳細介紹了中國畫中山水畫、梅、蘭、竹、菊，以及花鳥蟲草的各種技法，其名由來為李漁在南京的別墅「芥子園」。主要作者為王氏三兄弟王概（1651？～1705？）、王蓍（？

鶚《南宋院畫錄》……等。康有爲在《萬木草堂藏畫目》中意圖扭轉文人畫爲正宗的觀念，他要以唐宋院體爲正宗。首先，我們先檢視傳統繪畫的正宗意識。

明代項穆（1596年前後）《書法雅言》奠定王羲之「書統」形象，意在等同於孔子的「道統」地位，而清人在畫論中所舉「正派」、「宗派」也就含有建立「畫統」地位的傾向。唐岱（1673～1752）在《繪事發微》中將清人的繪畫正統觀念表述得很清楚：

> 畫有正派，須得正傳，不得其傳，雖步趨古法，難以名世也。……
> 畫學亦然……唐李思訓王維始分宗派。摩詰用渲淡開後世法門。至
> 董北苑則墨法全備。荊浩關仝李成范寬巨然郭熙輩皆稱畫中賢
> 聖。……元時諸子，遙接董巨衣缽，黃公望王蒙吳鎮趙孟頫皆得北
> 苑正傳，爲元大家。高克恭倪元鎮曹知白方方壺雖稱逸品，其實一
> 家之眷屬也。明董思白衍其法派，畫之正傳於焉未墜。我朝吳下三
> 王繼之……。〔註113〕

唐岱所說的「三王」，是指王時敏、王鑑和王翬，再加上王原祁，即是後來人們所稱的「清初四王」。他們是「畫之正傳」在清代的繼承者。時常通過畫題等形式來強化這種「正宗」、「正傳」的意識。他們所講究的正統是指由王維開創的文人繪畫體系。秦祖永（1825～1884）在《桐陰論畫》中列了一百二十家，何基祺跋曰：「秦君逸芬，天才敏穎……其畫以四王爲宗，……集明季及國朝諸畫史，得百二十家，大家十有六，名家百有四，各加評騭……。」〔註114〕其中大家十六中首舉董其昌、王時敏、王鑑、王翬、王原祁等五人，意在強調古代繪畫「正宗」地位。需要強調的是，董其昌與「四王」在清代不僅僅代表山水畫技法的最高成就，更主要的是他們的技術和審美代表了一種「傳統秩序」，是「雅文化」的代表。張函分析清代畫學精神：

> 清代繪畫批評理論中鮮明地提出了書卷氣、去「俗」、畫品即人品等
> 非常有特點的三項標準。清代士人提倡繪畫應具有「書卷氣」，如笪

〔註113〕〔清〕唐岱：《繪事發微·正派》，俞崑編著：《中國畫論類編》（下）（臺北：華正書局有限公司，1984年10月），頁843。

〔註114〕〔清〕秦祖永：《桐陰論畫·贈言》，西川寧，長澤規矩也編：《和刻本書畫集成》4（東京都：汲古書院，昭和51年，1976年），頁465。

重光《畫筌》云：「抒高隱之幽情，發書卷之雅韻」；王原祁《麓台
題畫稿》「畫法與詩文相通，必有書卷氣而後可以言畫」；查禮《畫
梅題記》「凡作畫須有書卷氣方佳」。清代是學者型社會，士人治學
深入到生活的點點滴滴。畫雖爲文人之餘事，同樣可以通於道。士
人提倡「書卷氣」，旨在強調一種修養、一種品格，作爲媒介的繪畫，
必然要能體現文人士大夫的精神修養。〔註115〕

上述引言說明了清代繪畫是以文人士夫畫爲主流的。爲了改變清代畫壇
以文人畫爲正宗的現象，康有爲將宋畫在畫史的地位與周代在文化史中相提
並論，引用《論語》中的「周之監於二代，鬱鬱乎文哉！」認爲元代繪畫由
寫實向寫意轉變，寫意也是他所喜好的。但他批判的是後世畫家（「四王」）
以元四家寫意爲正宗，以宋代寫實爲別派：

夫元四家皆高士，其畫超逸澹遠，與禪之大鑒同。即歐人亦自有水
粉畫、墨畫，亦以逸澹開宗，特不尊爲正宗，則於畫法無害。吾於
四家未嘗不好之甚，則但以爲逸品，不奪唐宋之正宗云爾。惟國人
陷溺甚深，則不得不大呼以救正之。〔註116〕

康有爲以寫實和寫意作爲論述的角度，推崇宋代院體畫，鄙薄元代以來
的文人畫。此外，他也並非認爲清初「四王」、「二石」的畫不佳，只是非唐
宋正宗罷了，也還稍存元人逸筆：

蓋即四王二石稍存元人逸筆，已非唐宋正宗，比之宋人已同鄶下，
無非無議矣。惟惲蔣二南妙麗有古人意，自餘則一丘之貉，無可取
焉。墨井寡傳，郎世寧乃出西法……當以郎世寧爲太祖矣。〔註117〕

康有爲認爲四王二石「比之宋人已同鄶下」，但對於於吳歷（1632～1718，
字漁山，號墨井道人），惲壽平（1633～1690，初名格，字壽平，號南田）。
蔣廷錫（1669～1732，號南沙）〔註118〕（惲壽平，蔣廷錫並稱二南）三人卻
加以褒揚，歸納其原因，應是三者皆略帶西畫寫實技法之故。

〔註115〕張函：〈清代學風影響下的清代畫學〉，《大舞臺》（2015年第10期），頁22。
〔註116〕康有爲：〈萬木草堂所藏中國畫目・元畫〉，蔣貴麟編：《萬木草堂遺稿外編》
　　　　（上），頁203。
〔註117〕康有爲：〈萬木草堂所藏中國畫目・國朝畫〉，蔣貴麟編：《萬木草堂遺稿外編》
　　　　（上），頁214。
〔註118〕蔣廷錫，江蘇常熟人，字揚蓀，一字西君，號南沙、西谷、青桐居士。康熙
　　　　四十二年進士。是清中期重要的宮廷畫家之一。蔣廷錫曾學惲壽平花鳥畫，
　　　　承襲其沒骨畫技，變其纖麗風格，開創了「蔣派」花鳥畫。

吳歷（1632～1718）……擅畫山水，得工時敏正傳。自澳門歸，畫風一變，多用乾筆焦墨，邃密鬱蒼，而略帶西畫技法。畫山石時，用「陽面皴」（即受光部分也有皴筆），此法爲諸家所無。〔註119〕本朝惲正叔，天趣超逸，寫生設色，有元人疏落之致，世人多愛其重色工細之筆……。〔註120〕蔣廷錫曾將在塞外所見的66種各色花草繪成寫生長卷，題材別緻新穎，彌補了明清時期花草繪畫題材只重中原而忽略了塞外的不足。刻劃逼眞寫實，點染設色不失原貌，爲研究康熙朝塞外花草的物種提供了難得的形象資料。〔註121〕

康有爲對「四王」、「二石」有所微詞時，卻仍不忘對吳歷，惲壽平，蔣廷錫三位略帶寫實技法的畫家加以肯定。戊戌變法失敗後，被迫流亡國外，在意大利遊歷（1904）時，除了寫下〈懷拉飛爾畫師得絕句八〉，並評論道：

文、董則變爲意筆，以輕微淡遠勝，而宋元寫眞之畫反失。彼則求眞，我求不眞；以此相反，而我遂退化。若以宋元名家之畫，比之歐人拉飛爾未出之前畫家，則我中國之畫，有過之無不及也。〔註122〕

此外，康有爲認爲宋畫精工已極，自不得不變爲逸澹，猶如朱學極盛，陽明學出焉。只要不把「元四家」視爲畫之正宗，作爲一種風格，澹逸亦有其存在之價值。另外，在〈元畫·趙子昂秋林馳馬圖〉條目中，評論此畫：「結束院畫象形之終，開元四家寫意之始，氣韻生動，神品也。且關畫學正變源流，珍藏之。」〔註123〕則是康有爲的一家之見。

清代畫壇中還有所謂「正統派」和「野逸派」的分野，「四僧」通常被認爲是野逸派的代表，野逸派似乎是狂放無法，脫離傳統的。但是，這些野逸派其實也是由傳統變化而來。石濤山水中充滿文人筆意；弘仁於倪、黃兩家，尤爲擅長；八大山人通過臨董其昌的畫而上追黃、倪直至董、巨；髡殘追摹巨然、「元四家」、沈周等。有學者分析這些法式，說明如下：

〔註119〕壹讀：https://read01.com/znddm.html，2018/6/16。
〔註120〕〔清〕方薰：《山靜居畫論》，黃賓虹，鄧實編：《美術叢書》12 三集第三輯（臺北：藝文出版社，1985年），頁161。
〔註121〕北京故宮：http://www.dpm.org.cn/collection/paint/230317.html，2018/6/16。
〔註122〕康有爲：〈歐洲十一國游記·意大利游記〉，中國文庫·第五輯編輯委員會編，康有爲著：《萬木草堂論藝》，頁167。
〔註123〕康有爲著、蔣貴麟編：《萬木草堂所藏中國畫目》，《萬木草堂遺稿外編》（上）（臺北：成文出版社，1978年），頁203。

清代山水畫中所謂的「野逸派」和「正統派」，從本質上講，都是對
於古典山水畫中「五代北宋法式」在新時代中一種各自的詮釋，只
是前者更強調「借古以開今」，而後者則更主張「集古而自成一種風
度」。〔註124〕

野逸派的代表人物石濤提出「以無法生有法，以有法貫眾法」到「無法
之法，為至法」，指知法、用法之後的無法。然而，這個「法式」終至將繪畫
化為一種制式化的格式。

對於畫壇「正宗」的說法，萬青力卻認為，名為「正宗」的「四王」畫
派，從來也沒有形成一統畫壇天下的局面：

十八世紀當「正宗畫派」最得勢的時候，一批文人出身的職業畫家
在揚州以非正宗的「怪」相與之對峙，其後又有不追隨正宗畫風的
「京江派」等各樹其幟。〔註125〕「正宗」畫派影響深遠，但是並不
如當今出版的繪畫史通常所說的那樣，在清中晚期「取得了統治的
地位」。〔註126〕

所謂「正宗」即「主流」，即主要流派，這種主要流派，在古代多跟君王
的提倡有關。《尹文子》說：「昔齊桓好衣紫，闔境不鬻異采，楚莊愛細腰，一
國皆有饑色」。〔註127〕《風俗通義》佚文中記載：「趙王好大眉，人間半額；
楚王好廣領，國人皆沒項；齊王好細腰，後宮有餓死者」、「越王好勇而士多
輕死」、「吳王好劍客，百姓多創瘢」。」〔註128〕《墨子》也說：「昔者楚靈王
好士細要，靈王之臣皆以一飯為節，脅息然後帶，扶牆然後起」。〔註129〕這
些例子說明了朝廷對民間的影響力。然而，正宗、主流的影響力雖大，但不
能扼止非正宗，或支流的存續，《韓非子》紀錄：「齊桓公好服紫，一國盡服
紫。當是時也，五素不得一紫。」〔註130〕內容是說，因為受到齊桓公的影

〔註124〕袁學軍：《《芥子園畫傳》中的山水畫法式研究》（中國藝術研究院，美術學博
士學位論文，2008年），頁9。

〔註125〕萬青力：《十九世紀中國繪畫史——並非衰落的百年》（臺北：雄獅圖書股份
有限公司，2005年1月），頁15。

〔註126〕萬青力：《十九世紀中國繪畫史——並非衰落的百年》，頁23。

〔註127〕〔周〕尹文：《尹文子·大道上26》（臺北：中華書局，1980年），頁8。

〔註128〕王利器：《風俗通義校注》（北京：中華書局，1981年），頁338～339。

〔註129〕〔戰國〕墨子：《墨子》卷四兼愛中第十五，《二十二子》（三）（臺北：先知
出版社，1976年），頁126。

〔註130〕〔戰國〕韓非著，陳奇猷校注：《韓非子·外儲說左上》（下冊）（上海：上海
古籍出版社，2000年），頁701。

響，全國人盡皆穿著紫色，當時，五匹素色（白色）帛的價格還比不上一匹紫色帛。說明了縱使紫色爲當時「正色」，卻未能阻止素色（白色）的存在。以詩歌來說，文學史上也未見單一風格或題材獨存的文學現象。繪畫亦相同，除了主流畫派的流行，勢必也有分支旁流，然而，我們必須客觀分析歷史上某個特定年代的主要流行趨勢，或主要的繪畫風格。元明以至清初，畫壇主流仍是以元「四家」、「四王」、「四僧」爲主流。從康有爲「正宗論」並不完全否定元明以來的文人畫，甚至說「吾於四家未嘗不好之，甚至但以爲逸品」，但是要「不奪唐宋之正宗云爾」。

經由前述分析，康有爲「畫學衰落」論涵蓋多層面的內涵，甚至引發國內外學者對文人畫價值之討論。從民初繪畫風氣的層面看，康有爲所說「中國畫學，至國朝而衰弊極矣。豈止衰弊，至今郡邑無聞畫人者」的說法不符繪畫史實，實際上清代由於帝王的提倡，畫家精於繪畫者應是數以千計的！而康有爲對於文人畫、禪畫的全面批判，著眼於科學、繪畫技法的層面。而綜合陳師曾、金城、萬青力等學者論證文人畫的價值大致可歸納爲如下兩點：

第一，以進化論的視角，說明繪畫是由簡而繁而簡的歷程，文人畫是歷經宋代院畫的繁複之後精簡而成，符合歷史進化的過程。並且文人畫的方向符合世界藝術的潮流。

第二，文人畫屬於哲學、美學層面，體現藝術本質。陳師曾說：「殊不知畫之爲物，是性靈者也，思想者也，活動者也，非器械者也，非單純者也。否則，直如照相器，千篇一律，人云亦云，何貴乎人邪？何重乎藝術邪？」〔註131〕其實對於中國文人畫的本質，西方學者也有很深入精到的分析，法國學者伯希和曾說：

> 中國畫有中國畫的獨特面目……藝術同樣表現人生，西洋畫中所表現的人生是直接的，中國畫中所表現的是間接的。中國畫爲理性的，而不是直觀的，爲音樂性的（故主張氣韻生動），而不是造型的；是時間的，令人感到往古的幽趣，不是空間的，不令人感到目前的刺激。〔註132〕

〔註131〕陳師曾：〈文人畫之價值〉，引自吳曉明編著：《民國畫論精選》，頁34。
〔註132〕〔法〕伯希和撰，馮承鈞譯：〈中國畫論體系及其批評〉，吳曉明編著：《民國畫論精選》，頁302。

　　中國文人畫誠然有其價值與特色，但非簡單進化論便能論斷其進步或者落後，至於文人畫的本質正因過分傾向哲學或倫理學範疇而導致衰落。但不管中國畫進步或衰落，它如何發展，邁向新的時代才是關鍵的問題。康有爲主張師法、融入西方文藝復興時期的寫實技法，以及唐宋院畫。當哲學取向的中國文人畫遇上科學取向的西洋畫，他們能否融合？如何融合？事實證明康有爲之後許多畫家從各種不同面向擷取西方畫學元素，成功改造中國文人畫，活化了中國畫的生命力。

第六章　康有爲的中國畫變革論
── 合中西爲大家

　　中國畫在現代化的發展過程中，有兩個主要的方向。其一，融合中西來改良中國畫；其二，主張從傳統中進行變革，在繼承中進行創新。這兩種方式均影響了中國畫的現代進程，並持續影響中國畫的發展方向。康有爲作爲中國近代維新運動的先驅者，透過在意大利時對於西洋繪畫的見聞檢視中國畫，體認中西美術融合的必要性。他首先在《萬木草堂藏畫目》中，疾呼「中國近世之畫衰敗極矣」、「中國畫學至國朝而衰敗極矣」的「中國畫學衰落論」。具體提出中國畫衰落的問題之所在，並提出「合中西爲大家」的中國畫變革觀，可謂有破有立。本章中，我們將深入探討康有爲的中國畫變革論及其相關的繪畫理論。

第一節　合中西爲新紀元的中國畫變革論

　　1840 年和 1857 年兩次鴉片戰爭之後，西方強國的船堅炮利打開了封閉的中國封建帝國的大門。1900 年八國聯軍肆虐之後，西方的軍事、經濟、科學、文化、藝術……更是全面入侵古老的中國。這時期的中國政治家和知識分子始將目光投注於西方，掀起了一股「采西學」的熱潮。1915 年，陳獨秀在上海創辦了《新青年》雜誌。〔註1〕於第一卷第二號上發表〈今日之教育方針〉，認爲近世歐洲之時代精神在文學藝術上表現爲現實主義和自然主義。陳

〔註 1〕　《新青年》雜誌由陳獨秀在上海創立，每月一號，每六號爲一卷。自 1915 年
　　　　創刊號至 1926 年 7 月終刊，共出版 9 卷 54 號。

獨秀將現實主義理解爲一種廣義的由注重理想到注重現實的思想方法和哲學
精神。1917 年康有爲《萬木草堂藏畫目》中提出融合中西的主張後,陳獨秀
於 1919 年第 6 卷第 1 號上發表〈美術革命——答呂澂〉,計畫實行醫界革命
(革中醫的命)和美術革命(革王畫的命),認爲:

> 要改良中國畫,斷不能不採用洋畫的寫實精神。……中國畫在南北
> 宋及元初時代,那描摹刻畫人物、禽獸、樓臺、花木的工夫還有點
> 和寫實主義相近。自從學士派鄙薄院畫,專重寫意,不尚肖物。這
> 種風氣,一倡於元末的倪、黃,再倡於明代的文、沈,到了清朝的
> 三王,更是變本加厲。人家說王石谷的畫是中國畫的集大成,我說
> 王石谷的畫是倪、黃、文、沈一派中國惡畫的總結束。〔註2〕

陳獨秀批判王畫的標準除了「專重寫意,不向肖物」,還因爲他們缺乏創
作精神,「他(陳獨秀)說他所藏和見過的王畫不下二百多件,大都是用
『臨』、『摹』、『仿』、『撫』方法複寫古畫,自家創作的簡直沒有。」〔註3〕因
此,陳獨秀主張改良中國畫,必須採用洋畫的寫實精神。

　　徐悲鴻受到康有爲繪畫思想的影響,1918 年 3 月被聘爲北京大學畫法研
究會導師,他在〈中國畫改良之方法〉一文中指出:「古法之佳者守之,垂絕
者繼之,不佳者改之,未足者增之,西方畫之可採入者融之。」〔註4〕並在文
中指出「故作物必須憑實寫。」其主張與康有爲接近,並將寫實技法落實到
自己的繪畫創作之中。中國畫「合中西」的路線於焉展開,下文我們接著探
討康有爲的「合中西爲新紀元」的畫學理念。

一、「審時通變」的哲學思想

　　在 19 世紀 80 年代,外交官薛福成(1838～1894)已明確提出「采西學」
可以「衛道」的「變法」主張,他論證西學與中學的關係:

> 今天下之變極矣,竊謂不變之道,宜變今以復古;迭變之法,宜變
> 古以就今。……今誠取西人器數之學,以衛吾堯、舜、禹、湯、文、
> 武、周、孔之道,俾西人不敢蔑視中華,吾知堯、舜、禹、湯、文、

〔註 2〕陳獨秀:〈美術革命〉,引自吳曉明編著:《民國畫論精選》,頁 17～18。
〔註 3〕鄧福星主編,陳池瑜著:《中國現代美術學史》(哈爾濱:黑龍江美術出版社,
　　　　2000 年 3 月),頁 70。
〔註 4〕徐悲鴻著,徐伯陽、金山合編:《徐悲鴻藝術文集》(上冊)(臺北:藝術圖書
　　　　公司,1987 年 12 月),頁 40。

武、周、孔復生，未始不有事乎此。〔註5〕

　　薛福成此段話認爲不變的道理就是「變今以復古」、「變古以就今」，而今天下巨變，宜引進西學以「衛道」。

　　「變」在康有爲，是他於各個領域的一貫主張，他在 1895 年〈變則通通則久論〉中，詳盡地議論了「變」的重要性，認爲「天不能有陽而無陰，地不能有剛而無柔，人不能有常而無變」、「若泥守不變，非獨久而生弊，亦且滯而難行。」〔註6〕「變」的理念，更常見於其對政治、民生的主張。他在《日本書目志》中稱：「夫中國今日不變法日新不可，稍變而不盡變不可，盡變而不興農、工、商之學不可……」〔註7〕《廣藝舟雙楫》中所謂「變者，天也。」的主張，茲不再贅述。在《萬木草堂藏畫目》中，也屢屢提及「變」、「審時通變」的概念。在〈宋畫〉條目篇首評論中提到：「鄙意以爲中國之畫，亦至宋而後變化至極，非六朝唐所能及」〔註8〕他認爲宋畫無體不備，無美不臻，是中國畫學源流中變化的極致。而宋畫之後呢，「凡物窮則變，宋畫精工既極，自不得不變爲逸澹，亦猶朱學盛極，陽明學出焉。」〔註9〕在〈國朝畫〉中批評了清代二、三名宿摹寫的弊病，枯筆數筆，味同嚼蠟的境況，提出畫壇應有所變，「若仍守舊不變，則中國畫學，應遂滅絕」〔註10〕說明了康有爲「審時通變」的哲學觀。

　　康有爲自幼性癖書畫，在戊戌變法之前已蒐藏了許多歷代名畫，變法失敗盡被抄沒之後，他流亡海外十六年，搜得歐美各國及突厥、波斯、印度畫數百，中國唐、宋、元、明以來畫亦數百。《萬木草堂藏畫目》即他於 1917年和張勳策劃清廢帝復闢失敗後，避居北京美國大史館美森院五個月左右，爲其所藏中國畫 388 目所做的整理與評論。

〔註 5〕　薛福成：〈變法〉，引自丁鳳麟編：《薛福成選集》（上海：上海人民出版社，1987 年），頁 555～556。

〔註 6〕　康有爲：〈變則通通則久論〉，收錄於康有爲撰，姜義華、吳根樑編校：《康有爲全集》（二）（上海：上海古籍出版社，1990 年 4 月），頁 161～162。

〔註 7〕　康有爲：〈日本書目志序〉，收錄於康有爲撰，姜義華編校：《康有爲全集》（3）（上海：上海古籍出版社，1992 年 12 月），頁 585。

〔註 8〕　康有爲：〈萬木草堂所藏中國畫目〉康有爲著，蔣貴麟編：《萬木草堂遺稿外編》（上），頁 195。

〔註 9〕　康有爲：〈萬木草堂所藏中國畫目‧明畫〉康有爲著，蔣貴麟編：《萬木草堂遺稿外編》（上），頁 207。

〔註 10〕　康有爲：〈萬木草堂所藏中國畫目‧明畫〉康有爲著，蔣貴麟編：《萬木草堂遺稿外編》（上），頁 214。

二、取法西方文藝復興之寫實主義

康有爲之前，外交官薛福成在訪問巴黎之後，特別讚賞拉飛爾（Raphael Santi，1483～1520），〔註11〕他格外欣賞其畫作中的透視、明暗對比，和體積的呈現方式。康有爲在《歐洲十一國游記》中也提及歐洲寫實主義的大師拉飛爾，以及基多利臆（即吉多·雷尼，或譯爲蓋多·雷尼，古伊多·雷尼（Guido Reni，1575～1642））、卑路知那（即彼得羅·佩魯吉諾（Pietro Perugino 1446～1523））〔註12〕：

> 吾國畫疏淺，遠不如之。此事亦當變法，非止文明所關，工商業系於畫者甚重，亦當派學生到意學之也。〔註13〕
>
> 吾每入畫院，輒於拉飛爾畫爲流連焉，以其生香秀韻，有獨絕者。此如右軍之字，太白之詩，東坡之詞，清水照芙蓉，乃天授，非人力也。又入一室，爲拉飛爾本師卑路知那之畫，亦甚佳，但稍方版，蓋創始者難爲功也。〔註14〕
>
> 拉生于西曆一千五百八年也。基多利臆、拉飛爾，與明之文徵明、董其昌同時，皆爲變畫大家。但基、拉則變爲油畫，加以精深妙革，文、董則變爲意筆，以清微澹遠勝，而宋元寫眞之畫反失。彼則求眞，我求不眞；以此相反，而我遂退化。若以宋元名家之畫，比之歐人拉飛爾未出之前畫家，則我中國之畫，有過之無不及也。〔註15〕

康有爲除了表達對拉飛爾的讚賞之情，還將他與中國的王羲之、李白、蘇東坡等大家聯繫起來，並將繪畫與工商實業結合，使繪畫學門也成爲社會

〔註11〕 拉飛爾（Rapheal，1483～1520），康有爲原譯爲拉飛爾，出生在烏爾比諾（Urbino），爲文藝復興三傑之一，他受到達芬奇和米開朗基羅的影響，認爲作品中人物的位置很重要，擅長組織人物群體，空間結構的表現產生三維效果，使觀眾感覺身臨其境。

〔註12〕 江瀅河：〈合中西爲大家──康有爲的國畫變革觀〉，《中山大學學報（社會科學版）》（第5期第41卷，2001年），頁108。江瀅河認爲卑路知那，即彼得羅·佩魯吉諾（Pietro Perugino 1446～1523）。

〔註13〕 康有爲：《歐洲十一國游記·意大利游記》，中國文庫·第五輯編輯委員會編，康有爲著：《萬木草堂論藝》，頁167～169。

〔註14〕 康有爲：《歐洲十一國游記·意大利游記》，中國文庫·第五輯編輯委員會編，康有爲著：《萬木草堂論藝》，頁169。

〔註15〕 康有爲：《歐洲十一國游記·意大利游記》，中國文庫·第五輯編輯委員會編，康有爲著：《萬木草堂論藝》，頁169。

強盛國家的要件之一。其次，盛讚基多利臘、拉飛爾有開創油畫之功，而文徵明、董其昌則將中國畫帶入文人畫清微澹遠的風格。康有爲參觀梵蒂岡皇宮中拉飛爾的壁畫後，評論拉飛爾是意大利第一畫家，認爲拉飛爾有「開創寫生之功」，「其生香秀韻有獨絕者」。並賦詩以《懷拉飛爾畫師得絕句八》做了八首絕句歌頌拉飛爾：

> 畫師吾愛拉飛爾，創寫陰陽妙逼眞。
> 色外生香繞隱秀，意中飛動更如神。

> 拉君神采秀無倫，生依羅馬傍湖濱。
> 江山秀絕霸圖遠，妙畫方能產此人。

> 生死婚姻居室外，畫圖實景盡游之。
> 弟妹子妻皆寫像，同垂不朽畫神奇。

> 拉飛爾畫歐人重，一畫於今百萬金。
> 我已盡觀千百幅，靈光惝恍醉於心。

> 拉飛爾畫多在意，意境以外不可覓。
> 只有巴黎數幅存，環寶珍於連城璧。

> 拉飛爾畫非人力，秀韻神光屬化工。
> 太白詩詞右軍字，天然清水出芙蓉。

> 基多連臘本畫師，妙筆於今亦具存。
> 終是出藍能變化，拉飛爾作紀新元。

> 羅馬畫工兼石刻，精微逼肖地球無。
> 最傳秀氣拉飛爾，曾見紅閨合樂圖。〔註16〕

此八首絕句，將康有爲流連在拉飛爾畫前的種種感受抒發出來，除了盛讚他「陰陽妙逼眞」，即寫實、透視、明暗對比等技巧，還推崇他「作新紀元」的開創冠絕之功。以下我們看看康有爲所提及幾位文藝復興時期大師作品：

康有爲所提及的卑路知那，即彼得羅・佩魯吉諾（Pietro Perugino），佩魯吉諾是 15 世紀意大利文藝復興時期翁布里亞畫派的重要成員，以培養出「文藝復興三傑」之一的拉飛爾而聲望卓著。布上油畫〈愛欲和純潔的戰鬥〉（圖

〔註16〕康有爲：《歐洲十一國游記・意大利游記》，中國文庫・第五輯編輯委員會編，康有爲著：《萬木草堂論藝》，頁 171。

四十三），是佩魯吉諾的代表作品，內容描述希臘神話中，維納斯（代表愛欲）與雅典娜（代表純潔）兩者戰鬥的故事。畫面以廣闊的草坪爲背景，數十人爲了愛欲與純潔奮勇拼鬥，構圖宏偉。然而也正與康有爲「稍方版，蓋創始者難爲功也」的評價相符。

圖四十三　佩魯吉諾〈愛欲和純潔的戰鬥〉油畫〔註17〕

（160×191cm，藏於巴黎羅浮宮）

　　〈雅典學院〉（圖四十四）是教宗命拉飛爾畫的畫。在透視點的二人分別爲柏拉圖及亞里士多德，這件作品中，展現出讓每個哲學家都顯現「個人靈魂」的企圖，用以區別個體之間不同的關係，並將他們連接在形式的韻律中，整體構圖中出現古典樣式大廳——超高圓頂、酒桶穹窿（Barrel Vault）。運用透視使整格畫面呈現縱深之感，是透視學高峰代表作，承襲了前人的精華，正是康有爲最爲推崇的寫實畫風。

〔註17〕佩魯吉諾〈愛欲和純潔的戰鬥〉，圖片引自個人圖書館：http://www.360doc.com/，2018/5/17。

圖四十四　拉飛爾〈雅典學院〉〔註18〕

（500×770cm，濕壁畫，1509～1510年，藏於梵蒂岡使徒宮）

　　吉多・雷尼（Guido Reni），即康有為所說的基多利臘，是17世紀意大利學院派畫家，出生於意大利博洛尼亞一個音樂世家，他對拉飛爾式的理想主義形式美和古典風格頗感興趣。他的畫風具有嚴謹的素描基礎、明快的色彩，並富有抒情的意境。「並被德國詩人歌德（1749～1832）視為『神聖天才』。隨著西歐文化發展的日趨世俗化，雷尼很不幸地在幾年後即乏人問津，他的作品似乎太過強調宗教的虔誠。」〔註19〕〈海倫的誘拐〉（圖四十五）描繪特洛伊王子帕魯斯帶走海倫的場景。〈蘇珊娜與長者〉（圖四十六）旨在嘲諷偏見者的無知，女主角是一名猶太女子，沐浴時被兩名教會長老的闖入所

〔註18〕　拉飛爾〈雅典學院〉（1509～1510年，濕壁畫，底寬770公分）位於羅馬梵蒂岡宮簽字大廳。圖片引自北京文藝網：http://www.artsbj.com/Html/art/jddd/3585087817.html，2018/6/17。

〔註19〕　〔英國〕溫蒂・貝克特修女（Sister Wendy Beckett）著，李惠珍，連惠幸翻譯：《繪畫的故事──悠遊西洋繪畫史》（臺北：臺灣麥克股份有限公司，1998年4月），頁184。

驚嚇，這兩名長老企圖用言語抹黑女子的節操，蘇珊娜既已信仰上帝和自己的清白，也就無所畏懼了。畫面中兩名長老肌理逼眞，鬚髮可數，人物的衣飾、頭巾皺褶紋理清晰，明暗分明，寫實手法強烈。

圖四十五　吉多・雷尼
〈海倫的誘拐〉〔註20〕

（23×29.7cm，意大利，布面油畫，
1626～1629年，藏於巴黎羅浮宮）

圖四十六　吉多・雷尼
〈蘇珊娜與長者〉〔註21〕

（117×150cm，約1600～1642年）

　　對於康有爲所說中國畫需融合中西的理論各有看法，畫家潘天壽（1897～1971）指出：「康氏不譜中西繪畫，主以院體爲繪畫正宗，是全以個人意志而加以論斷者。恐與其政見之由維新而至於復闢者相似，不足以爲準繩。」〔註22〕潘天壽指出，康有爲的主張乃基於政治考量，而非藝術上的追求。而吳甲豐則如此評價康有爲的中西藝術觀：「他是從晚明到清末三百多年來從文化高度觀察、評價西方美術的第一人；他又是近現代敢於承認中國傳統美術也有弱點，而植基於異質文化的西方美術也有優點的第一人。」〔註23〕後人對於康有爲的評價是互有褒貶的。潘天壽批評康氏不譜中西繪畫，的確也有

〔註20〕　吉多・雷尼：〈海倫的誘拐〉，引自正一藝術：http://www.zyzw.com/lfgh/lfgh126.htm，2018/5/15。
〔註21〕　吉多・雷尼〈蘇珊娜與長者〉，引自〔英國〕溫蒂・貝克特修女（Sister Wendy Beckett）著，李惠珍，連惠幸翻譯：《繪畫的故事——悠遊西洋繪畫史》，頁184。
〔註22〕　潘天壽：《中國繪畫史》（上海：上海人民美術出版社，1983年），頁293。
〔註23〕　吳甲豐：《對西方藝術的再認識》（北京：中國文聯出版公司，1998年），頁436。

部分符合事實，例如，康有為說：

> 又有基多利臘畫教皇，又畫小孩睡狀，筆畫古厚，聞以十四日成者。
> 又畫一小女，皆秀妙。基多利臘為拉飛爾之師，開山已精妙矣。其
> 本師卑路知那，尚有一畫，在散咩利阿話綿那話袄祠，世界只存此
> 一幅耳。此又為拉飛爾祖師，鑿山開道者也。然生氣秀逸，終讓拉
> 生出一頭，宜其出藍而大成也。〔註24〕

> 拉生於西曆一千五百八年。基多利臘、拉飛爾與明知文徵明、董其
> 昌同時，皆為變畫大家。但基、拉則變為油畫，加以精深華妙，
> 文、董則變為筆意以清微澹遠勝，而宋元寫真之畫反失。彼則求
> 真，我求不真；以此相反，而我遂退化。若以宋、元名家之畫，比
> 之歐人拉飛爾未出之前畫家，則我中國之畫，有過之無不及也。
> 〔註25〕

　　實際上，康有為對拉飛爾的了解多處與事實不符，拉飛爾在西歐美術史的地位固然很崇高，但卻非如康有為所說的「冠絕歐洲」的開創地位。拉飛爾與達文西（Leonardo di ser Piero da Vinci，1452～1519）、米開朗基羅（Michelangelo Buonarroti，1475～1564）並稱為文藝復興「三傑」。早年在「翁布里亞」畫派的領袖佩魯吉諾（Pietro Perugino，1446～1523，即康有為所言之「卑路知那」）的畫坊裡學畫。1504年，拉飛爾轉往佛羅倫薩尋求發展，當時，年齡比拉飛爾年長三十一歲的達文西，以及年長他八歲的米開朗基羅已樹立了崇高的聲望。其次，拉飛爾生於1843年，非康有為所說「西曆一千五百八年」〔註26〕，再者，康有為所說的基多利臘即吉多·雷尼（Guido Reni，1575～1642），〔註27〕拉飛爾比吉多·雷尼年長九十二歲，「基多利臘為拉飛爾之師」的說法亦與事實相違，但吉多·雷尼許多畫法卻是得自拉飛爾的。

　　從過去歷史的層面看，藝術是朝著廣義寫實主義的方向發展的。徐復觀

〔註24〕康有為：《歐洲十一國游記·意大利游記》，中國文庫·第五輯編輯委員會編，
　　　　康有為著：《萬木草堂論藝》，頁172。

〔註25〕康有為：〈意大利游記〉，中國文庫·第五輯編輯委員會編，康有為著：《萬木
　　　　草堂論藝》，頁169。

〔註26〕江瀅河：〈合中西為大家──康有為的國畫變革觀〉，頁108。

〔註27〕吉多·利臘的畫風是柔和化的巴洛克，因此被稱為「巴洛克的古典主義」就
　　　　跟許多波羅納畫家一樣，他的內容大半有主題性，技巧則不拘一格。

曾舉《韓非子・外儲說》的故事——畫犬馬最難；畫鬼魅最易，也就是說寫實難，抽象容易的道理。說明戰國時代的藝術活動已脫離由彝器花紋所表現的抽象的、神秘的藝術，轉向追求現世的，寫實的藝術。此轉變的意義，徐復觀說：

> 此一轉變，對藝術上的人生與自然的結合，以及在藝術的技巧學習上，都有很大地意義。因爲僅沉溺於「鬼魅」無形的抽象，結果不僅使人與社會及自然發生游離，並且也會發生技巧的惰退。……但到魏晉藝術精神普遍覺醒以後，在藝術範圍之內，便幾乎可以說沒有人再引用此一故事，其原因很簡單，寫實是藝術修習中的一過程，而不是藝術之所以爲藝術的本質所在。〔註28〕

抽象固然看似容易，但要以寫實作爲基礎，才能深刻地把握抽象的精髓。康有為有鑑於明清以來，文人畫、禪畫等畫家在沒有寫實的基礎下，逸筆草草所造成的荒率的問題，提出採取西方文藝復興時期之寫實主義改良中國畫，後來的確成爲中國畫現代轉型的重要意義。張健偉說：「用西方寫實繪畫的觀念和結構元素來革新中國畫的實踐，是具有時代意義的選擇，是通過文化自省的方式，回應西方繪畫介入的一種『現代化』的文化策略。」〔註29〕時至今日，西方寫實主義影響持續影響中國繪畫則是不爭的事實。

三、復唐宋院畫之古

康有為在〈物質救國論〉一文中，說明中國繪畫在南宋之後，因爲文徵明，董其昌等文人以清微澹遠的文人畫風格，取代了寫實的畫院風；而意大利從拉飛爾出現創作寫實的油畫，因而歐洲繪畫變而爲進步，而中國卻因此退步：

> 吾曾於十一國畫院中，盡見萬國之畫矣。吾南宋畫院之畫美矣。惟自明之中葉文，董出，撥棄畫院之法，誚爲匠手，乃以清微淡遠易之。而意大利有拉飛爾出焉，創作油畫，陰陽景色莫不迫眞，於是全歐爲之改變舊法而從之。故彼變而日上，我變而日下。〔註30〕

〔註28〕 徐復觀：《中國藝術精神》（臺北：臺灣學生書局，2013 年 12 月），頁 194。
〔註29〕 張建偉：〈管窺 20 世紀上半葉中國畫的現代轉型〉，引自《美與時代》，2009 年第 11 期。
〔註30〕 康有為：〈物質救國論・畫學樂學雕刻宜學於意〉，引自康有為著，蔣貴麟主編：《康南海先生遺著彙刊》（十五），頁 87。

　　中國繪畫，南宋以前多工筆，唐宋兩代出現許多精細的工筆畫，宣和以後漸尙寫意，非但如此，凡詩文皆強調造極之處可意會而不可言傳。宋徽宗趙佶（1082～1135）在位期間設立了畫學，並把它正式納入科舉考試之中以招攬天下畫家。由於他的指導和提倡，使得這一時期的畫院創作最爲繁榮，他並將宮內書畫收藏編纂爲《宣和書譜》和《宣和畫譜》。寫實藝術風格貫穿於整個宋代，同時也是宋代畫壇的主旋律。宋代院體繪畫的寫實性豐富了工筆繪畫的表現形式，提高中國工筆畫的表現能力，宋代在中國繪畫史上確實是寫實的最高峰。

　　例如張萱（？～？）〈虢國夫人游春圖〉（圖四十七）描繪西元 752 年（天寶 11 年），唐玄宗的寵妃楊玉環的三姊虢國夫人和妹妹秦國夫人，領著僕從遊春的情景，畫面極爲寫實，人物衣飾的樣式與顏色、髮型；馬鞍的精緻華麗；甚至馬尾特別梳理過的打結方式，都細細描繪出來。

圖四十七　唐代張萱〈虢國夫人游春圖〉〔註31〕

（51.8×148cm，絹本，藏於遼寧省博物館）

　　盛唐周昉（？～？）〈簪花仕女圖〉（圖四十八），以游絲描畫人物衣飾，六個仕女的衣飾顏色鮮麗，花紋精緻，且都外罩一襲透明的薄紗，隱約可見手臂。畫面生動而寫實地表現出服飾的質地；兩隻小狗、白鶴、拂塵毛髮畢現，甚至仕女們寬濃如蝶翅狀的「蛾眉」都表現得唯妙唯肖。

　　趙昌（？～？）〈寫生蛺蝶圖〉（圖四十九）畫中的蝴蝶走「寫實」路線，近看彷如一隻眞正的蝴蝶在畫面中飛舞。仔細觀察，甚至有現代圖鑑中照片

〔註31〕張萱，生卒年不詳，唐開元年間（713～741）年間任過宮廷畫職。〈虢國夫人游春圖〉，原作已佚，現存的是宋代摹本，因金章宗完顏璟判斷失誤而題爲宋徽宗摹本。圖片引自遼寧省博物館：http://www.lnmuseum.com.cn/huxing/show.asp?ID=7105，2018/6/17。

的細緻寫眞，堪稱「洞察力」的佼佼者，這也是院畫體，乃是整個北宋繪畫的主流思想。

圖四十八　唐代周昉〈簪花仕女圖〉〔註32〕

（46×180cm，絹本，藏於遼寧省博物館）

圖四十九　北宋趙昌〈寫生蛺蝶圖〉〔註33〕

（27.7×91cm，現藏於北京故宮博物院）

　　張擇端（？～？）〈清明上河圖〉（圖五十）是中國十二世紀初期一幅傑出的風俗畫，描繪北宋京城汴梁以及汴河兩岸的繁華景致及河岸風光。畫面中工商百態，人們有在茶館休息的，在看相算命的，在飯館用餐的，……船隻往來，縴夫拉縴……描繪宏大的景物，卻精巧寫實。唐宋院畫在求眞求實的層面，的確有其造詣，遂成爲康有爲的中國畫變革方案之一。

〔註32〕〔唐〕周昉：〈簪花仕女圖〉，引自百度百科：https://baike.baidu.com/item/，2018/5/9。傳爲周昉（西元8～9世紀初）所繪的〈簪花仕女圖〉，在斷代以及作者問題上尚未有定論。
〔註33〕北宋趙昌：〈寫生蛺蝶圖〉，引自北京故宮博物院：http://www.dpm.org.cn/collection/paint/230459.html，2018/5/9。

圖五十　北宋張擇端〈清明上河圖〉〔註34〕

（局部，5284×2.8cm）

四、康有爲「中國畫變革論」評析

　　康有爲認爲由於中國近代畫論精神已產生偏謬，因此需要取法西方文藝復興時期的寫實主義，與回到中國古代的畫論精神。所謂古代畫論精神，其實在強調繪畫本質需回歸寫形的傳統。《萬木草堂藏畫目》序言中有五處皆論證繪畫之本質在於寫形，見（表十六）。

表十六　《萬木草堂藏畫目》論畫之本質表

〈萬木草堂藏畫目〉序言	論　　　點
《書》稱：「彰施五采作繪」	繪畫具有五彩（媒材，物質）
《論語》：「繪事後素」	在質爲本，文爲輔的原則下追求完美（感官）和諧
《爾雅》云：「畫，類也。」《說文》：「畫，畛也。」《釋名》：「畫，掛也。」	繪畫具備、象形、裝飾等目的或功能
故陸士衡曰：「宣物莫大於言，存形莫善於畫。」	繪畫的寫實功能

〔註34〕〔宋〕張擇端：〈清明上河圖〉（局部），圖片引自中國古代書畫鑑定組編：《中國繪畫全集》第 2 卷，五代宋遼金 1（杭州：浙江人民出版社，1999 年 6 月），頁 195。

張彥遠曰:「留乎形容,式昭盛德之事,具其成敗,以傳既往之蹤,記傳所以敘其事,不能載其形,賦頌所以詠其美,不能備其象,圖畫之制,所以兼之,今見善足以勸,見惡足以戒也。」	繪畫的寫實、宣導功能
若夫傳神阿堵,象形之迫肖云爾,非取神即可棄形,更非寫意即可忘形也,徧覽百國作畫皆同……。	繪畫應具備寫實功能,且百國作畫皆重形

　　康有爲認爲,中國六朝唐宋之寫實畫風,和歐美文藝復興時期之寫實主義相類,惟近世以禪入畫,從王維開始,形成一股文人畫風,大概都簡率荒略,造成中國畫的衰落,他說:

　　　故今歐美之畫與六朝唐宋之法同。惟中國近世以禪入畫,自王維作雪裏芭蕉始,後人誤尊之。蘇米撥棄形似,倡爲士氣,元明大攻界畫爲匠筆而擯斥之。夫士夫作畫,安能專精體物,勢必自寫逸氣以鳴高,故只寫山川,或間寫花竹,率皆簡率荒略,而以氣韻自矜。

〔註35〕

　　蘇軾最先提出文人畫的概念,並建立了初期文人畫基本理論,是文人畫走向成熟的關鍵人物。他推崇文人畫,蔑視畫院。逐漸地,文人畫成爲畫壇主流的時候,就有一些畫家從文人的角度反對宋代畫院的繪畫風格,甚至反對宋代畫院,如元代最顯赫的畫家趙孟頫,他極力反對宋代的繪畫傳統,認爲一幅作品的好壞不在於作品的內容,而在於他的筆墨效果。這種觀點影響了其子趙雍(約 1290～?)和朋友任仁發(1254～1327)以及王淵(1280?～1349?)等文人畫家。這些文人反對宋代畫院的「院習」、「匠氣」。他們認爲宋代畫院過於強調表面形式和由此產生的弊端,使得畫院風格流於形式化,因此抹殺宋代繪畫和宋代畫院教育的成就。

　　康有爲列出古代經典以印證繪畫之本質爲寫形,提出欲改變中國畫衰落的現象變革方法之一,是必須採用西洋畫的寫實精神,提出「融合中西」的改良論;呂澂高呼「美術革命」;陳獨秀提倡「改良中國畫」。種種改革觀點,將中國畫推進一股融合中西的新潮流,而「寫實主義」者,除了影響徐悲鴻等現代畫家,對於美術教育的現代化更是影響深遠。

　　然而,中西繪畫有著本質上的不同,即使同爲寫實,中西繪畫之間卻有

實質的區別。達文西說繪畫涉及眼睛的十大功能，那就是「陰影，亮光，體積，顏色，形狀，位置，遠，近、動和靜。」〔註 36〕基本上，西方繪畫屬於視覺藝術。中國畫所重視的，劉海粟以謝赫（南齊，？～？）六法詮釋中國繪畫特徵（如表十七），〔註 37〕吾人將它略爲更動如下：

表十七　謝赫六法示意表

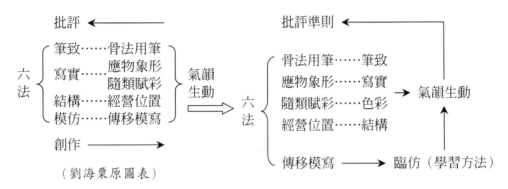

（劉海粟原圖表）

中國文化貫穿著「天人合一」的思想，人與自然融合爲一，和諧而自如，畫家的精神與自然如魚相忘乎江湖；畫者相忘於道術，在謝赫六法中，氣韻生動是最高品評標準。傳移摹寫爲繪畫學習方法，其餘爲品評標準。因此，中國畫即使也重視結構、色彩，但最後就是要達成「氣韻生動」的要求，在這標準之下，結構、色彩往往就被忽視了。

馮曉分析中西藝術的時空意識時，以視覺空間作爲參照系，用透視、光影、色彩三項元素分析中西繪畫的差異：

透視：……中國藝術家從來不描繪由一個視點推出的符合視覺要求的瞬間世界，他所把握的是窮極宇宙整體的觀照。……

光影：……中國藝術家們，從來不描繪一個由固定光源映照出來的

〔註 36〕達文西（Leonardo Da Vinci）著，鄭福潔譯：《達文西的筆記本：繪畫是怎麼回事》（臺北：網路與書出版，2007 年），頁 14。

〔註 37〕南齊謝赫的六法論，由唐代張彥遠的《歷代名畫記》中記述並流傳後世。謝赫《畫品》中首先提出了品評中國畫的標準和美學原則「六法」。「六法論」提出了一個初步完備的繪畫理論框架，從內在精神至外在形質、從用筆刻畫對象的外形、結構和色彩、構圖和創作要求皆概括在內。自「六法論」提出後，中國古代繪畫進入了理論自覺階段，後代畫家始終把「六法」作爲衡量繪畫高下的標準。圖表引自劉海粟〈中國繪畫上的六法論〉，《南京藝術學院學報》，2006 年第 2 期，頁 28。

片刻，而是把握一個表現宇宙精神的整體結構，這是一個全方位的
關照。沒有光影的關係，中國畫的形象是不受任何物理關係制約的，
它具有很強的自足性。……

色彩：中國人所理解的宇宙空間，不是一個陽光燦爛，風和日麗的
晴朗天而是一個惚兮、恍兮、虛兮、幻兮的世界。……渾涵汪茫，
淡淡漠空，漠是它的特徵，要將其描繪於畫面，水墨形式無疑是最
佳的語言。〔註38〕

馮曉具體地道出了中國畫的特質，它是一個心理時空映照出來的世界，
與由物理時空建構出來的西方藝術，有著本質上的差異。張彥遠在《歷代名
畫記》中也有類似的看法，他說：

夫陰陽陶蒸，萬象錯布。玄化亡言，神工獨運、草木敷榮，不待丹
碌之采。雲雪飄颺，不待鉛粉而白。山不待空青而翠，鳳不待五
色而綷，是故運墨而五色具，謂之得意。意在五色，則物象乖矣。

〔註39〕

在張彥遠眼中，外在世界瞬息萬變如過眼雲煙，而筆墨精神卻與宇宙相
通，作畫只要運墨，黑白之間即得五彩，丹青五色皆化約於水墨之間。中國
藝術家獨特的審美哲學意識下，以一種超脫的心靈面對自然，面對現實生活
中的眞實山水，致使中國藝術家在創作時將這種獨特的審美觀，轉化爲獨特
的藝術面貌與風格形式。總之，中西寫實的方式有著本質上的不同，但他們
能夠融合嗎？如何融合？弗朗茨·維克霍夫（Franz Wickhoff，1853～1909）
在〈論藝術普遍進化的歷史一致性〉一文中說：

……現在誰也不會否認 19 世紀西方風格和遠東風格的融合這個起
始於日本完成於歐洲的過程，我仍然必須證明我早些時候提出的論
點，即這兩種風格最初都來自一個共同根源。倘若現今人們普遍持
有的觀點是正確的，即遠東藝術，尤其是它的最古老的分支中國藝
術，是獨立地進化的，那麼我們就不再能談到藝術在普遍進化中的
歷史一致性，兩個自始就彼此相隔甚遠的藝術領域如何最終仍能融

〔註38〕馮曉：《中西藝術的文化精神》（上海：上海書畫出版社，1993 年 8 月），頁
170～171。

〔註39〕張彥遠：《歷代名畫記·卷二論畫體工用搨寫》（北京：中華書局，1985 年），
頁 72。

合在一起，這的確是令人驚異的。〔註40〕

由這段引文，我們可以看出弗朗茨·維克霍夫的三個觀點，其一，19 世紀西方風格和遠東風格完成融合；其二，西方風格和遠東風格最初都來自一個共同根源；其三，遠東藝術，尤其是中國藝術，非獨立進化的。康有爲畫論中主張取法西方文藝復興時期寫實主義，中西繪畫融合的可能性是被普遍認可的。

第二節　康有爲其他繪畫主張

一、實用主義與「大藝術」觀傾向

康有爲指出要改變中國畫衰敝的現狀，應以唐宋寫實手法爲正宗，以及採西方文藝復興時期寫實主義。康有爲如此重視繪畫的目的爲何？他引張彥遠的說法說明寫實可以達到「留乎形容，式昭盛德之事，具其成敗，以傳既往之踪」的目的。可見，康有爲是以社會功用的角度來肯定寫實的意義。此外，他還認爲，寫實是美術發揮其工具性的最佳手法。

> 繪畫之學，爲各學之本，中國人視爲無用，豈知一切工商之品、文明之具，皆賴畫以發明之。夫工商之品，實利之用資也；文明之具，虛聲之所動也。若畫不精，則工品拙劣，難于銷流，而理財無以治矣，文明之具亦立國所同競，……故畫學不可不致精也。〔註41〕

康有爲強調美術對於工商業的影響。中國古代也有「百工」，只是中國文人藝術的傳統使得工匠地位低下，同時也易受文人趣味的影響。康有爲的說法，使工匠地位受到重視，也使得中國現代史上出現許多談論「美術能夠促進實業」的議題。毛巍蓉說：「康有爲的思想是中國設計走向現代的一個觀念上的飛躍。」〔註42〕這也是康有爲結合工藝與美術的「大藝術」觀傾向。「大

〔註40〕〔奧地利〕弗朗茨·維克霍夫（Franz Wickhoff，1853～1909）在〈論藝術普遍進化的歷史一致性〉，引自范景中主編，傅新生、李本正翻譯：《美術史的形狀（I）——從瓦薩里到 20 世紀 20 年代》（杭州：中國美術出版社，2003年 3 月），頁 259。

〔註41〕康有爲：〈物質救國論〉，康有爲著，蔣貴麟主編：《康南海先生遺著彙刊》（十五），頁 86。

〔註42〕毛巍蓉：〈近代工藝設計教育發展述略〉，《新美術》第 6 期，總第 29 卷，頁98。

藝術」目前沒有明確的定義，只能做大致的描述或概括，孫紹軼、盧柏樵曾
對「大藝術」做了大致的歸納：

> 其一，「大藝術」是拋開對某個具體的藝術門類或者專業的狹隘認
> 識，綜合各藝術形式、藝術流派特點的一種表現手法。……其二，
> 「大藝術」是在創作中廣泛涉獵各學科相關知識，從中借鑑、發
> 現、豐富藝術創作；其三，「大藝術」是藝術家在人格修養、生命態
> 度上的一種世界觀。〔註43〕

康有爲「融合中西」的藝術觀點，其實就是將中國水墨畫與西洋油畫相
融合的大藝術觀。他在英國看到水粉畫（今水彩畫），認爲：「水粉畫可近視、
無油氣，甚類中國畫，雅妙不俗。疑將來有以加善之，代統油畫也」〔註44〕
而《廣藝舟雙楫》中說：

> 魏碑無不佳者，雖窮鄉兒女造像，而骨血峻宕，拙厚中皆有異態，
> 構字亦緊密非常，豈與晉世皆當書之會邪！何其工也！何其工也！
> 譬江、漢游女之風詩，漢、魏兒童之謠諺，自能蘊蓄古雅，有後世
> 學士所不能爲者。〔註45〕

魏碑中窮鄉兒女造像多爲無名書家，康有爲卻稱讚他們的書法「拙厚中
皆有異態，構字亦緊密非常」，說明了康有爲不固著特定的藝術形式、藝術流
派、創作群體……透顯出他的大藝術觀傾向。從《萬木草堂藏畫目》的藏畫
看來，康有爲收藏在繪畫媒材、色彩、題材、創作者……皆不拘執。在《萬
木草堂藏畫目》國朝畫（清）的條目下，所收藏畫作包含當時一些不知時
代，甚或不知名的非專業畫家與文士的作品，更包括康有爲亡妻、伯父。條
目下曰：

> 先從伯父彝仲廣文公牡丹（諱達棻，工牡丹，當時號稱康牡丹）。
>
> 先從叔父竹蓀廣文公梅竹（諱達節。二從父皆吾少從受經者）。
>
> 亡媵何旃理女士花卉（名金蘭，冊頁四冊，立軸十二）。〔註46〕

〔註43〕孫紹軼、盧柏樵：〈試論大藝術〉，《遼寧師專學報（社會科學版）》，2009年第
4期，頁24。

〔註44〕康有爲：〈歐洲國游記·英國游記〉，中國文庫·第五輯編輯委員會編，康有
爲著：《萬木草堂論藝》，頁157。

〔註45〕康有爲：《廣藝舟雙楫·十六宗第十六》，《康有爲全集》（一），頁473。

〔註46〕康有爲：《萬木草堂所藏中國畫目·國朝畫》，康有爲著，蔣貴麟編：《萬木草
堂遺稿外編》（上），頁222。

或曰康有爲對於繪畫鑑賞力不佳，但我們從另一視角觀察，這正是康有爲藝術理念現代化的一大特徵，他的收藏，透露其重視與菁英藝術異質的大眾美術。此外，康有爲積極推展美術館、博物館的建設，則展現了他對大眾美術教育的重視，這種藝術修養、對待藝術的態度正可謂大藝術觀。此外，康有爲不僅在書畫方面投注心力，對於各國博物館更具備高度的興趣，他以意大利善於保存文物之諸多博物館爲參照，寫了〈中國之不保存古物不如羅馬〉表達了他文物保護的意識。

對於西方文化之佳者，便掀起了學習、仿效之意，見了玻璃製造廠，則曰：「五色玻乃歐土珍異之物也，吾國必當仿製之」〔註47〕並詳細記錄了德國製作五色玻璃的工法。康有爲對於各國水彩、炭筆畫、油畫、雕塑、織絨畫、濕壁畫……雖認識不夠深刻，但他處處留心，不斷思考中國藝術面臨的問題，並積極尋求改革之法。

此外，康有爲還提出油畫爲中國人所發明的看法，他說：「油畫出自吾中國」，由「馬哥波羅得中國油畫，傳至歐洲」。其論據有二：一、宋人易元吉〈寒梅雀兔圖〉、趙永年〈雪犬〉等作品都是油畫；二、現存歐洲各國畫院藏畫，十五世紀前皆無油畫。康有爲相信，「此吾創論，後人當可證明之」。〔註48〕再看看媒材部分，康有爲收藏的畫作除了常見的絹、紙類之外，也有織畫、油畫等「易元吉〈寒梅雀兔圖〉立軸、絹本油畫逼眞，奕奕有神。」〔註49〕「太液池織畫，有殿閣舟亭人物，有高宗御製詩。受天百祿織畫（乾隆時作群鹿）。」〔註50〕到了徐悲鴻，他對作畫的媒材便有了具體的論述：

> 中國畫通常之憑籍物，曰生熟紙。曰生熟絹。而八百年來習慣，尤重生紙。顧生紙最難盡色，此爲畫術進步之大障礙。而熟紙絹則人以爲易爲力，復不之奇。又且以爲絹壽只八百，紙只二百年，重爲畫惜，噫異矣！夫人習畫，於生紙絹也成需六、七年，且恐未必臻乎美善。熟者五年色與形已俱盡。徒矜憑物之難，不計成績之工拙，

〔註47〕　康有爲：〈歐洲國游記・德國游記〉，中國文庫・第五輯編輯委員會編，康有爲著：《萬木草堂論藝》，頁158。

〔註48〕　康有爲：《萬木草堂所藏中國畫目・宋畫》，康有爲著，蔣貴麟編：《萬木草堂遺稿外編》（上），頁196。

〔註49〕　康有爲：《萬木草堂所藏中國畫目》，康有爲著，蔣貴麟編：《萬木草堂遺稿外編》（上），頁195。

〔註50〕　康有爲：《萬木草堂所藏中國畫目》，康有爲著，蔣貴麟編：《萬木草堂遺稿外編》（上），頁223。

則戴白而舞耳,焉用之!〔註51〕

一般而言,中國傳統畫家在生宣紙上抒情寫意,熟宣紙上寫實刻畫,徐悲鴻認爲中國之物質不能盡術盡藝,姑且不論其論是否恰當,徐悲鴻對於繪畫媒材是頗費心思考的。而康有爲雖未有具體論述,但他的藏畫目中,收藏不分古今中外、創作者、作品形式、媒材,顯現出康有爲對於藝術的胸襟與態度是涵納百川的大藝術觀。

二、寫生入神

康有爲在評論明朝末期繪畫時,曾說:「至蘇軾謬發高論,以禪品畫,謂『作畫必須似,見與兒童鄰』之後,元四家紛紛效仿。『以其高士逸筆,大發寫意之論』」,回顧魏晉六朝、唐、宋的繪畫大都是以抒發胸中丘壑的作品爲高尚之作,於是自元四家以後,只要是論畫便以寫意論爲主,清初「四王」提倡摹古,將張璪的「外師造化,中得心源」的觀點強化,這種觀點概括畫家創作過程中反映客觀事物與主觀思想感情的聯繫作用,強調對外在表象的分析、再現,並在其中融入畫家的主觀體悟。

謝赫六法論之一的「傳移摹寫」即是臨仿。中國古代畫家認爲繪畫不是對物象的簡單描繪,重要的是傳達物象內在精神風貌和特質。此即東晉畫家顧愷之「以形寫神」的概念。六法論最高的審美標準「氣韻生動」,指的也是精神風貌。清初正統派「四王」山水純爲對各家筆法和程式照搬照抄,失去了對眞實景物的描寫。到了近代,文人畫家們對中國畫的激辯與討論,臨摹成了因循守舊的代名詞,寫實則成了現代化的標誌,寫實最重要的方式便是寫生。康有爲對西方繪畫的認識是在 19 世紀末到 20 世紀初,他所見的僅限於西方寫實繪畫的盛況,而對於新興的現代主義未多加關注。他將文藝復興以來的透視、寫實作爲改良中國繪畫的科學方向,於是臨摹和寫生分別成爲學習中國畫和西方畫完全相反的特徵。康有爲所強調的寫生,是指對景寫生,注重客觀、寫實的一種求眞的科學方法。由於康有爲不諳西畫,他未對寫生有太多著墨,但他極爲肯定徐悲鴻的寫實畫。

徐悲鴻是康有爲的得意門生,是將「寫生」貫徹執行的典型。徐悲鴻和蔣碧微（1899～1978）的戀情遭到蔣父的反對,康有爲出面幫助徐悲鴻和蔣

〔註51〕徐悲鴻著,徐伯陽、金山合編:〈中國畫改良之方法〉,《徐悲鴻藝術文集》(上冊),頁41。

碧微成功私奔日本，1917 年徐悲鴻去日本留學前康有爲寫了一幅〈寫生入神〉
（圖五十一）的匾額送給徐悲鴻。落款稱「悲鴻仁弟，於畫天才也，寫此送
其行。」〔註 52〕之後，徐悲鴻有去歐洲留學的願望，康有爲則藉助自己的人
脈關係，輾轉找到了當時的教育總長。徐悲鴻得以獲得一個官費留學法國的
名額。徐悲鴻旅歐學畫多年，對於傳統西畫有深刻的理解，在《畫範》序中，
提出素描「新七法」：一、位置得宜；二、比例準確；三、黑白分明；四、動作
和姿態天然；五、輕重和諧；六、性格畢現；七、傳神阿堵。〔註 53〕康有爲
認爲「世界才是中國的」，徐悲鴻作爲康有爲的弟子，其新七法相較於謝赫的
六法，是需要更高的寫實技巧的。前五法需要結合解剖學、數學、幾何學的學
習方能做到。比例、色彩、質感、體積等都是對於視覺效果的要求，達到了造
型的逼眞與形似，神采、情思辨能自然流露。徐悲鴻認爲「造型美術之道，貴
明不尙晦。故現於作品之表情不足，即不成爲美善之品，縱百般注釋，亦屬枉
然。」〔註 54〕而謝赫六法中，「傳移摹寫」才是中國畫練習的途徑，寫生（素
描）與「傳移摹寫」康有爲以來，傳統與現代學習繪畫方法的分野。

圖五十一　康有為〈寫生入神〉〔註 55〕

（78×42cm）

　　徐悲鴻〈康南海六十大壽行樂圖〉（圖五十二），是徐悲鴻爲康有爲六十
大壽所繪，人物面部清晰可讀，人物、衣飾、背景有光影呈現，光影作畫是
素描寫生的基本要求。寫生、素描更多地受到了客觀對象、光線、時間等外

〔註 52〕王震編著：《徐悲鴻年譜長編》（上海：上海書畫出版社，2006 年），頁 18～19。
〔註 53〕徐悲鴻：《畫範》序──新七法，徐伯陽、金山合編，徐悲鴻著：《徐悲鴻藝
　　　　術文集》（上），頁 173～174。
〔註 54〕徐悲鴻：《畫範》序──新七法，徐悲鴻著，墨明編：《徐悲鴻講藝術》（北京：
　　　　九州出版社，2005 年 12 月），頁 234。
〔註 55〕康有爲：〈寫生入神〉，引自嘉德春拍：http://icms.artfoxlive.com/article.php?id=
　　　　5042，2018/6/6。

部因素的影響。是較爲科學的繪畫方式。徐悲鴻是康有爲的得意門生，是將
「寫生」貫徹執行的典型。

圖五十二　徐悲鴻〈康南海六十大壽行樂圖〉〔註 56〕

（87×121cm，1917 年，私人藏）

三、強調色彩

　　中國水墨畫強調墨分五彩，對於著色界畫則視爲匠氣，而康有爲對於黝
然黑深的墨色不以爲然。著色界畫正是他在《萬木草堂藏畫目》中所提出的
醫治「畫學衰敗」的藥方：

> 今特矯正之，以形神爲主，而不取寫意，以著色界畫爲正，而以筆
> 墨粗簡者爲別派，士氣固可貴，而以院體爲畫正法，庶救五百年來
> 偏謬之畫論，而中國之畫乃可醫而有進取也。〔註 57〕

　　除了提出以著色界畫爲醫治「畫學衰敗」的藥方，他對歐洲的水彩畫、

〔註 56〕徐悲鴻：〈康南海六十大壽行樂圖〉，引自嘉德春拍：http://icms.artfoxlive.com/
article.php?id=5042，2018/6/6。

〔註 57〕康有爲：《萬木草堂所藏中國畫目》，中國文庫・第五輯編輯委員會編，康有
爲著：《萬木草堂論藝》，頁 114～115。

織畫頗爲心怡，且強調其色彩斑斕：

> 一種粉水畫而有影，似中國，唯中國不善調色，德人善調色，故
> 勝。〔註58〕

> 丹墨（丹麥）畫淡而頗能逼眞，有荷蘭二百年前之廉伯遠畫，極有
> 神。前畫著色深，過於德，而太黝黑，損采色。〔註59〕

> 歐人最貴重織絨畫……，雖爲織成者，而神氣生動，五色斑斕，古
> 藻可挹，吾最愛之。〔註60〕

康有爲認爲德國人善調色，而中國不善調色，所以德國水彩畫勝中國水墨畫，丹麥畫色太深，有損顏色之美。織絨畫五色斑斕，是康有爲的最愛。他所收藏的畫作很大一部分是設色穠麗的。例如：

> 趙千里〈山水樓閣人物〉（立軸三、絹本，一裂者穠深華妙，宜珍
> 藏。〔註61〕

> 胡良史〈山水〉立軸、絹本穠深。〔註62〕

> 菩提葉寫〈羅漢〉（十二葉），（無名）丹青絢采，華麗莊嚴。〔註63〕

從康有爲的收藏評論，可知他重視繪畫的色彩，這一點是有別於傳統水墨畫僅以黑色爲基調分出色階。

前文在討論康有爲「中國畫變革論」時，曾提及中西繪畫最顯著的三種差異，爲透視，光影，色彩。其中，透視較少爲康有爲所述及，光影則偶見提起，但康有爲對於色彩則屢屢言之，可見他對色彩的重視。

康有爲認爲美術、工藝會影響工商業的發展，強調中西融合，主張以寫實來改革中國畫。西畫的學習又以寫生與中國畫的臨摹差異最爲鮮明，再者，

〔註58〕康有爲：〈德國游記·游畫院〉，中國文庫·第五輯編輯委員會編，康有爲著：《萬木草堂論藝》，頁159。

〔註59〕康有爲：〈丹墨游記〉，中國文庫·第五輯編輯委員會編，康有爲著：《萬木草堂論藝》，頁161。

〔註60〕康有爲：〈意大利游記〉，中國文庫·第五輯編輯委員會編，康有爲著：《萬木草堂論藝》，頁167。

〔註61〕康有爲：《萬木草堂所藏中國畫目》，中國文庫·第五輯編輯委員會編，康有爲著：《萬木草堂論藝》，頁119。

〔註62〕康有爲：《萬木草堂所藏中國畫目》，中國文庫·第五輯編輯委員會編，康有爲著：《萬木草堂論藝》，頁120。

〔註63〕康有爲：《萬木草堂所藏中國畫目》，中國文庫·第五輯編輯委員會編，康有爲著：《萬木草堂論藝》，頁137。

他重視色彩等具體的方法來改良中國畫。阮圓曾評論康有爲，說：

> The ideal art, to him, must be highly descriptive, proximate to scientific vision. It is Important to note that incorporating science into art as a solution to human progress occurred in the West as well, such as the Cubists' and Futurists' exploration of non-Euclidean geometry and Seurat's reference to optical Theory. Kang's own belief in a 'materialist salvation of China' conceived the visual arts as part and parcel to industrial and economic progress. [註64]

> （對康有爲而言，理想的藝術必須是具備高度描述性的〔寫實〕，接近科學的視野，重要的是要注意到將科學納入藝術作爲人類進步的方針，正如西方，立體派和未來派對非歐幾里得幾何學和 Seurat〔秀拉〕參考光學理論一樣。康有爲的信念是〔物質救國論〕，並認爲藝術影響工商業的發展。）

儘管康有爲的繪畫理論時有錯誤的舉證，他對於中西繪畫認識也不夠專業，但是他看到中國畫發展到清初的種種問題，指出改革中國畫的大方向，以寫實、接近科學的視野，鼓勵寫生、強調色彩，確實使中國畫逐步走向現代化，所謂創始者難爲功，對於康聖人，或許我們不應過分苛責。

第三節　融合中西的典範——郎世寧與民國畫壇三傑

康有爲以爲中國畫的發展應「合中西爲大家」，並以郎世寧爲太祖。其畫家弟子劉海粟與徐悲鴻二人，加上林風眠被稱民國畫壇三傑（又稱爲畫壇三重臣），王伯敏說：

> 在近代畫史上，被稱爲「畫壇三重臣」者——徐悲鴻、劉海粟、林風眠，不但精於中國畫，更是傑出的油畫家，又是在美術教育上作出重大貢獻的美術教育家。〔註65〕

〔註64〕Aida Yuen Wong（阮圓）：*The Other Kang Youwei*, P. 105。

〔註65〕新華日報 2014 年 4 月 25 日：https://translate.google.com.tw，2018/3/9。楊瑒：《民國畫壇三傑中西融合美術教育管理理念探究》（西安美術學院藝術學理論碩士學位論文，2017 年 5 月）。首度以民國畫壇三傑爲主題發表碩士學位論文。此外，民國畫壇三傑亦有「畫壇三重臣」之稱，見於王伯敏：《中國繪畫通史》（下）（臺北：東大圖書公司，1992 年 11 月），頁 1182。

「畫壇三重臣」中，徐悲鴻與劉海粟皆爲康有爲的入室弟子，林風眠雖未與康有爲有過往來，但在繪畫理念上皆採「融合中西」的方式，只是它們融合的方式各有不同，他們將「合中西」的理論落實到創作中，皆有卓越的成就。而郎世寧是以西方繪畫爲主結合中國畫，他的中西融合方式更帶有獨特的視角與特色，他們皆爲民初融合中西繪畫的典範。

一、郎世寧

郎世寧（Giuseppe Castiglione，1688～1766），意大利米蘭人。自幼受到良好的藝術文化氛圍的薰陶，青年時期學習繪畫與建築，1707 年，約十九歲時加入了熱那亞耶穌會。剛開始只爲意大利的教堂畫壁畫，1714 年居往在葡萄牙里斯本及科英布拉。1715 年（清康熙 27 年）到達北京，受到清康熙皇帝的賞識與重用，成爲一名宮廷畫家，爲中西藝術的交流留下了重要的貢獻。他在清內廷歷經康熙、雍正、乾隆三朝，創作了大量的院畫，留下了近百件作品。並且是「融合中西畫法的新體會畫的創始人和推行者」。〔註66〕

他將引進西方文藝復興時期開創的明暗寫實畫法，並改用膠狀顏料在宣紙上作畫，也就是今日的膠彩畫作法，融入中國宣紙、絹、毛筆、顏料，創造出符合中國傳統美學觀的新體繪畫。此外，也曾試圖要求康熙帝開辦學習用西方透視原理來繪畫的繪畫學校，但不被採用，後來與中國學者年希堯一起出版了一本《視學》，是中國第一部透視學專著。

關於郎世寧如何融合中西繪畫，楊伯達做了很精闢的分析研究，吾人可大略歸納如下：構圖上運用焦點透視法（線法畫）；技法上運用西方文藝復興時期所創的明暗法，但減弱高光和黑影以降低明暗的對比，使畫面具有立體的效果，但比西方的靜物畫柔和許多。在工具上使用中國筆墨、紙絹，突出了線的作用，具備了中國工筆畫的效果。所描繪的人物栩栩如生，既有立體的寫實感，又減弱了明暗的對比，沒有濃重的陰影和過強的光線，效果比較柔和。（如圖五十三～五十六）

（圖五十五）節自郎世寧〈百駿圖〉，爲郎世寧的前期作品，在長達七公尺的長卷上，描繪著秋季牧放馬群的景象。姿態各異的駿馬百匹，遊憩在草原、林木之間，透過細膩的光影變化呈現出寫實的特質。畫中雖一方面延續

〔註66〕楊伯達：〈郎世寧在清內廷的創作活動及其藝術成就〉（臺北：故宮博物院院刊，1988 年第二期），頁 23。

著中國牧放馬群的傳統圖式，在構圖上又於山水林中充分顯露著西洋焦點透視的效果，馬匹的大小也隨之而有比例的變化，林木上亦多油畫堆疊顏料的處理方式。〈仙萼長春冊・牡丹〉（圖五十六），畫牡丹迎風搖曳，色彩至爲艷麗，作畫方式從寫生入手，加入西洋光影透視技法，栩栩如生，花朵採用周之冕「勾花點葉法」的技巧，〔註67〕而花葉又加以惲壽平「沒骨花卉」的畫法，只以尖細的線條勾出葉脈。

　　意大利畫家郎世寧在中國度過了半個世紀，康有爲曾說，郎世寧是最早開創中西合璧繪畫技法的畫家，在中國繪畫史上留下了無可忽視的一筆，也成爲康有爲所認定的中畫轉型的太祖級畫家。

圖五十三
郎世寧〈孝賢純皇后像〉〔註68〕

圖五十四
郎世寧〈大閱圖〉〔註69〕

（絹本 94.8×116.2cm，
北京故宮博物院藏）

（尺寸不詳，北京故宮博物院藏）

〔註67〕俞劍華先生在《中國繪畫史》中的分法，把明代花鳥畫分爲寫生派、臨古派、
　　　寫意派、勾花點葉派和其餘派別不明者。

〔註68〕郎世寧〈孝賢純皇后像〉，圖片引自劉建平發行：《郎世寧畫集》（天津：天津
　　　人民美術出版社，1998 年 3 月），頁 25。

〔註69〕郎世寧〈大閱圖〉，圖片引自劉建平發行：《郎世寧畫集》，頁 133。

圖五十五
郎世寧〈百駿圖〉〔註70〕

（局部 94.5×776.2cm，臺北故宮博物院藏）

圖五十六　郎世寧
〈仙蕚長春冊・牡丹〉〔註71〕

（33.3×27.8cm，
臺北故宮博物院藏）

二、民國畫壇三傑

　　民國時期，徐悲鴻、劉海粟、林風眠被稱爲「民國畫壇三傑」，又稱「畫壇三重臣」。他們均留學歐洲，回國後擔任美術教育工作，三人皆提倡中西融合的藝術理念。他們三者之中，徐悲鴻與劉海粟都曾拜康有爲爲師。林風眠雖不曾師承康有爲，但其融合中西的藝術理念卻與康有爲非常相近。民國畫壇三傑都曾接受過西方美術教育，在繪畫創作上力求結合中西之長，然而三者融合方式各有不同。徐悲鴻成爲康有爲中國畫改良論的眞正實踐者，「欲救日前之弊，必採歐洲之寫實主義」的言論與康有爲如出一轍。以其人物畫爲例，他將中國筆墨作爲西方的木炭條使用，傳統的皴法作爲塑造光影效果的方式。他和蔣兆和融合西方寫實主義的繪畫方式被稱爲「徐蔣體系」，在民初幾乎成爲了國畫界的主流。劉海粟晚年多採西方現代藝術的研究和借鑑，他吸取馬蒂斯、塞尙、凡高、高更、莫奈等印象派光影效果創作方式，汲取中西繪畫表意的成分，如〈黃山西海門圖卷〉、〈震澤漁民〉、〈梅院雪景〉等。

〔註70〕郎世寧〈百駿圖〉，圖片引自臺北故宮博物院〈書畫典藏資料檢索系統〉：http://painting.npm.gov.tw.er.lib.ncku.edu.tw:2048/Painting_Page.aspx?dep=P&PaintingId=3614，2018/3/19。

〔註71〕郎世寧〈仙蕚長春冊・牡丹〉，圖片引自臺北故宮博物院〈書畫典藏資料檢索系統〉：http://painting.npm.gov.tw.er.lib.ncku.edu.tw:2048/Painting_Page.aspx?dep=P&PaintingId=4956，2018/3/19。

林風眠在青年時代留學法國，在法國學習油畫接受學院派古典寫實的技法，但之後又跳脫寫實主義的框架，借鑑印象主義（Impressionism）、表現主義（Expressionism）、立體主義（Vubism）、野獸主義（Fauvism）、巴黎畫派（The School of Paris）〔註72〕等西方現代藝術流派的理念與技法。將中國筆墨精神和西畫的體積、造型感等巧妙的融合在一起，形成既具有西方的構成與東方的韻味的中國水墨畫。

　　徐悲鴻、劉海粟、林風眠在力求「融合中西藝術」的創作理念是相同的，徐悲鴻更是將康有爲取法西方「寫實主義」的方針落實到創作中，而劉海粟與林風眠則更跨出傳統，結合西方現代藝術理論，創作出面目一新的中國畫。民國畫壇三傑在融合中西的努力的方式上雖有所不同，但都出現不同於傳統的中國畫。惠藍說：

> 第一代「融合主義」（中西融合）大家莫過於世稱「三大師」的劉海粟、林風眠和徐悲鴻。然而他們的「融合」之道又是迥然有別的，簡言之，分別爲主體型、本體型和客體型。劉海粟是「主體融合型」的典型。〔註73〕

　　根據惠藍所云，劉海粟是「主體融合型」的典型；而林風眠屬於「本體融合型」；徐悲鴻則是「客體融合型」的典型。他的分類貼切而中肯，以下便以此視角分析三人融合中西繪畫的方式與成果。

（一）徐悲鴻——客體融合型

　　徐悲鴻（1895～1953），出生在江蘇宜興屺亭橋鎮，父親徐達章是私塾先生，善詩文書法。徐悲鴻九歲時隨父親學畫，其父去世時徐悲鴻只有十九歲，於是決定去上海尋找半工半讀的機會，未果，暫時返回家鄉，二十歲再赴上海，以畫插圖和廣告維持生活。1916 年（二十一歲）考入震旦大學攻讀法文，結識了康有爲，康有爲極欣賞徐悲鴻的謙恭有禮和努力進取的學習

〔註72〕所謂「巴黎畫派」是泛指兩次世界大戰期間，世界各地嚮往現代藝術的藝術家們不約而同來到巴黎，並且以蒙馬特（Montmartre）和蒙帕納斯（Montparnasse）地區爲活動中心。其共同特質是皆具備波希米亞流浪詩人的氣質，以及藝術家敏銳而又脆弱的感性訴求。這些畫家有來自西班牙的畢卡索（Pablo Ruiz Picasso，1881～1973）、俄國的利普茲（Jacques Lipchitz，1891～1973）、俄國的夏卡爾（Marc Chagall，1887～1985）、荷蘭的蒙德里安（Piet Mondrian，1872～1944）……等藝術家。

〔註73〕惠藍：《中國名畫家全集·劉海粟》（石家庄市：河北教育出版社，2003 年 2 月），頁58。

態度，因此將徐悲鴻納入門下，成爲其最得意的畫家弟子，經常邀徐住進辛家花園康宅，出示其收藏的中外名畫，同時在金石、書法、繪畫等方面全面指導徐悲鴻。1917 年，徐悲鴻欲東渡日本研習美術，康有爲贈橫幅題額「寫生入神」爲他送行，旁注小字：「悲鴻仁弟於畫天才也。」〔註74〕徐悲鴻深受康有爲以西洋寫實拯救中國畫衰弊的觀念。康有爲畫論的具體主張：「以形神爲主而不取寫意，以著色界畫爲正，而以筆墨粗簡者爲別派……以院體爲畫正法。」〔註75〕在感嘆中國畫學衰敗極矣的同時，疾呼「合中西而爲畫學新紀元」，在〈贈劉海粟創辦美術學校序〉中盛讚當時上海的美術畫院，兼採歐美之新色，不遺中國之舊體，「有觀美之感，有寫生之神。」〔註76〕徐悲鴻在 1920 年 6 月北京《繪學雜誌》轉載了 1918 年原刊登於《北京大學日刊》的文章〈中國畫改良論〉。從文章的內容上我們可以明顯的看出康有爲對徐氏的影響：「古法之佳者守之，垂絕者繼之，不佳者改之，未足者增之，西方畫之可采入者融之。」〔註77〕徐悲鴻具體提出：「畫之目的：曰『惟妙惟肖』。妙屬於美，肖屬於藝。故作物必須憑寫實。乃能惟肖。」〔註78〕「藝術應當走寫實的路，寫自己所不知道的東西既是騙人，又是騙自己。」〔註79〕、寫生相對於摹古，是面對實景實物去描繪眼睛所實際看到的景象，目的在於改變以摹、仿爲創作的陋習。他反對中國畫的譜式，並抨擊畫家憑藉著《芥子園畫譜》，養成了因循的作畫方式：「畫樹不去察眞樹，畫山不師法眞山，惟去照畫譜模仿，這是什麼龍爪點，那是什麼披蔴皴，馴至連一石一木，都不能畫，低能至於如此！可深慨嘆。」〔註80〕並說：「欲振中國之藝術，必須重倡吾中國美術之古典主義，如尊宋人尙繁密平等，畫材不專尙山水。欲救目前之弊，必采歐洲之寫實主義，如荷蘭人體物之精，法國庫爾貝、米勒、

〔註74〕 王震：《徐悲鴻年譜長編》（上海：上海畫報出版社，2006 年），頁 28。

〔註75〕 康有爲：《萬木草堂所藏中國畫目・敍目》，康有爲著，蔣貴麟編：《萬木草堂遺稿外編》（上），頁 191。

〔註76〕 康有爲：〈康南海先生未刊遺稿・贈劉海粟創辦美術學校序〉，中國文庫・第五輯編輯委員會編，康有爲著：《萬木草堂論藝》，頁 203。

〔註77〕 徐悲鴻：〈當前中國之藝術問題〉，引自《20 世紀中國大師畫論書系——徐悲鴻畫論》（鄭州：河南人民出版社，1999 年 7 月），頁 45。

〔註78〕 徐悲鴻：〈中國畫改良之方法〉，《徐悲鴻藝術文集》（上）（臺北：藝術家出版社，1987 年 12 月），頁 39。

〔註79〕 徐悲鴻：〈中國藝術的貢獻及其趨向〉，徐伯陽、金山合編：《徐悲鴻藝術文集》（下）（臺北：藝術家出版社，1987 年 12 月），頁 457。

〔註80〕 徐悲鴻：〈漫談山水畫〉，徐伯陽，金山合編：《徐悲鴻藝術文集》（下），頁 575。

勒班習、德國萊柏爾等構境之雅」〔註 81〕「藝術家應與科學家同樣有求真
的精神。研究科學，以數學爲基礎；研究藝術，以素描爲基礎；科學無國界，
藝術爲天下之公共語言。」〔註 82〕並提出：「以寫生爲一切造型藝術之基礎：
因藝術作家，如不在寫生上打下堅強基礎，必成先天不足現象，而乞靈抄襲
模仿，乃勢所必然。」〔註 83〕陳傳席將徐悲鴻畫分爲四個階段，第四個階
段（二十年代後期到去世），〔註 84〕他的中國畫作品最多，人物畫最能表現徐
悲鴻「惟妙惟肖」的藝術主張。徐悲鴻曾在〈復興中國藝術運動〉一文中說：

> 吾人努力之目的，第一以人爲主體，盡量以人們的活動爲題材，而
> 不分新舊；次則以寫生之走獸花鳥爲題材，以冀達到宋人水準；若
> 山水亦力求不落古人窠臼，絕不陳列董其昌、王石谷派人造自來山
> 水，先求一新的藝術成長，再求其蓬勃發揚。〔註 85〕

徐悲鴻繪畫主張主要在學習歐洲之寫實主義，他擅長各種題材，人物、飛
禽、走獸、山水、花木，樣樣皆能。不過，他打破了傳統的山水、花鳥蟲魚
等，而代之以「人」爲主體，以「人們」的活動爲題材。1931 年畫的〈九方
皋〉（圖五十七）是此時期的精品。畫中人物的手臂、腿、甚至上半身多裸露，
與傳統人物畫很不相同，當時許多守舊派畫家抨擊徐悲鴻破壞了中國畫。

1940 年創作的〈愚公移山〉（圖五十八），既有寫實的手法，又加以淡彩
著色，借助素描手法表現人體明暗凹凸的感覺，甚至有全裸的人物出現，完
全顚覆中國人物畫的造型方式。沈培新說：

> 《愚公移山》成爲中國人物畫的重大革新標竿。在傳統宣紙上畫人
> 物，水分的控制本就不易，而徐悲鴻不但選擇在宣紙上畫人物，甚
> 至用來表現具有質感的人體，這是徐悲鴻開風氣之先，並在《愚公
> 移山》一畫中獲得了圓滿的成功。〔註 86〕

〔註 81〕 徐悲鴻：《悲鴻隨筆》（南京：江蘇文藝出版社，2007 年），頁 125。

〔註 82〕 20 世紀中國藝術史文集編委會編：《藝術的歷史與真實：20 世紀中國藝術史
的若干課題研究（1900～1949）》（四川美術出版社，2006 年），頁 203。

〔註 83〕 徐建融：《當代十人畫家》（上海：上海人民出版社，1995 年），頁 223。

〔註 84〕 陳傳席：〈析論徐悲鴻的藝術〉，《徐悲鴻繪畫全集》（第一卷）（臺北：藝術家
出版社，2001 年 3 月），頁 17。

〔註 85〕 徐悲鴻：〈復興中國藝術運動〉，引自王震、徐伯陽編：《徐悲鴻藝術文集》（銀
川：寧夏人民出版社，1994 年 12 月），頁 522。原載於天津《益世報》1948
年 4 月 30 日。

〔註 86〕 沈培新：《徐悲鴻作品解讀》（合肥：安徽人民出版社，2007 年 3 月），頁 4。

圖五十七　徐悲鴻〈九方皋〉〔註87〕（局部）

（139×315cm，1931 年，徐悲鴻紀念館藏）

圖五十八　徐悲鴻〈愚公移山〉〔註88〕

（144×421cm，1940 年作，現藏於北京故宮博物院）

　　徐悲鴻努力融合中西，結合中國畫的線條與西方的素描，獲得了巨大的成就。〈泰戈爾像〉（圖五十九）是徐悲鴻寫生肖像畫的代表作之一，人物造型同樣以線爲主，臉部上色結合素描方法表現明暗。背景則以中國傳統花鳥畫方式處理。突出了東方繪畫水墨的韻致。徐悲鴻採取西方畫法主要以素描的寫實技巧爲主，因此說他是「客體融合型」畫家。

〔註87〕徐悲鴻〈九方皋〉，圖片引自林淑心，高玉珍主編：《徐悲鴻畫集》（臺北：國立歷史博物館，1994 年 6 月），頁 42～43。
〔註88〕徐悲鴻〈愚公移山〉，《中國近現代名家畫集·徐悲鴻》（臺北：錦繡文化企業，1993 年 11 月），頁 48。

圖五十九　徐悲鴻〈泰戈爾像〉〔註89〕

（51×50cm，徐悲鴻紀念館藏）

三、劉海粟——主體融合型

　　劉海粟（1896～1994），1896 年 3 月 16 日出生於江蘇省武進縣（今常州市）。1922 年初識參加天馬會第四屆繪畫展覽會開幕式的康有爲，康氏在評語簿上留言：「中國畫學衰矣，此會開新傳舊，將發明新畫學，以展布中國文明。」〔註90〕康有爲十分賞識畫展中劉海粟的油畫〈雷峰夕照〉、〈回光〉、〈埠〉等作品。決定將他列入門牆，並舉辦了隆重的入門儀式。從此，每逢週五劉海粟到上海愚園路的「天游學院」隨康有爲研習書法和詩詞古文等等。他先後欣賞了康有爲收藏的中外名畫。其中有明代四家的唐寅、仇英、石濤、石溪以及倫勃朗（Rembrandt Harmenszoon van Rijn，1606～1669）、米開朗基羅（Michelangelo Buonarroti，1475～1564）、米勒（Jean-François Millet，1814～1875）等名作。康有爲特地介紹畫聖拉飛爾的傑作〈西斯廷聖母〉，吸收了達文西描繪女性美的細膩手法。劉海粟敢於提出自己的看法，認爲院畫產生了大批仿古而遠離生活的八股畫家。康有爲非常讚揚，提出要接納敢於當面批駁自己的人爲學生。1927 年 2 月 27 日，康有爲去世。劉海粟聞訊悲慟萬分，深感康師教導之恩，直至耄耋之年而不忘，多次去青島祭

〔註89〕徐悲鴻〈泰戈爾像〉，圖片引自林淑心，高玉珍主編：《徐悲鴻畫集》（臺北：國立歷史博物館，1994 年 6 月），頁 51。

〔註90〕袁志煌、陳祖恩編著：《劉海粟年譜》（上海：上海人民出版社，1992 年 3 月），頁 39。

祀康師的墓園、故居。他在應青島市政府爲康師撰書的新墓碑銘寫道：「公生南海，歸之黃海，吾從公兮上海，吾銘公兮歷滄海，文章功業，彪炳千載。」〔註91〕

劉海粟不但在創作上大膽突破，他同時也是一位出色的美術史論家，對藝術史有獨到的見解：「一部藝術史，即是一部創新的歷史。」〔註92〕但分析其藝術理論，可以發現其前期和後期、早年和晚年的著作中有前後不一，甚至前後矛盾的理論。而他的創作中，早期作品注重透視和明暗，帶有明顯的寫實風格，但是他中晚期的國畫作品拋開了純粹的寫實，大量借鑒了後期印象派、野獸派等的表現方式。

早在私立上海圖畫學校時期，他就已經提出「表現個人高尚人格」、「表現國人高尚人格」的表現主義美學思想，主張藝術表現人生。他對於西方的學習，更喜愛印象派如莫內（Claude Monet，1840～1926）、雷諾瓦（Pierre-Auguste Renoir，1841～1919）、塞尙（Paul Cezanne，1839～1906）、高更（Paul Gauguin，1848～1903）、梵谷（Vincent van Gogh，1853～1890）等。吸收各家之優點，展現個人獨特的風格與魅力，而形成鮮豔明快的色調，展現「力」與「大」的個人風格。劉海粟採取西方化不以客體寫實爲主，更多地選擇後印象派，以表現爲主而非再現。他說：

> 藝術的精神，決不是在模仿自然，藝術的要求也決不是在僅僅求得一片自然形似，藝術是自我的表現，是藝術家的一種內在衝動不得不發的表現。〔註93〕

> 藝術是表現，不是塗脂抹粉。「表現」兩個字，是自我的。我對於我個人的生命、人格，完全在藝術裡表現出來。時代裡一切情節變化，接觸到我的感官裡，有了感覺後，有意識，隨即發生影響。表現必得經過靈魂的醞釀，智力的綜合，表現出來，成功一種新境界，這才是表現。〔註94〕

劉海粟「合中西而創藝術之新紀元」的方式，是表現而非再現的，是展現自己生命、靈魂的藝術創作，所以說，他的創作是本體性而非客體性的。

〔註91〕劉海粟：〈憶康有爲先生〉，引自夏曉虹編：《追憶康有爲》，頁 326。
〔註92〕劉海粟：《劉海粟畫語》（上海：上海人民美術出版社，1998 年 2 月），頁 9。
〔註93〕劉海粟：〈藝術新生命〉，《劉海粟畫語》（上海：上海人民美術出版社，1998年 2 月），頁 34。
〔註94〕劉海粟：〈藝術的革命觀〉，《劉海粟畫語》，頁 37～38。

　　劉海粟劉海粟〈設色荷花〉（圖六十）、〈出水荷花比性靈〉（圖六十一）用潑彩的方式，潑彩是在水墨、淺絳、青綠等「潑墨」基礎上，融合油畫的技法，有著從實驗摸索到逐漸完善的過程。他在水、墨、色的潑染中傳達個人的情感，具備獨樹一幟的個人風格。

圖六十　劉海粟〈設色荷花〉〔註95〕

（68×137cm，1973 年）

圖六十一　劉海粟〈出水荷花比性靈〉〔註96〕

（67×136cm，紙本設色，1988 年）

〔註95〕劉海粟：〈設色荷花〉，《劉海粟畫集》（上）（北京：北京工藝美術出版社，2006年1月），頁94。
〔註96〕劉海粟：〈出水荷花比性靈〉，引自劉海粟：《劉海粟畫集》（下），頁256～257。

　　〈灘江〉（圖六十二）是布面油畫，劉海粟主張，中國人的油畫，應該注入中華民族精神，他用中國人的美學，中國畫的筆墨觀念，將灘江的山水倒影畫得氤氳迷離。〈白石橋邊開睡蓮〉（圖六十三）以線條加上小範圍潑彩，僅僅數筆而就的柳葉、荷花、荷葉引發的美感與快感，卻非從形式而來。因爲筆墨中蘊含著素樸而單純的韻律，令人感到劉海粟生命最自然的表白。劉海粟的畫作表達了強烈的自我風格與個性，在不斷地實驗當中，成功地融合中西，使中國畫有了新的突破。

圖六十二
劉海粟〈灘江〉〔註97〕

（88×90cm，布面油畫，1976年，
南京藝術學院藏）

圖六十三　劉海粟
〈白石橋邊開睡蓮〉〔註98〕

（70×46cm，1982年，
劉海粟美術館藏）

四、林風眠──本體融合型

　　林風眠（1900～1991），出生於廣東省梅縣，祖父林維仁以石雕技藝維生，父親林伯恩（林雨農）亦以鑿石雕刻維持家計，但亦精通書畫、刻印，青少年時期的林風眠即是由父親以《芥子園畫譜》啓蒙。1919年至1925年透過「勤工儉學」制度到法國留學，自承對中國藝術的認識來自法國第戎美

〔註97〕劉海粟：〈灘江〉，劉海粟：《劉海粟畫集》（下）（北京：北京工藝美術出版發行，2006年），頁355。
〔註98〕劉海粟：〈白石橋邊開睡蓮〉，引自《劉海粟畫集》（上），頁177。

術學院院長楊西斯（Yancesse）的提示：「你是一個中國人，你可知道你們中國的藝術有多麼寶貴的、優秀的傳統啊！」〔註99〕從此，林風眠對中國藝術遺產有了新的態度與看法，他希望藉著東、西方藝術的融合達成中國藝術的復興。他比較東、西方藝術的異同，從藝術的起源與藝術的構成方法歸納總結：

> 西方藝術，是以摹仿自然爲中心，結果傾於寫實一方面。東方藝術，是以描寫想像爲主，結果傾於寫意一方面。藝術之構成，是由人類情緒之沖動，而需要一種相當的形式以表現之。前一種尋求表現的形式在自身之外，後一種尋求表現的形式在自身之內，方法之不同而表現在外部之形式，因趨於相異；因相異而各有所短長，東西藝術之所以應溝通而調和便是這個緣故。〔註100〕

林風眠認識到中國繪畫過於主觀，常因形式不發達，反而不能表達情緒上的需求，對於中國山水畫，他希望中國畫家能學習西洋風景畫的長處，活化中國畫：

> 一、繪畫上單純化的描寫，應以自然現象爲基礎。單純的意義，並不是繪畫中所流行的抽象的寫意畫——文人隨意幾筆技巧的戲墨——可以代表，是向複雜的自然物象中，尋求他顯現的性格、質量和綜合的色彩的表現。由細碎的現象中，歸納到整體的觀念中的意思。二、對於繪畫的顏料、技巧、方法應有絕對的改進，俾不再因束縛或限制自由描寫的傾向。三、繪畫上基本的訓練，應採取自然界爲對象，繩以科學的方法，使物象正確的重現，以爲創造之基礎。〔註101〕

林風眠所提出的中西融合之道，以融入「自然現象」，也就是觀察自然爲美學創作基礎，追求「正確重現」，同時也要求在顏料、技巧、方法各方面落實嘗試，以追求多元表現的可能性。1938 年他開始嘗試各種新的工具、材料，發現把水粉滲入水墨在宣紙上揮灑，可以獲得與油畫接近的效果。而色彩的運用是林風眠獨特的藝術語言，其繪畫色階豐富；色調多樣；交錯、融合卻又統一而協調，其情感的表達和品味的高雅，是臻於化境的。

〔註99〕谷流、彭飛編著：《林風眠談藝錄》（鄭州：河南美術出版社，1999 年 10 月），頁 192。
〔註100〕谷流、彭飛編著：《林風眠談藝錄》，頁 41。
〔註101〕林風眠：《林風眠談藝錄》，頁 134。

圖六十四
林風眠〈荷花仕女〉〔註 102〕

（68.5×68cm，紙本設色）

圖六十五
林風眠〈田間〉〔註 103〕

（76×94cm，上海中國畫院藏）

圖六十六
林風眠〈紫藤小鳥〉〔註 104〕

（35×35cm）

圖六十七
林風眠〈秋鷺〉〔註 105〕

（67×67cm）

〔註 102〕林風眠：〈荷花仕女〉，引自林風眠：《林風眠畫集》（上）（北京：北京工藝出版社，2005 年 9 月），頁 163。
〔註 103〕林風眠〈田間〉，引自林風眠：《林風眠畫集》（上），頁 71。
〔註 104〕林風眠〈紫藤小鳥〉，引自林風眠：《林風眠畫集》（下），頁 297。
〔註 105〕林風眠〈秋鷺〉，引自林風眠：《林風眠畫集》（上），頁 89。

　　林風眠將第戎美術學院院長楊西斯（Yancesse）的建議化爲行動。以現代之眼涵化中國銅器、漢磚、瓷器、皮影、剪紙、戲曲人物……廣大的中國民間藝術入手，又透徹探討西方藝術，揉合塞尙（Paul Cezanne）式的風景、馬諦斯（Henri Matisse，1868～1954）式的背景、莫迪亞尼亞（Amedeo Modigliani，1884～1920）式的人體、畢卡索（Pablo Ruiz Picasso，1881～1973）式的分割處理……得到了全新的藝術形式與風格。惠藍說：

> 林風眠的中西融合，是將中國傳統精神和西方現代觀念、形式相融合並注重本體語言探索的融合。他那兼有沉鬱感傷和激情亢奮的獨特氣質，他那無限寂寞而又無限慰藉的心緒，使他的藝術擁有了難以言傳的意境：符號的錯綜繁複，如同西方交響樂；而韻味之悠遠輕逸，又恰似江南絲竹。〔註106〕

　　林風眠爲人生而藝術、爲藝術而藝術，充滿哲學的思考，形式上，他的畫風接近壁畫與年畫，但又有漢畫、油畫、粉彩畫，乃至瓷器畫等韻味。繪畫主題如〈人類的歷史〉，以象徵手法表現人類發展進程上的生與死、美與醜、善與惡等對立的矛盾。〈人道〉、〈民間〉等大型油畫，則充滿了人道主義悲天憫人的思想，因此我們說，林風眠屬於本體融合型。當然，林風眠的繪畫在不同階段有不同表現，總體言之，林風眠從工具、形式（多用方形紙的構圖）、繪畫主題、色彩、繪畫造型……的獨創性卓有成就，其繪畫融合中西的影響更是廣大而深遠！

　　康有爲在中國繪畫改革上主張融合中西，並提出西方文藝復興時期的寫實主義，以及中國唐宋院畫的寫實風格作爲良方。融合中西部分，的確形成中國畫潮流的一股風氣，且各有不同表述方法。而採取寫實主義的方向，也有徐悲鴻等畫家努力實踐也取得成效。康有爲本人雖如潘天壽所說「不諳中西繪畫」（康氏甚少繪畫作品流傳），然而，他的卓越識見的確引領中國畫走向一個新的格局，對於突破傳統文人畫有很大的貢獻。

〔註106〕惠藍：《中國畫現代轉型兩大途徑的形成——20 世紀上半葉中國畫論爭研究》，頁 113。

第七章　結　論
——康有爲書畫理論之影響

　　康有爲的藝術思想反映了一個時代的潮流，《廣藝舟雙楫》中，「書爲形學」的理論，可說是書法獨立成爲一種藝術門類的濫觴，而《廣藝舟雙楫》的「碑學」理論，從書體的源流、評論碑品、書法教育、書學理論各方面理論性、系統性兼備，受康有爲理論影響，民國時期許多書法家、學者，從碑版中尋找嶄新的藝術資源，敢於突破傳統，通過各種嘗試，激發了藝術創造力。而康有爲的書法創作「康體」實踐其「碑學」理論，在風格上有了嶄新的突破。「康體」雖然引起了部分學者的質疑，然而，也正表現了他有別於傳統的創新性。1917 年，張勳復闢之後，康有爲避居北京美國公使館，在長卷宣紙上寫了將近一萬五千字的《萬木草堂藏畫目》，提出了明清以來中國畫的問題，引起畫壇極人的關注與回響。同時也提出了許多新的見解，如中國畫「正宗」的問題，此問題其實表現了他新的繪畫史觀。中國畫改革的方向，一爲推崇復古，即師法唐宋；二爲汲取西方文藝復興寫實主義。這些觀點對中國畫的改革產生了深遠的影響，深深地影響了後代。康有爲更是一個教育家，其弟子徐悲鴻、劉海粟、蕭嫻……等人承襲他的藝術理念，徐悲鴻更將其藝術思想條理化，在徐悲鴻〈中國繪畫改良論〉提出寫生的重要性，在《畫範》序文更提出具體的改良方法，即重寫實的「新七法」，「新七法」對於繪畫的結構、布局、用筆、設色……明確說明，並強調繪畫是有「定則可守」，也就是有方法，科學的，可以循序漸進的。延續了康有爲畫論中強調的科學的、求眞的精神。

　　《廣藝舟雙楫》以及《萬木草堂藏畫目》中的美術理論有著相似的哲學

理念，但有不同的取法時代與途徑，然而其目的是一致的。我們可以列一表格比較其書畫理論之異同：

表十八　《廣藝舟雙楫》與《萬木草堂藏畫目》對照表

	《廣藝舟雙楫》	《萬木草堂藏畫目》	備　　註
成書年分	光緒十五年（西元 1890 年），康有爲 33 歲	民國六年（西元 1917 年），康有爲 60 歲	
哲學思想	變者，天也 （復古爲更新）	審時通變 （復古爲更新）	
取法	漢魏六朝碑版	1、唐宋院體畫 2、西方文藝復興時期（約 14～16 世紀，約當是中國明朝）	書法方面「尊碑抑帖」，復古要回到漢魏六朝；繪畫方面爲「中西融合」的改良派，復古要回到唐宋院畫。
具體對象	漢魏六朝碑版 張裕釗、鄧石如、包世臣	1、拉飛爾、吉多·利臌……等 2、宮廷畫家郎世寧	文徵明、董其昌的書法風格爲二王一派，不爲康有爲所認同，但康稱許二者爲變畫大家。
風格	兼有篆隸筆意的楷、行書	寫實主義	
目的	樹立雄強新典範	革新中國繪畫	書法：開創有別於二王之碑學新局面 繪畫：矯正「四王」二石爲正宗的「畫學衰落」現象，以「合中西而爲新紀元」爲目標。
現代意涵	「書爲形學」，重視形式	改變「重意輕形」的文人畫傳統，強調寫實	藝術獨立的濫觴

由上表可知，《廣藝舟雙楫》與《萬木草堂藏畫目》成書年代相差甚遠，但同樣以「變」爲中心思想，目的在矯正時弊。書法藝術爲中國獨有的藝術形式，是中國藝術核心的核心，變革的方向只有指向中國古代，借鑒民間書法，審美標準是打破二王以來的「書統」，樹立雄強、具備新理異態，也就是具有創意、時代精神的新書風。而繪畫則爲中西所共有，因此能取法西方藝術技巧，但不能拋棄傳統，因此倡「合中西而爲新紀元」，取法西方部分以文藝復興時期科學的、寫實主義爲對象；復古方面則取法唐宋院畫的

寫實精神，開啓中國畫中西融合的新路線。綜觀康有爲的藝術理論之影響有：一、建立完整「碑學」理論扭轉古典書風；二、開啓中國畫中西融合的新路線。

一、建立完整「碑學」理論扭轉古典書風

　　康有爲書法理淪的涉及層面深廣，他將數千年的書法發展史、創作史、理論史、技法史梳理得清晰條貫，由於《廣藝舟雙楫》的產生，碑學的地位最終得以確立，同時改變了中國書法的固有格局，開始了正在步入現代社會的書法藝術新局面。《廣藝舟雙楫》「碑學」理論除了完成碑、帖藝術風格的轉型外，更建立了新時代創新的審美觀和創作觀。

　　除了推重碑學書風雄強古樸、宕逸渾穆、方厚峻拔的風格，並強調能表現「新意妙理」、「新理異態」，具備獨創意義的審美理想。「康體」是他書法理念的具體呈現，其書法創作雖未能在形式層面突破古典書法的格局，尚未具備眞正現代意義的創新書法，然而，作爲篳路藍縷、披荊斬棘的開創者，其書法風格亦展現了驚世駭俗、不同凡響的藝術光輝。總之，他在書學方面的貢獻，在於他推動由帖向碑的過渡，完成「碑學」與「帖學」的轉型，成功地開創了雄強的新書風。

二、開啓中國畫中西融合的新路線

　　作爲一位新式知識分子、傳統文人與政治人物，康有爲的繪畫創作顯然較爲薄弱。僅有極少數作品留存，他「不常作畫，且不肯示人」，劉海粟曾見康有爲親自展示的〈天馬行空圖〉，並稱此作：「氣度寬宏，襟懷廣闊，書法根基雄厚，線條寓靈動於古拙，這是一張充滿書卷氣的文人畫。」〔註1〕加以他少數流傳後世的〈山居圖〉（圖六十八）來看，康有爲繪畫以傳統文人畫創作爲主，跟他在《萬木草堂藏畫目》中的繪畫理念「合中西而爲新紀元」並不相符。其繪畫理念大概到了他的弟子徐悲鴻方能落實。無怪乎康有爲的畫作不肯輕易示人。

　　儘管康有爲未有具備現代意義的畫作傳世，然而，他是最早使用現代觀點，對中國歷代繪畫發展脈絡進行研究分析的文人之一，除此之外，他將繪畫、工藝、雕塑等美術，從道德教化的薰陶，到對國家、社會、經濟的發展

〔註1〕劉海粟：〈憶康有爲先生〉，引自夏曉虹：《追憶康有爲》，頁304。

圖六十八　康有為水墨畫〈山居圖〉〔註2〕

聯繫起來，展現其獨特的實用美學觀。此外，《萬木草堂藏畫目》序中，引證《爾雅》、《廣雅》、《說文》、《釋名》等論證繪畫的本質是取形，又引述陸士衡、張彥遠等對繪畫功能的界定，認爲繪畫「非取神即可棄形，更非寫意即

〔註 2〕李雲光編：《南海康先生法書》（臺北：明謙有限公司，1985 年），頁 11。〈山居圖〉下記載：「相傳康先生的寫意山水畫具有簡單、概括、感情豐富的藝術效果。不過不常作畫，且不肯示人。所作畫傳世者甚少，所知者僅有「杖行圖」和「山居圖」。原作已不知下落。北京何鳳儀女士曾見「山居圖」的原作而攝得照片。這幅畫作於一九二三年夏曆八月，康先生六十六歲。據何女士說山石的皴法與康先生學習漢碑的功夫有關；山前樹後的小屋和屋後的一片修竹，有石濤的神韻；山石上的苔紋和竹後的一片遠樹，有如米家父子的筆法；屋前的兩株松樹，前一株用墨綫鈎出，皴以鱗紋，畫出松針，後一株墨重形簡，形象不同，後者頗像馬遠的破筆。這些都是從元、明寫意畫的基礎上發展起來而有新意的。康先生處理透視關係和光的明暗方面，是以突出的對比表現出來，具備『內含中西』的特殊技法。」

可忘形也」的理論主張，扭轉了元代以來「重意輕形」的繪畫觀。

在《萬木草堂藏畫目》一書中，對「畫學衰落」的疾呼，儘管某些說法與事實不符，但也一針見血地道出了中國繪畫歷史發展下的部分問題。他的「正宗」論提出宋代院體畫才是正宗，秉承了中國繪畫「象形類物」的傳統。元四家以來的繪畫風格多超逸澹遠，他於元四家抱持「未嘗不好之甚，則但以爲逸品，不奪唐宋之正宗云爾」的態度，將元四家的地位放在「逸品」（根據康有爲對書法的品第觀，逸品爲第五等）。立唐宋院畫爲正宗，就在於院畫的極尚逼眞，與歐洲文藝復興時期強調寫實的科學主義相近，具體指出中國畫的問題以及改革的方向，指引中國畫走向現代化的具體方向。

康有爲所提出的針砭藥方，非全盤迎合西方風尚，亦非盲目地固守中國傳統。他試圖在沉滯於「四王」、「二石」的繪畫風氣之中，找出中國繪畫往國際化前進的動力與方向，更成功地培養出徐悲鴻、劉海粟等融合中西繪畫的大家，融合中西甚至成爲中國化現代化的主要方向之一。林風眠雖未受康有爲的直接教導，但他們生長的時代接近，是否間接受到康有爲思想的影響亦未可知，然而，林風眠融合中西的作品幾乎是中國繪畫史上的一座豐碑，他融合中西的創作路線正符合康有爲所提倡的「合中西爲大家」的大方向。康有爲融合中西的繪畫主張開啓了中國畫走向現代化的新路線，影響深遠。

此外，我們不能忘記康有爲尚「變」的哲學觀，在書學思想部分，1915年康有爲寫給友人朱師晦的信件，說明康有爲晚年由「尊碑抑帖」轉向「碑帖兼容」書學思想的轉變，此部分由於已超出《廣藝舟雙楫》研究範疇，不再深究。然而，可以帶給我們啓發與省思，「碑學」書風以及「融合中西」的繪畫主張，都植基於特定的歷史條件與社會風氣之下，康有爲生存的年代距今已將近百年，「碑學」的雄強書風以及西洋畫風與現代畫派仍方興未艾，這種藝術風格是否仍能滿足現代人心靈的需求，我們的藝術創作在眾聲喧嘩、多元價值浮現的現代社會中，該如何取得和諧與統一，展現人與自我；人與社會；人與自然；人與宇宙的平衡與和諧，可能是當今最迫切的議題！

參考文獻

一、古籍

1. 《四庫全書薈要・集部》（第 61 冊）（臺北：世界書局，1988 年 5 月）。

2. 《四部集要・子部・筆記小說大觀》（北京：中華書局，1960 年）。

3. 《先秦秦漢魏晉南北朝石刻文獻全編》（北京：中國書店，2004 年 3 月）。

4. 《芥子園畫譜全集・人物屋宇譜》（臺北：文化圖書公司，1986 年 11 月）。

5. 《宣和書譜》（北京：中華書局，1985 年）。

6. 尹文：《尹文子》（臺北：中華書局，1980 年）。

7. 米芾：《寶晉英光集》（北京：中華書局，1985 年）。

8. 西川寧、長澤規矩也編：《和刻本書畫集成》（4）（東京都：汲古書院，昭和 51 年，1976 年）。

9. 汪道昆：《太函集》，《續修四庫全書・集部》卷 17，1347 冊（上海：上海古籍書版社，2002 年）。

10. 阮元：《揅經室集》（北京：中華書局，1985 年）。

11. 俞崑編著：《中國畫論類編》（下）（臺北：華正書局有限公司，1984 年 10 月）。

12. 茅維編、孔凡禮點校：《蘇軾詩集》（北京：中華書局，1999 年 7 月）。

13. 孫鑛：《書畫跋跋》（上海：大東書局，1971 年 5 月）。

14. 馬宗霍：《書林藻鑒》（上）（臺北：臺灣商務印書館，1982 年）。

15. 馬宗霍：《書林藻鑒》（下）（臺北：臺灣商務印書館，1982 年）。

16. 康有為：《萬木草堂詩集》（上海：上海人民出版社，1996 年）。

17. 康有為著，蔣貴麟主編：《康南海先生遺著彙刊》（二十二）（臺北：宏業書局，1976 年 9 月）。

18. 康有爲著，蔣貴麟主編：《康南海先生遺著彙刊》（十五）（臺北：宏業書局，1976 年）。

19. 康有爲著，蔣貴麟編：《萬木草堂遺稿外編》（上）（臺北：成文出版社，1978 年）。

20. 康有爲撰，姜義華、吳根樑編校：《康有爲全集》（一）（上海：上海古籍出版社，1987 年 10 月）。

21. 康有爲撰，姜義華、吳根樑編校：《康有爲全集》（二）（上海：上海古籍出版社，1990 年 4 月）。

22. 康有爲撰，姜義華編校：《康有爲全集》（三）（上海：上海古籍出版社，1992 年 12 月）。

23. 張丑：《清河書畫舫》（臺北：學海出版社，1975 年 5 月）。

24. 張彥遠：《歷代名畫記》（北京：中華書局，1985 年）。

25. 許嘉璐主編，倪其心分史主編：《宋史》（上海：漢語大詞典出版發行，2004 年）。

26. 傅山：《霜紅龕集》（臺北：漢京文化，1971 年）。

27. 揚雄：《法言》（臺北：中華書局，1983 年）。

28. 楊家駱主編：《新校本晉書》（臺北：鼎文書局，1985 年）。

29. 董其昌著，屠友祥校注：《畫禪室隨筆校注》（上海：上海遠東出版社，2011 年 8 月）。

30. 劉熙載：《藝概・書概》（上海：上海古籍出版社，1978 年）。

31. 錢泳：《履園叢話》，《四部集要・子部・筆記小說大觀》（北京：中華書局，1960 年）。

32. 韓非著，陳奇猷校注：《韓非子》（下冊）（上海：上海古籍出版社，2000 年）。

33. 蘇軾：《蘇軾全集》（上海：上海古籍出版社，2000 年）。

34. 蘇軾著，王文誥輯註：《蘇軾詩集》（臺北：莊嚴出版社，1980 年）。

35. 蘇軾著，屠友祥校注：《東坡題跋》（上海：上海遠東出版社，2011 年）。

二、專書

1. 〔英〕克萊夫・貝爾著，周金環、馬鍾元譯：《藝術》（臺北：商鼎文化出版社，2000 年 10 月）。

2. 〔意〕斯特凡諾・祖菲著，王斌譯：《圖解歐洲藝術史》（北京：北京聯合出版公司，2016 年 10 月）。

3. 〔瑞士〕H・沃爾夫林著，潘耀昌譯：《藝術風格學》（瀋陽：遼寧人民出版社，1987 年 8 月）。

4. 〔德〕沃林格著，王才勇譯：《抽象與移情》（北京：金城出版社，2010 年 9 月）。

5. 《太上老君實錄》（成都：巴蜀書社，1992 年）。

6. 《芥子園畫譜全集》（臺北：文化圖書公司，1986 年 11 月）。

7. 《歷世眞仙體道通鑑》（下）（臺北：自由出版社，1987 年 10 月）。

8. Aida Yuen Wong（阮圓）: *The Other Kang Youwei*-calligrapher, art activist, and aesthetic reformer in modern China, Brill Academic Pub, 2016.

9. 丁鳳麟編：《薛福成選集》（上海：上海人民出版社，1987 年）。

10. 于安瀾編：《畫論叢刊》（上）（臺北：華正書局，1984 年 10 月）。

11. 中國文庫・第五輯編輯委員會編，康有爲著：《萬木草堂論藝》（北京：榮寶齋出版社，2011 年 9 月）

12. 卞孝萱、唐文權：《民國人物碑傳集》（北京：團結出版社，1995 年）。

13. 天主教輔仁大學主編：《郎世寧之藝術——宗教與藝術研討會論文集》（臺北：幼獅文化事業公司，1991 年 4 月）。

14. 孔新苗、張萍：《中西美術比較》（濟南：山東畫報出版社，2002 年 5 月）。

15. 神田喜一郎等著，洪惟仁譯：《書道全集》第十三卷・清 I（臺北：大陸書店，1998 年 2 月）。

16. 日比野丈夫等著，洪惟仁譯：《書道全集》第十四卷・清 II（臺北：大陸書店，1998 年 2 月）。

17. 王伯敏等主編：《書學集成》（石家莊：河北美術出版社，2002 年）。

18. 王利器：《風俗通義校注》（北京：中華書局，1981 年）。

19. 王壯爲：《書法叢談》（臺北：國立編譯館中華叢書編委會，1982 年）。

20. 甘中流：《中國書法批評史》（北京：人民美術出版社，2016 年 3 月）。

21. 伍蠡甫：《中國畫論研究》（北京：北京大學出版社，1987 年 5 月）。

22. 朱興華、魏清河編：《二十世紀書法經典・康有爲》（廣州：廣東教育出版社，1996 年 12 月）。

23. 朵雲編輯部編：《清初四王畫派研究》（上海：上海書畫出版社，1993 年 7 月）。

24. 余英時：《從價值系統看中國文化的現代意義》（臺北：時報文化，1985 年）。

25. 吳甲豐：《對西方藝術的再認識》（北京：中國文聯出版公司，1998 年）。

26. 吳曉明編著：《民國畫論精選》（杭州：西泠印社出版社，2013 年 1 月）。

27. 李來源、林木：《中國古代畫論發展史實》（上海：上海人民美術出版社，1997 年）。

28. 李雲光編：《南海康先生法書》（臺北：明謙有限公司，1985 年）。

29. 李鑄晉、萬青力：《中國現代繪畫史 民初之部 1912 至 1949》（臺北：石頭出版股份有限公司，2001 年 10 月）。

30. 沈培新：《徐悲鴻作品解讀》（合肥：安徽人民出版社，2007 年 3 月）。

31. 沙孟海：《沙孟海論書叢稿》（上海：上海書畫出版社，1987 年）。

32. 谷流、彭飛編著：《林風眠談藝錄》（鄭州：河南美術出版社，1999 年 10 月）。

33. 阮榮春、胡光華：《中國近代美術史（1911～1949）》（臺北：臺灣商務印書館，1997 年 9 月）。

34. 邵琦、孫海燕編：《二十世紀中國畫討論集》（上海：上海書畫出版社，2008 年 7 月）。

35. 俞崑編著：《中國畫論類編》（下）（臺北：華正書局有限公司，1984 年 10 月）。

36. 俞劍方：《中國繪畫史》（臺北：商務印書館，1973 年 3 月）。

37. 俞劍華著，周積寅導讀：《中國繪畫史》（上海：上海世紀出版集團，2016 年 8 月）。

38. 范國強：《尊碑——康有為書法研究》（杭州：西泠印社出版社，2014 年 2 月）。

39. 范景中主編，傅新生、李本正翻譯：《美術史的形狀（I）——從瓦薩里到 20 世紀 20 年代》（杭州：中國美術出版社，2003 年 3 月）。

40. 唐文權：《民國人物碑傳集》（北京：團結出版社，1995 年）。

41. 夏曉虹編：《追憶康有為》（北京：生活·讀書·新知三聯書店，2009 年 4 月）。

42. 孫洵編著：《民國書法史》（南京：江蘇教育出版社，1998 年）。

43. 徐建融：《當代十人畫家》（上海：上海人民出版社，1995 年）

44. 徐復觀：《中國藝術精神》（臺北：臺灣學生書局，2013 年 12 月）。

45. 徐悲鴻著，徐伯陽、金山合編：《徐悲鴻藝術文集》（上冊）（臺北：藝術圖書公司，1987 年 12 月）。

46. 徐悲鴻著，徐伯陽、金山合編：《徐悲鴻藝術文集》（下冊）（臺北：藝術圖書公司，1987 年 12 月）。

47. 袁志煌、陳祖恩編著：《劉海粟年譜》（上海：上海人民出版社，1992 年 3 月）。

48. 貢布里希著，楊成凱、李本正、范景中譯：《藝術與錯覺》（南寧：廣西美術出版社，2015 年 6 月）。

49. 馬洪林：《康有為評傳》（南京：南京大學出版社，1998 年 12 月）。

50. 高木森：《中國繪畫思想史》（臺北：東大圖書股份有限公司，1992 年 6 月）。

51. 高居翰（James Cahill）著，李渝譯：《中國繪畫史》（臺北：雄獅圖書股份有限公司，1995 年 5 月）。

52. 啟功：《啟功叢稿》（北京：中華書局，1999 年）。

53. 崔爾平選編點校：《明清書論集（上）》（上海：上海辭書出版社，2011 年 5 月）。

54. 崔爾平選編點校：《明清書論集（下）》（上海：上海辭書出版社，2011 年 5 月）。

55. 崔爾平選編點校：《歷代書法論文選續編》（上海：上海書畫出版社，1993 年 8 月）。

56. 康有爲：《我史》（南京：江蘇人民出版社，1999 年）。

57. 康有爲：《廣藝舟雙楫‧六卷》（上海：上海古籍出版社，2002 年）。

58. 康有爲：《廣藝舟雙楫》，《康有爲全集》（一）（上海：上海古籍出版社，1987 年 10 月）。

59. 康有爲著，祝嘉疏證：《廣藝舟雙楫疏證》（臺北：華正書局有限公司，2003 年 4 月）。

60. 康有爲著，樓宇烈整理：《康南海自編年譜》（北京：中華書局，1992 年）。

61. 康有爲著，蔣貴麟主編：《康南海先生遺著彙刊》（十五）（臺北：宏業書局，1976 年）。

62. 康有爲著，蔣貴麟編：《萬木草堂遺稿外編》（上）（臺北：成文出版社，1978 年）。

63. 張林杰：《康有爲與康門弟子》（鄭州：大象出版社，2014 年 7 月）。

64. 曹建：《晚清帖學研究》（南京：南京藝術學院美術學博士學位論文，2004 年 5 月）

65. 梁啟超：《清代學術概論》（上海：上海古籍出版社，1998 年）。

66. 梁新穎：《康有爲書法研究》（北京：人民出版社，2013 年 8 月）。

67. 陳振濂主編：《中國書法批評史》（杭州：中國美術學院出版社，1997 年 10 月）。

68. 陳輔國主編：《諸家中國美術史著選匯》（長春：吉林美術出版社，1992 年）。

69. 彭修銀：《墨戲與逍遙》（臺北：文津出版社，1995 年）。

70. 彭興林：《中國經典繪畫美學》（濟南：山東美術出版社，2011 年 10 月）。

71. 揚雄：《法言》（臺北：中華書局，1983 年）。

72. 華正人編：《歷代書法論文選》（上）（臺北：華正書局有限公司，1997年4月）。

73. 華正人編：《歷代書法論文選》（下）（臺北：華正書局有限公司，1997年4月）。

74. 華東師範大學古籍整理研究室：《歷代書法論文選》（上海：上海書畫出版社，1998年4月）。

75. 馮曉：《中西藝術的文化精神》（上海：上海書畫出版社，1993年8月）。

76. 黃專、嚴善錞：《文人畫的趣味、圖式與價值》（上海：上海書畫出版社，1993年12月）。

77. 黃賓虹，鄧實編：《美術叢書》（9）（臺北：藝文出版社，1975年）。

78. 黃賓虹，鄧實編：《美術叢書》（12）（臺北：藝文出版社，1985年）。

79. 溫蒂·貝克特修女（Sister Wendy Beckett）著，李惠珍、連惠幸翻譯：《繪畫的故事——悠遊西洋繪畫史》（臺北：臺灣麥克股份有限公司，1998年4月）。

80. 萬青力：《並非衰落的百年——十九世紀中國繪畫史》（臺北：雄獅圖書股份有限公司，2005年1月）。

81. 葉子：《中國歷代書法家圖表》（上海：上海人民出版社，2011年1月）。

82. 葉子：《中國歷代畫家簡明圖表》（上海：上海人民出版社，2010年8月）。

83. 達文西（Leonardo Da Vinci）著，鄭福潔譯：《達文西的筆記本：繪畫是怎麼回事》（臺北：網路與書出版，2007年）。

84. 熊秉明：《中國書法理論體系》（臺北：雄獅圖書股份有限公司，2004年3月）。

85. 趙一新：《康有爲書法藝術解析》（南京：江蘇美術出版社，2001年6月）。

86. 趙剛譯，本傑明·艾爾曼（Benjamin Elman）著：《從理學到樸學·金石學對清代書法的衝擊》From Philosophy to Philology（南京：江蘇人民出版社，1995年）。

87. 劉奇俊：《中國歷代畫派新論》（臺北：藝術家出版社，2000年3月）。

88. 劉恒：《中國書法理論史·清代卷》（南京：江蘇教育出版社，1999年）。

89. 劉海粟：《劉海粟畫語》（上海：上海人民美術出版社，1998年2月）。

90. 劉濤：《書法談叢》（北京：中華書局，2001年12月）。

91. 劉濤：《書法鑑賞》（臺北：文津出版社，2004年9月）。

92. 潘伯鷹：《中國書法簡論》（上海：上海人民美術出版社，1981年）。

93. 鄧福星主編，陳池瑜著：《中國現代美術學史》（哈爾濱：黑龍江美術出

版社，2000 年 3 月）。

94. 鄭午昌：《中國畫學全史》（長春：吉林出版集團，2016 年 10 月）。

95. 盧輔聖：《中國文人畫史》（上海：上海世紀出版集團，2015 年 9 月）。

96. 盧輔聖：《中國書畫全書》（上海：上海書畫出版社，2009 年 12 月）。

97. 蕭公權：《康有爲思想研究》（北京：新星出版社，2005 年）。

98. 謝巍：《中國畫學著作考錄》（上海：上海書畫出版社，1998 年）。

99. 邁克爾‧蘇立文著，陳衛河、錢崗南譯：《20 世紀中國藝術與藝術家》（上海：上海人民出版社，2013 年）。

100. 叢文俊：《中國書法史‧先秦、秦代卷》（南京：江蘇教育出版社，1999 年）。

101. 叢文俊：《書法史鑑》（上海：上海書畫出版社，2004 年 6 月）。

102. 羅竹風主編：《漢語大詞典‧第 7 卷》（臺北：正大印書館，1997 年 9 月）。

三、期刊與論文集論文

1. 20 世紀中國藝術史文集編委會編：《藝術的歷史與眞實：20 世紀中國藝術史的若干課題研究（1900～1949）》（四川美術出版社，2006 年）。

2. 内藤湖南：〈南畫小論——論中國藝術的國際地位〉，《民國畫論精選》（杭州：西泠印社出版社，2013 年 1 月）。

3. 王非：〈康有爲《萬木草堂所藏中國畫目》的追蹤與研究〉，《西北美術》（2014 年第 3 期）。

4. 王昶：《金石萃編‧卷二十七〈司馬元興墓誌〉》，《先秦秦漢魏晉南北朝石刻文獻全編》（北京：北京圖書館，2005 年）。

5. 王澄：〈淺析康有爲的書法藝術〉，李雲光編：《南海康先生法書》（臺北：明謙有限公司，1985 年）。

6. 王興國：〈從與顏眞卿之比較看鄧石如的價值〉，《藝術研究》（2001 年第 17 卷）。

7. 王傳善，力之：〈將藝術還歸藝術——康有爲《廣藝舟雙楫》書學思想探析之一〉，《欽州學院學報》（第 22 卷第 5 期，2007 年 10 月）。

8. 王世霖：〈康有爲「異態」說與碑學書法形式美學基礎構建〉，《中國書法‧書學》（第 11 期，總第 318 期，2017 年）。

9. 毛巍蓉：〈近代工藝設計教育發展述略〉，《新美術》（第 6 期，總第 29 卷，2008 年）。

10. 方薰：《山靜居畫論》，黃賓虹，鄧實編：《美術叢書》12 三集第三輯（臺北：藝文出版社，1985 年）。

11. 石開：〈康書鑑賞〉，《東方藝術‧書法》（總第 32 期，2007 年 4 月）。

12. 甘中流：〈從「心學」到「形學」：康有爲的書學與古典書法理論重心的轉變〉（2000 年 10 月第 3 期）。

13. 江瀅河：〈合中西爲大家——康有爲的國畫變革觀〉，《中山大學學報（社會科學版）》（第 5 期第 41 卷，2001 年）。

14. 吳仁安：〈明代江南社會風尚初探〉，《社會科學家》（1897 年第 2 期）。

15. 呂澂：〈美術革命〉，原刊於《新青年》雜誌（第 6 卷第 1 號，1918 年 1 月 15 日）。

16. 李以超：〈清代「形學」問題的爭論對漢碑觀念的影響〉，《書法》月刊（總 278 期，2012 年 11 月）。

17. 周牧：〈留歐畫家金城的畫論、實踐及啓示〉，《東南大學學報》（第 15 卷第 2 期，2013 年 3 月）。

18. 松本筑峰著、宋曉理譯：〈破體書道史概論——跋《破體書道史·中國篇》〉，《美苑》（1993 年第 4 期）。

19. 范景中、高昕丹編選：《風格與觀念：高居翰中國繪畫史文集》（杭州：中國美術學院出版社，2011 年 10 月）。

20. 孫紹軼、盧柏樵：〈試論大藝術〉，《遼寧師專學報》，《社會科學版》（2009 年第 4 期）。

21. 孫學峰：〈「形學」與晚清以來書法觀念的轉變〉，《中國社會科學報》（2012 年 4 月 12 日）。

22. 商承祚：〈我在學習書法過程中的一點體會〉，《現代書法論文選》（上海：上海書畫出版社，1980 年）。

23. 張建偉：〈管窺 20 世紀上半葉中國畫的現代轉型〉，《美與時代》（2009 年第 11 期）。

24. 張函：〈清代學風影響下的清代畫學〉，《大舞臺》（2015 年第 10 期）。

25. 陳傳席：〈析論徐悲鴻的藝術〉，《徐悲鴻繪畫全集》（第一卷）（臺北：藝術家出版社，2001 年 3 月）。

26. 惠藍：〈傳統「書」、「畫」關係新解——論中國畫對書法的影響〉，《東南文化》（第 3 期，總第 117 期，1997 年）。

27. 華人德：〈評碑學與帖學〉，《碑帖的鑑定與考辨》（上海：上海書畫出版社，2010 年）。

28. 黃惇：〈當代中國書壇格局的形成與由來〉，《2011《漢字藝術節》兩岸當代書法》（新知三聯書店，2009 年 4 月）。

29. 楊伯達：〈郎世寧在清內廷的創作活動及其藝術成就〉（臺北：故宮博物院院刊，1988 年第二期）。

30. 楊瑞松：〈想像民族恥辱：近代中國思想文化史上的「東亞病夫」〉，《國立政治大學歷史學報》（第 23 期，2005 年）。

31. 劉向岩：〈中國繪畫之文人畫的歷史演進及藝術特徵〉，《雁北師範學院學報》（第 22 卷第 4 期，2006 年 8 月）。

32. 劉海粟：〈憶康有爲先生〉，夏曉虹編：《追憶康有爲》（北京：生活・讀書・新知三聯書店，2009 年 4 月）。

33. 劉曉路：〈芬諾洛薩熱愛的東方藝術——從〈美術眞說〉到〈東洋美術史綱〉〉，《世界美術中的中國與日本美術》（南寧：廣西美術出版社，2001 年 12 月）。

34. 蔡顯良：〈「康體」書法及其成因〉，《中國書畫・史論評》（2011 年第 7 期）。

35. 薛帥杰：〈北碑書法創作與審美論〉，《中國書法》（2013 年 5 月）。

36. 錢超：〈論康有爲晚年書學思想的轉變及其原因〉，《淮北師範大學學報（哲學社會科學版）》（第 38 卷第 4 期，2017 年 8 月）。

37. 鍾叔河：〈尋找眞理的康有爲〉，《走向世界叢書》（長沙：岳麓書社，1985 年 9 月）。

四、學位論文

1. 王友貴：《清代北碑書學觀研究》（中國美術學院美術學博士學位論文，2015 年 6 月）。

2. 王民德：《晚清碑學思潮研究（1814～1911）》（中國藝術研究院美術學博士學位論文，2014 年 8 月）。

3. 代娜：《康有爲美學思想研究》（西南大學美學碩士學位論文，2009 年）。

4. 伍永忠：《康有爲美學思想研究》（武漢大學美學博士學位論文，2011 年 4 月）。

5. 余美玲：《康有爲書學研究》（中國文化大學中文研究所博士論文，1992 年 11 月）。

6. 吳佳靜：《民初「畫學衰落」論述的產生與變遷——以康有爲《萬木草堂藏畫目》爲核心》（國立臺灣師範大學美術研究所美術理論組碩士學位論文，2016 年 2 月）。

7. 李以超：《清代書學中的漢碑研究》（復旦大學文物學博士學位論文，2015 年 5 月）。

8. 李建寧：《康有爲書法思想與藝術實踐的錯位》（山東大學藝術學碩士學位論文，2010 年 9 月）。

9. 李雪莉：《談康有爲《廣義舟雙楫》的書法批評觀》（內蒙古師範大學文藝學碩士學位論文，2013 年 4 月）。

10. 周勛君：《清代書法批評中對形質的描述及其相關問題的研究》（中央美術學院美術學博士學位論文，2008 年 6 月）。

11. 尚可：《中外繪畫融合論研究》（南京藝術學院美術學博士學位論文，2006年4月）。

12. 邵敏智：《清代書法理論之碑學審美意識研究》（中國美術學院書法理論與創作博士學位論文，2010年6月）。

13. 施錡：《形似與非形似：西方人視角中的中國古代繪畫》（上海：上海戲劇學院戲劇戲曲學博士學位論文，2012年6月）。

14. 袁學軍：《《芥子園畫傳》中的山水畫法式研究》（中國藝術研究院，美術學博士學位論文，2008年）。

15. 馬新宇：《清代碑學批評——以《廣藝舟雙楫》爲中心》（吉林大學歷史文獻學博士學位論文，2007年6月）。

16. 高萍：《神遇與迹化——中國畫的筆墨程式研究》（上海大學博士學位論文，2016年3月）。

17. 崔陸峰：《「書如其人」思想的歷史發展及意義研究》（山東大學文藝學碩士學位論文，2014年）。

18. 張建華：《康有爲與古典書法美學終結》（河南大學美術學碩士學位論文，2005年5月）。

19. 張學峰：《雙峰并峙・兩種景觀《藝舟雙楫》、《廣藝舟雙楫》比較研究》（中央美術學院美術學碩士學位論文，2008年9月）。

20. 梅波：《文人畫的正宗觀——董其昌的畫學思想及其影響》（中國藝術研究院美術學碩士學位論文，2016年）。

21. 莊千慧：《心慕與手追——中古時期王羲之書法接受研究》（國立成功大學中文所博士學位論文，2009年7月）。

22. 陳翠：《康有爲書論與書藝研究》（國立高雄師範大學國文學系碩士論文，2005年5月）。

23. 單昆軍：《民國時期對康有爲《廣藝舟雙楫》的批評》（南京：南京師範大學美術學碩士學位論文，2006年5月）。

24. 賀娟：《董其昌的南北宗論語明清時期文人畫發展的關係》（長沙：湖南師範大學美術學碩士學位論文，2014年3月）。

25. 馮水卿：《康有爲書學思想批評研究》（山西師範大學美術學碩士學位論文，2010年3月）。

26. 黃克：《清代碑學中的古法思想研究》（南京：南京師範大學美術學碩士學位論文，2006年）。

27. 楊疾超：《古代書法批評模式》（華中師範大學藝術史博士學位論文，2008年5月）。

28. 楊瑒：《民國畫壇三傑中西融合美術教育管理理念探究》（西安美術學院藝術學理論碩士學位論文，2017年5月）。

29. 褚慶立：《轉型與守護——鄭武昌《中國畫學全史》研究》（南京藝術學院美術學博士學位論文，2013 年 5 月）。

30. 劉兆彬：《康有爲書法思想美學研究》（山東師範大學文藝學博士學位論文，2010 年 6 月）。

31. 蔡欣郿：《歐陽詢碑刻俗字研究》（臺灣師範大學國文學系碩士學位論文，2013 年 6 月）。

32. 魏國強：《中國近代社會思潮下的美術思想演變研究（1840～1949）》（東北師範大學中國近現代史博士學位論文，2017 年 6 月）。

五、法書、圖錄

1. 〈北魏・石門銘〉，《書跡名品叢刊》30（東京：二玄社，1960 年 2 月）。

2. 〈晉・爨寶子碑　宋・爨龍顏碑〉，《書跡名品叢刊》29（東京：二玄社，1960 年 2 月）。

3. 〈敬顯儁利前銘〉，〈東魏・敬使君碑〉，《書跡名品叢刊》75（東京：株式會社二玄社，1961 年 12 月）。

4. 《中國近現代名家畫集・徐悲鴻》（臺北：錦繡文化企業，1993 年 11 月）。

5. 《先秦秦漢魏晉南北朝石刻文獻全編》（北京：中國書店，2004 年 3 月）。

6. 中國古代書畫鑑定組編：《中國繪畫全集》第 2 卷，五代宋遼金 1（杭州：浙江人民出版社，1999 年 6 月）。

7. 日比野丈夫等著，洪惟仁譯：《書道全集・第十四卷・清 II》（臺北：大陸書店，1998 年 2 月）。

8. 西川寧，長澤規矩也編：《和刻本書畫集成》4（東京都：汲古書院，昭和 51 年，1976 年）。

9. 西川寧、神田喜一郎監修：〈梁・貝義淵　蕭憺碑〉，《書跡名品叢刊》177（東京：二玄社，1972 年 8 月）。

10. 李雲光編：《南海康先生法書》（臺北：明謙有限公司，1985 年）。

11. 林風眠：《林風眠畫集》（上）（北京：北京工藝出版社，2005 年 9 月）。

12. 林風眠：《林風眠畫集》（下）（北京：北京工藝出版社，2005 年 9 月）。

13. 林淑心、高玉珍主編：《徐悲鴻畫集》（臺北：國立歷史博物館，1994 年 6 月）。

14. 范國強：《尊碑——康有爲書法研究》（杭州：西泠印社出版社，2014 年 2 月）。

15. 神田喜一郎、西川寧監修：〈清趙之謙　吳鎮詩〉，《書跡名品叢刊》148（東京：株式會社二玄社，1989 年 12 月）。

16. 神田喜一郎、西川寧監修：〈鄧完白　張子東銘〉，《書跡名品叢刊》152（東京：株式會社二玄社，1988 年 11 月）。

17. 劉建平發行：《郎世寧畫集》（天津：天津人民美術出版社，1998 年 3 月）。

18. 劉海粟：《劉海粟畫集》（上）（北京：北京工藝美術出版社，2006 年 1 月）。

19. 劉海粟：《劉海粟畫集》（下）（北京：北京工藝美術出版社，2006 年 1 月）。

六、網路資源

1. 中國美術網：http://www.meishu.com/baike/1/d/2805.html，2017/8/3。

2. 中國美術網：http://www.meishu.com/baike/1/d/2805.html，2017/8/3。

3. 今日讀：http://www.jinridu.com/archives/8161，2017/8/1。

4. 北京文藝網：http://www.artsbj.com/Html/art/jddd/3585087817.html，2018/6/17。

5. 北京故宮：http://www.dpm.org.cn/collection/paint/230317.html，2018/6/16。

6. 正一藝術：http://www.zyzw.com/lfgh/lfgh126.htm，2018/5/15。

7. 朱岱林互動百科：http://www.baike.com/wiki/，2017/9/18。

8. 百度百科：https://baike.baidu.com/item/，2018/5/9。

9. 個人圖書館：http://www.360doc.com/，2018/5/17。

10. 書法空間：http://www.9610.com/weijin/shimen.htm，2017/10/16。

11. 國家圖書館金石拓片資料庫：http://www.ncl.edu.tw/，2017/10/21。

12. 教育部異體字字典：http://dict.variants.moe.edu.tw/yitia/fra/fra01488.htm，2018/5/10。

13. 雅昌藝術網：http://auction.artron.net/paimai-art00169403，2017/2/13。

14. 嘉德春拍：http://icms.artfoxlive.com/article.php?id=5042，2018/6/6。

15. 臺北故宮博物院：〈書畫典藏資料檢索系統〉：http://painting.npm.gov.tw/，2018/6/1。

16. 遼寧省博物館：http://www.lnmuseum.com.cn/huxing/show.asp?ID=7105。

附錄一　康有爲年表簡編 ^{（註1）}

1858 年（戊午）1 歲

3 月 19 日（二月五日），生於廣東省南海縣銀塘鄉（又稱蘇村）敦仁里祖屋。曾用名祖詒，字廣廈，號長素，後改號更生，晚號天游化人。

高祖康煇，嘉慶舉人。祖父康贊修，道光舉人。從叔祖康國器，自巡檢起家，歷官福建按察使、廣西布政使，至護廣西巡撫，父康達初，官提舉銜江西補用知縣。母勞蓮枝。

1862 年（壬戌）5 歲

叔伯父教讀唐詩，能誦數百首。時已有知識，伯祖教之，公抱有爲觀洋人鏡畫。

1863 年（癸亥）6 歲

入塾，從簡鳳儀（侶琴）讀《大學》《中庸》、《論語》及朱注《孝經》。叔伯父課以屬對。

1865 年（乙丑）8 歲

隨嫡祖至廣州，於廣府學宮孝弟祠受教，始學八股文。

1868 年（戊辰）11 歲

正月，父卒，往依嫡祖於連州官舍。始覽《綱鑑》、《大清會典》、《東華

〔註 1〕康有爲年表簡編主要參考康有爲著，樓宇烈整理：《康南海自編年譜（外二種）》（北京：中華書局，2012 年 7 月）。康有爲書作以范國強：《尊碑——康有爲書法研究》爲主。惟其中些許謬誤之處，則逕改之。其次採趙一新：《康有爲書法藝術解析》。用字部分，康有爲「游」字，有時作「遊」，根據其原始書寫狀況作「游」或「遊」。

錄》，並讀《明史》與《三國志》。頻閱邸報瞭解當時朝政，慷慨有遠志矣。

始臨習〈樂毅論〉與歐陽詢、趙孟頫書。

1869 年（己巳）12 歲

從連州公於訓導官舍讀書，不喜八股制藝，以故出游攬勝，或與諸生論文談事。喜讀《明史》，竟日雜覽群書，時做詩文。

1870 年（庚午）13 歲

九月，在廣州西門外第三甫桃源，從陳峯生先生學八股文，然日與友遨游，不暇學也。

1871 年（辛未）14 歲

回西樵之銀塘鄉，當時中丞公新造於家鄉的園林「澹如樓」、「二萬卷書樓」中的藏書甚豐，讀書園中，綜觀小說與詩文集等。

1872 年（壬申）15 歲

在鄉從楊學華（仁山）讀書。

再應童子試不售。

不好八股，仍綜觀說部、集部與雜史，慕袁枚（子才）詩文。

1873 年（癸酉）16 歲

至靈洲山的象台鄉讀書，仍從楊仁山先生學，中歲復還銀塘鄉。

厭棄八股，受叔伯責難。時好覽經說、史學與考據書。始得《毛西河集》讀之。

1874 年（甲戌）17 歲

居鄉，時往廣州侍嫡祖於「羊城書院」。

時作詩，與兄弟鄉先輩唱和，又好摩仿古文，好爲縱橫之文。始見《瀛環志略》及《地球圖》，初識世界各國史地人文。

1875 年（乙亥）18 歲

從呂拔湖先生學文，專事八股，取得與生員同等學力的「監生」身分。

1876 年（丙子）19 歲

以監生應廣東鄉試不售。

始從朱次琦（子襄）學於南海縣九江鎮禮山草堂。日誦宋儒書與經說，讀小學、史學及掌故詞章。於時讀《錢辛楣全集》、《廿二史箚記》、《日知錄》

與《困學紀聞》頗有心得。深受朱次畸「濟人經世」思想的影響，以聖賢爲必可期，以天下爲必可爲。以故，人稱「康聖人」。

始仿《圭峰禪師碑》、《虞恭公碑》、《玄秘塔碑》、與《顏家廟碑》，間取孫過庭《書譜》及《淳化閣帖》撫之。

十二月結婚，妻張雲珠（妙華）。

1877 年（丁丑）20 歲

5 月，連州水災，連州公殉職，還鄉守喪。

1878 年（戊寅）21 歲

繼續從朱次琦受學，大肆力於群書，攻讀《周禮》、《儀禮》、《爾雅》、《說文》與《水經》等儒學經典，背誦《楚辭》、《漢書》、《昭明文選》及杜甫詩、徐庾文等古典文學名著。

厭棄故紙堆之汩人靈明，忽絕學捐書，閉戶謝友朋，靜坐養心。與次琦見解多出入。冬，辭師回鄉。

12 月長女同薇生。

1879 年（己卯）22 歲

入西樵山白雲洞高士祠，專攻佛、道經典，習「五勝道」，夜常靜坐彌月不睡，恣意游思。

結識游覽西樵山的翰林院編修張鼎華（延秋），曰：「吾自師九江先生，而得聞聖賢大道之緒，自友延秋而得博中原文獻之傳。」

秋，還鄉，得讀《西國近事彙編》與《環游地球新錄》。

冬，初游香港，復閱《海國圖誌》、《瀛寰志略》。

1880 年（庚辰）23 歲

研究經籍與公羊學。著《何休糾謬》，後覺論述不當而焚稿。

1881 年（辛巳）24 歲

研究唐宋史與宋儒書，以明儒吳康齋之堅苦爲法，以白沙之瀟灑自命，以亭林之經濟爲學，棄駢散文。

是年讀書最多，久坐積勞，臀起核刺。

1882 年（壬午）25 歲

應順天鄉試，落第。

游北京，謁太學，觀「石鼓」，購碑刻，講金石之學。

歸途經上海等地，大購西方書籍，歸始大講西學。

1883 年（癸未）26 歲

居鄉，研究清代政治史、歐洲各國史與自然科學，學問日新大進。開始構建改良思想體系。

與鄉鄰區諤良等發起組織「不裹足會」，實爲中國不纏足會之始。

次女同璧生。

1884 年（甲申）27 歲

撰《萬身公法書籍目錄提要》與《實理公法全書》。經幾年探索，「合經史之奧言，探儒佛之微旨，參中西之新理，窮天人之頤變」，開始形成變法維新的思想體系。

1885 年（乙酉）28 歲

開始撰寫《人類公理》，後名《大同書》。

患頭風病半年，創試西藥乃見效。

鄉試不售，因聞問策有《宋元學案》及蒙古事等，場中無對者，始知通人沈曾植（子培）。

還居西樵山白雲洞養病，張延秋適試閱，出城視之，晨夕過從極懂。

1886 年（丙戌）29 歲

春，向張之洞建議開翻譯局譯西方書。張之洞同意，因洋務派有人反對，未實施。

研究天文曆法，撰《康子內外篇》，著《教學通議》。

1887 年（丁亥）30 歲

8、9 月游香港。

受廖平《古今學考》影響，研究中國上古史，建立歷史進化論基礎。

續寫《人類公理》與《康子內外篇》。

推孔子據亂、升平、太平之理，以論地球。

1888 年（戊子）31 歲

再應順天鄉試，不第。

張延秋病逝。

鑒於中法戰爭中國失敗、洋務運動破產，12 月 10 日首次上書請變法，提出「變成法」、「通下情」與「愼左右」的主張。上書受阻不達，有爲始倡此論，朝士大攻之。

沈子培勸勿言國事，宜以金石陶遣。

戊子臘月，聽從沈曾植等之勸，避居北京宣武門外，南海會館的汗漫舫，研究金石碑版之學，起草《廣藝舟雙楫》，輯錄《周漢文字記》。

1889 年（己丑）32 歲

9 月出京，漫游名山大川，至 12 月還粵。

1890 年（庚寅）33 歲

己丑臘月，居鄉整理《廣藝舟雙楫》文稿至除夕，僅 17 天，全書殺青，提出了系統的「碑學」書法理論。

春，居廣州。會晤廖平，吸納公羊學思想。

3 月陳千秋從學；8 月梁啓超從學。

撰《婆羅門教考》、《王制義證》、《王制僞證》、《周禮僞證》、《說文僞證》與《爾雅僞證》，爲變法運動奠定理論基礎。

1891 年（辛卯）34 歲

春，始辦講堂「長興學舍」於廣州長興里邱氏書屋，著《長興學記》，自任總教授總監督，講中外之故，救中國之法。

8 月，刊行《新學僞經考》。引起駁難及著作權問題。

1892 年（壬辰）35 歲

講堂移至廣州衛道街鄺氏祠，從學者漸眾；撰《史記書目考》、《孟子大義考》，編《國語》原本等，並選同學高才協助編纂《孔子改制考》。

1893 年（癸巳）36 歲

應順天鄉試，中第 8 名舉人。

冬，講堂遷至廣府學宮仰高祠，正式掛「萬木草堂」額。

刊行《廣藝舟雙揖》（又名《書鏡》），7 年中印了 18 次。日本譯爲《六朝書道論》出版，印了 6 次，影響廣泛而深遠。

著《孟子爲公羊學攷》與《論語爲公羊學攷》。

1894 年（甲午）37 歲

進京，會試，不中。

7 月，清廷下詔，禁毀《新學僞經考》，禁粵士從學。

12 月，游廣西桂林，講學 40 日，撰《桂林答問》，著《春秋董氏學》。

1895 年（乙未）38 歲

陰曆正月，書有〈素洞〉摩崖。

3 月 8 日進京，參加會試。聞中日簽定《馬關條約》消息，聯合 16 省 1200 餘名舉人，於 5 月 2 日聯名上書光緒，請求拒和、遷都，變法三者，史稱「公車上書」，標誌著維新思潮開始轉變爲社會政治運動。此第二次上書又被阻，未呈上。

5 月 3 日，會試中進士第 8 名，保和殿試二甲第 48 名，書有〈殿試狀〉。

5 月 29 日，上清帝第三書，提出變法的具體步驟和自強雪恥的對策。光緒御覽。

6 月 16 日，光緒帝首次召見康有爲。

6 月 30 日，上清帝第四書，正式提出設議院的政治主張，被阻未達。

7 月，英人李提摩太與中國士大夫交流。

8 月 17 日，在北京創辦《萬國公報》，後更名《中外紀聞》，梁啓超、汪大燮爲主筆。

9 月起，得張之洞支持，聯合文廷式、陳熾等，組成「強學會」。

1896 年（丙申）39 歲

講學於廣府學宮萬木草堂。

1 月 12 日，上海強學會創刊《強學報》。

續成《孔子改制考》與《春秋學》等。

與弟有溥游羅浮、香港。

撰《日本書目志》。

冬，書〈龍君墓誌銘〉。

1897 年（丁酉）40 歲

年初至桂林，與唐景崧、岑春煊等發起組織「聖學會」，並辦學堂與報紙。

撰《春秋考義》、《春秋考文》與《日本書目志》。

納妾梁氏。

12 月 5 日，德國強佔山東膠州灣。赴京，上清帝第五書，建議采法俄、日以定國是等。

書〈夜登獨秀峰作〉詩軸。

1898 年（戊戌）41 歲

1 月 29 日，上清帝第六書，請求迅速變法。

3 月 21 日，上清帝第七書，又進一折，請效俄彼德大帝、日明治維新變法。

奉明旨廢八股矣。

6 月 11 日，光緒下詔，正式宣布變法維新。

6 月 16 日，光緒帝在頤和園勤政殿召見康有爲，並著「在總理衙門章京上行走」。至 8 月中旬，呈《日本變政考》、《波蘭分滅記》及《列國政要比較表》。

9 月 18 日，接到光緒密詔；20 日，逃離北京。

9 月 21 日凌晨，慈禧太后發動政變，先囚禁了光緒，再出「訓政」。「百日維新」結束，變法失敗。下午，崇禮奉慈禧之命包圍南海會館，抓到了康有爲的弟弟康廣仁。

9 月 20 日離京後，自天津逃往上海，得英艦護送至香港，由日人陪同乘船至東京，與梁啓超會合。

9 月 28 日，「戊戌六君子」未經審訊，被殺於北京菜市口。

10 月抵日本後，始編《我史》，即《康南海自編年譜》。

冬，自號「更生」。

1899 年（己亥）42 歲

正月，日野秀逸伯爵邀觀家藏書畫古物。

陰曆 2 月 8 日，書〈付柏棠詩〉軸。

春，贈犬養毅書作。

陰曆 4 月 1 日，書〈致友人書〉。

陰曆 6 月 28 日，書〈己亥六月海外祝壽詩〉軸。

陰曆 8 月，書〈己亥 8 月贈始耀兄〉七言聯。

7 月，在加拿大，聯合華僑創立「保商會」，不久易名「保皇會」，也稱「中國維新會」。

除夕書〈己亥除夕自港往坡船中作〉詩軸。

1900 年（庚子）43 歲

7 月，書〈庚子七月丹將敦島作〉詩軸。

避居新加坡，正式接受英國保護。8 月，應新加坡總督邀，入住檳榔嶼總督府大庇閣。

奉僞旨，毀《廣藝舟雙楫》版。

陰曆 10 月，書〈庚子十月紀事詩卷〉。

書〈贈澤民義士仁兄詩〉四屏。

1901 年（辛丑）44 歲

避居檳榔嶼，撰寫《中庸注》、《春秋筆削大義微言考》與《孟子微》。

陰曆 3 月，書〈十五年前詩帖〉。

陰曆 6 月，書〈大庇閣府額〉。

7 月義和拳起義，英、美、德、日等八國聯軍攻佔北京。

11 月，漫游印度後，定居大吉嶺，游畫院、博物館，著《印度游記》。

1902 年（壬寅）45 歲

居印度大吉嶺。撰成《大同書》（第 3 稿，定稿）、《論語注》、《大學注》、《孟子微》與《禮運注》等。

1903 年（癸卯）46 歲

4 月出印度，漫游緬甸、印尼等地，10 月抵香港。

著成《官制議》。

1904 年（甲辰）47 歲

游歷了義大利、瑞士、奧地利、匈牙利、德國、法國、丹麥、挪威、瑞典、比利時、荷蘭與英國等國，9 月重返加拿大。10 月著《歐洲十一國游記》。

5 月 6 日至羅馬，游教皇宮、科魯斯之鬥獸場、博物院、爾亞尼宮……，觀古畫及鐵石刻像。

5 月 12 日，購羅馬瓦石數十物，及安敦像寄還中國。羅馬古物入中國，自康有爲始。

5 月赴巴黎，歷游鐵塔公園、故宮博物院、櫨華宮。

5 月 19 日，游巴黎乾那花利博物院、恪順伯博物院。

5 月 28 日抵丹京，游博物院、古物院各處。

5 月，翁同龢逝世。

1905 年（乙巳）48 歲

2 月，自加拿大溫哥華至美國，向各地華僑演講。撰成〈物質救國論〉。

2 月，書〈致梁啓勳〉書箚。

5 月 8 日，到華盛頓。游議院、砲廠、鐵廠、博物院、蠟人院、百獸園。

5 月，赴紐約，游博物院、哥倫比亞大學各處。

書〈科葛微那泉歌詩〉箚。

1906 年（丙午）49 歲

正月 2 日至墨西哥京城，22 日游砲廠、武備大學、博物館。

3 月，游墨京城外，滑打磔比大寺古廟，又觀模乙埠之華文碑，及銅鏡作福壽吉祥四字，爲華人修路掘得者。

7 月，在美蘭那觀博覽大會，順游佛羅練士讀畫。佛羅練士爲意國中原，全歐盡人皆會於此。博物院凡八，皆宏妙可觀。

12 月 8 日，在紐約《中國維新報》發文，通知各地《保皇會》於 1907 年元旦改稱「國民憲政會」，作爲推動憲政的團體。

撰《法國革命論》：即《法國大革命記》，強調法國大革命的破壞作用，認爲中國已無反封建任務，反對中國進行革命。

1907 年（丁未）50 歲

繼續漫游歐洲各國，10 月納何旃理女士，偕游列國。

1908 年（戊申）51 歲

陰曆 2 月 30 日，書有〈大吉嶺臥病絕糧〉詩帖。

7 月至希臘。圖繪、音樂、詩歌之美，哲學之盛，凡今歐洲號稱文明之事，施及萬國者，無一不導源於雅典。

漫游埃及開羅、瑞典那岌島和東歐諸國，10 月回新加坡檳榔嶼，補《德國游記》。

長子同籛生。

光緒帝薨。康有爲發出〈光緒帝上賓請討賊哀啓〉與〈討袁檄文〉等，請殺袁世凱。

12 月著《突厥游記》。

撰〈人境廬詩序〉、〈梁啓超寫南海先生詩集序〉與〈朱九江先生佚文序〉。

1909 年（己酉）52 歲

次子同凝生。

2 月再游埃及，歷訪開羅博物院、金字塔、古王陵、亞士渾故京各地。

12 月還新加坡，夜半遇刺客，幸免於難。

冬，仍居檳榔嶼之南蘭堂，自戊戌出亡至今，已游遍四洲，歷三十餘國，從此心懷故國，不復再作遠游矣。

陰曆 12 月，書〈己丑臘感懷寫寄憲庵弟〉詩箚。

1910 年（庚戌）53 歲

春，招門人王覺任至新加坡興辦商業，以助黨費。

1911 年（辛亥）54 歲

5 月 11 日，再至日本。初住箱根，不久移居須磨，與梁啓超共寓華僑麥少彭的雙濤園，時與矢野文雄、犬養木堂等把酒話舊。

6 月，在日本橫濱出版《戊戌奏稿》。

陰曆 8 月，書〈辛亥八月重飲嶽影樓詩〉軸。

9 月，武昌起義，舉行大革命。

撰〈救亡論〉與〈共和政體論〉，提出「虛君共和」的政治主張。

10 月，女同琰生。

11 月，長子同籛卒。

1912 年（壬子）55 歲

3 月，自日本須磨的雙濤園，遷至近月見山下須磨寺公園前新居，不久又覓得須磨湖前宅。

春，自號「游存」。

撰〈中華救國論〉、〈孔教會序〉及其「序二」。

書〈人子須磨作詩〉軸。

書〈晏幾道臨江仙句〉軸。

1913 年（癸丑）56 歲

2 月，擬〈中華民國憲法草案〉，在日本創辦《不忍》雜誌，發表大量舊稿新作。撰有〈保存中國名蹟古器說〉。

8月9日（七月初八日），母勞蓮枝病卒於香港，享年83歲。自日本至香港奔喪，拒絕袁世凱電招去北京主持名教的邀請。

9月，《不忍》雜誌停刊。

1914年（甲寅）57歲

7月返上海，李提摩太設筵歡迎，唐紹儀、伍廷芳等200人參加。演講「大同」學說。

租賃上海新閘路盛宣懷的「辛家花園」寓之。

12月，何旃理卒，享年24歲。

1915年（乙卯）58歲

撰文反對袁世凱接受日本提出的「二十一條」。

陰曆8月，書〈泛舟游公園舊行宮感賦〉。

冬，與梁啓超、潘若海等，在上海謀劃舉兵倒袁，命徐勤組織討袁軍進攻廣州，龍濟光始求和焉。

書〈集校官碑〉五言聯。

1916年（丙辰）59歲

袁世凱撤銷帝制，連電袁世凱退位。

7月，在杭州發表演說，認爲中國文化流傳五千年而不敝的根本支柱是孔教。

9月，至山東曲阜祭孔陵。致電黎元洪，要求以孔子爲大教，編入憲法。

登泰山，睹經石峪《金剛經》刻石，觀摩不忍離去。

書〈丙辰登泰山絕頂〉詩軸。

書〈贈翰臣仁兄〉七言聯。

1917年（丁巳）60歲

5月，張勳復辟，授康有爲任粥德院副院長。

陰曆5月，書贈徐悲鴻〈寫生入神〉橫披。

夏，自號「更甡」。

陰曆5月24日，避難於美國公使館，書有〈美森院避地聽炮聲〉詩、〈丁巳五月廿四日記事〉詩軸。

陰曆6月3日，書〈近作詩七首寫呈節庵〉卷。

陰曆6月，書同一首詩的〈避難美森院作〉，〈避地美使館作寫贈缶廬〉

與〈避難美館美森院作示同璧次女〉。

　　陰曆 8 月，書《爨龍顏碑》臨本。

　　陰曆 9 月，書〈袁督師廟〉額、〈自壞永留聯〉、〈明袁督師廟記〉與〈題袁督師廟七古〉。

　　陰曆 10 月，書《萬木草堂藏畫目》，跋尾爲〈丁巳五月紀事〉。

　　《不忍》雜誌繼續出版。

　　12 月，撰〈康氏家廟碑文〉，並書。

　　書〈賀弢菴太保七十壽〉詩軸。

　　書〈丁巳中秋北京城上步月〉詩軸。

1918 年（戊午）61 歲

　　陰曆 4 月，書〈沁園即事〉。

　　陰曆 7 月，書〈戊午七月游九江能仁寺詩〉四屏。

　　8 月 14 日，通電全國，呼籲南北停戰。

　　書〈徐侍郎致靖碑文〉。

1919 年（己未）62 歲

　　陰曆正月，書〈題大同書詩屏〉3 種，一爲兩條屏，一爲付七女同環四條屏，一爲付六女同復四條屏。

　　刊行《大同書》。

　　「五四」運動。5 月 6 日，發表〈請誅國賊救學生〉電。

　　陰曆 8 月，書〈己未八月贈志圓開士〉詩軸。

　　陰曆 9 月，書〈再呈寐叟詩卷〉。

　　陰曆 11 月 9 日，書〈致靜庵書〉。

　　書〈新詩二首寫示君勉弟〉箚。

1920 年（庚申）63 歲

　　陰曆正月，書〈飛白書勢銘〉，與張裕釗所書者並比流傳海內。

　　陰曆 9 月，書〈慕廬匾額〉與〈與木石居匾額〉。

　　陰曆 10 月，書〈庚申十月陵谷天地三十二言聯〉。

　　書〈寒山寺題詩碑〉、〈遊西湖黃龍洞〉詩軸等。

　　書〈跋康國器〉書軸。

　　書〈贈樹園徵士弟〉詩軸。

書〈飲淥亭〉橫額。

書〈贈行巖老弟〉立軸。

1921 年（辛酉）64 歲

陰曆 3 月，書〈辛酉三月偕龍積之訪陶貞白墳〉詩軸。

陰曆 6 月，書〈逭暑焦山住懷寐叟〉詩卷。

書《寫經橫幅》。

陰曆 12 月，在杭州一天山（俗稱丁家山）建成「一天園」宅。書〈一天園人天廬落成〉詩屏。

書〈贈海粟仁弟〉詩軸。

書〈贈仙儔仁兄〉五言聯。

書〈贈韻若女士〉軸。

1922 年（壬戌）65 歲

陰曆正月，書〈壬戌正月西湖一天山人天廬〉詩軸。

1 月，在上海愚園路建成「游存廬」宅，書有〈游存廬落成〉書卷。

書〈賦呈沈尙書寐叟詩〉橫幅。

陰曆正月 14 日後，書〈觀光緒皇帝痛史口占十八章〉詩卷。

陰曆正月，書〈鮑照飛白書勢銘〉八屏。

陰曆 4 月，書〈壬戌四月陸雲峰暨吳太夫人墓誌銘〉。

陰曆 5 月，書〈壬戌閏五月贈清水君〉詩軸。

陰曆 6 月，書〈壬戌六月贈邦孫〉七言聯。

7 月，發〈斥趙恒惕聯省自治〉電。

8 月 8 日，妻張雲珠卒於上海。

陰曆 8 月，書〈感皇恩詩贈同璧〉橫幅。

陰曆 9 月 20 日，書〈致毅夫副憲書〉。

11 月，遷居杭州一天園。

書〈集王聖教序跋文〉。

書〈讀雲書房〉橫額。

書〈贈賓侯仁兄〉詩軸。

書〈遊印度孟邁象島佛舊石窟〉詩軸。

書〈箕裘孝友〉五言聯。

1923 年（癸亥）66 歲

陰曆正月初 2 日，書〈致聘三書〉。

陰曆 3 月，書〈吹台感別留題詩碑〉。

陰曆 3 月，書〈癸亥三月開封琉璃塔記〉手卷。

陰曆 3 月，書〈與吳佩孚〉書箚。

陰曆 4 月，書〈癸亥四月游北戴河詩〉四屏。

陰曆 5 月，書〈癸亥五月游嶗山九水〉詩軸。

陰曆 5 月，書〈癸亥五月游千佛山〉詩軸。

陰曆 5 月，書〈癸亥五月登泰山經石峪〉十一屏。

陰曆 6 月，書〈癸亥六月齊撫萬督軍碑樓公園題聯〉。

8 月 16 日，為朝鮮培山書堂儒會撰文並書寫〈培山書堂記〉。

游歷至海門，定海、普陀、洛陽、開封、保定、南京、濟南、青島、北戴河、臨漳等地。

11 月在西安，12 月初在咸陽，多次演講，宣傳科學知識，宣傳愛國、發揚孔教，提倡發展工業與調和社會矛盾等。除夕，返上海。

書〈贈香渠仁兄〉五言聯。

書〈福壽〉立軸。

書〈游秦中文王陵作〉詩軸。

1924 年（甲子）67 歲

2 月 3 日，撰〈唐烈士才常〉墓誌銘。

春，游高山、天臺山與雁蕩山。

春，書〈中央公園〉額。

陰曆 5 月 27 日，書〈致恭王篇一〉。

陰曆 6 月，得青島福山路舊提督樓，改建為「天游堂」宅。書有〈得青島舊提督樓〉詩軸。

陰曆 7 月，書〈甲子七月留題嶗山華嚴庵〉五言聯。

1925 年（乙丑）68 歲

1 月 7 日（甲子臘月 13 日），書〈陪恭王殿下踏雪口占〉。

1 月 9 日（甲子臘月 15 日），書〈賦詩送恭王殿下〉。

1 月 23 日前（甲子除夕前），書〈致恭王篇二〉。

夏，書〈乙丑夏重還青島喜賦〉詩軸。

陰曆 7 月，書〈四括蒼蒼〉詩帖。

陰曆 9 月，書〈水晶域品花詩〉橫披。

陰曆 10 月後，書〈和恭王七律〉。

書〈吳文英祝英台近詞句〉軸。

書〈先高組炳堂榮祿公〉詩軸。

書〈洞中窗裏〉五言聯。

書〈盧綸塞下曲〉四屏。

1926 年（丙寅）69 歲

陰曆 3 月，書〈丙寅三月護世遊天〉五言聯。

3 月，在上海愚園路「游存廬」創辦「天游學院」，講授自己的思想與學說，中外古今，兼收並蓄，科學心學，人神同在。後撰成《諸天講》。

陰曆 6 月，書〈公車過金穀園〉詩屏。

陰曆 7 月，書〈丙寅七月遊嶗山明霞洞〉詩軸。

陰曆 8 月，書〈丙寅八月偕璧女遊北海感賦〉詩軸。

10 月，游北京，菜市口憑弔「戊戌六君子」。

書〈贈達衡仁兄先高祖詩〉四屏。

書〈贈彝卿仁兄〉五言聯。

書〈贈葵孫仁兄〉五言聯。

書〈贈軼群仁兄〉軸。

1927 年（丁卯）70 歲

北伐勝利。2 月 14 日，赴天津祝溥儀壽。

2 月 15 日，呈所書〈追述戊戌變法經過並向溥儀謝恩折〉。

3 月 8 日，書〈七十覽揆蒙恩賜壽紀事述懷七章〉手卷。

3 月 21 日，抵青島。

3 月 31 日（二月二十八日），病逝於青島福山路 6 號「天游堂」。葬於其生前自擇的青島李村象耳山。

書〈靜隨談詩〉五言聯。

書〈贈熙三仁兄〉軸。

書〈椿樹木公〉九言聯。